高等学校教育学专业教材
浙江师范大学2020年度校级重点教材建设项目

教师专业成长理论与实践

傅建明　主编

中国轻工业出版社

图书在版编目（CIP）数据

教师专业成长理论与实践 / 傅建明主编. — 北京：中国轻工业出版社, 2022.11
高等学校教育学专业教材
浙江师范大学2020年度校级重点教材建设项目
ISBN 978-7-5184-4134-1

Ⅰ.①教… Ⅱ.①傅… Ⅲ.①师资培养—高等学校—教材 Ⅳ.①G451.2

中国版本图书馆CIP数据核字（2022）第166584号

责任编辑：贺晓琴
策划编辑：史祖福　　责任终审：李建华　　封面设计：锋尚设计
版式设计：砚祥志远　　责任校对：朱燕春　　责任监印：张　可

出版发行：中国轻工业出版社（北京东长安街6号，邮编：100740）
印　　刷：北京君升印刷有限公司
经　　销：各地新华书店
版　　次：2022年11月第1版第1次印刷
开　　本：787×1092　1/16　印张：13.75
字　　数：317千字
书　　号：ISBN 978-7-5184-4134-1　定价：55.00元
邮购电话：010-65241695
发行电话：010-85119835　传真：85113293
网　　址：http://www.chlip.com.cn
Email：club@chlip.com.cn
如发现图书残缺请与我社邮购联系调换
210470J1X101ZBW

本书编写人员

主　编：傅建明

副主编：王丽华　李云星　殷玉新

参　编：张晓坤　金　婷　顾窗含　张晶晶
　　　　杨晨曦　柳钰洁　谢玥娜　范若蒙
　　　　应　裕　杨谨如　楚　婷　沙晓雨
　　　　张　悦

目录

上篇　理论篇

第一章　教师专业成长概述……………………………………… 3
第一节　教师专业成长的内涵……………………………… 4
第二节　教师专业成长研究………………………………… 9
第三节　教师专业成长路径………………………………… 12

第二章　教师知识与实践性知识………………………………… 17
第一节　教师知识的概念…………………………………… 18
第二节　教师知识的分类…………………………………… 20
第三节　教师实践性知识…………………………………… 28

第三章　信念、效能感与身份认同……………………………… 39
第一节　教师信念…………………………………………… 40
第二节　教师效能感………………………………………… 44
第三节　教师身份认同……………………………………… 49

第四章　教师专业成长阶段理论………………………………… 52
第一节　关注发展阶段论…………………………………… 53
第二节　职业生涯阶段论…………………………………… 58
第三节　教学专长阶段论…………………………………… 65

下篇　实践篇

第五章　基于"教历"的教师专业成长………………………… 75
第一节　概念界定…………………………………………… 76
第二节　案例诠释…………………………………………… 78
第三节　实施流程…………………………………………… 94
第四节　支持条件…………………………………………… 97

第六章　基于"研究"的教师专业成长……………… 101
第一节　案例诠释………………………………… 103
第二节　模型建构………………………………… 118
第三节　实施策略………………………………… 123

第七章　基于"教学合作"的教师发展…………… 127
第一节　教学合作的内涵与相关概念…………… 128
第二节　教学合作的类型与内容………………… 130
第三节　教学合作的案例………………………… 136
第四节　教学合作的流程与策略………………… 139

第八章　基于"自主"的教师发展………………… 145
第一节　自主发展的内涵………………………… 146
第二节　案例分享………………………………… 148
第三节　运行机理………………………………… 156
第四节　操作策略………………………………… 161

第九章　基于"教学反思"的教师发展…………… 164
第一节　教学反思的内涵………………………… 165
第二节　案例分享………………………………… 170
第三节　模型建构………………………………… 175
第四节　实施策略………………………………… 179
第五节　支持系统………………………………… 183

第十章　基于"同伴互助"的教师发展…………… 186
第一节　同伴互助的内涵………………………… 187
第二节　操作流程………………………………… 191
第三节　原则与策略……………………………… 198
第四节　支持条件………………………………… 203

参考文献……………………………………………… 207

后　记………………………………………………… 213

上篇
理论篇

第一章 教师专业成长概述

【学习目标】

★ 了解教师专业成长的内涵，明确职业与专业的区别。
★ 了解教师专业的特点、本质与动力。
★ 熟悉教师专业成长的研究领域与研究情况。
★ 了解教师专业成长的三种取向。
★ 分析教师专业成长三种取向的利弊。

国运兴衰，系于教育，关键在教师。而且，教育变革的成败取决于教师的所思所为。[1]那么，教师专业成长不仅对其自身、学生和学校有重要影响，对教育发展甚至国家发展也有不可估量的作用。终身学习理念的不断深入，使专业成长之于教师的意义更加得到关注，也更加得到各界的一致认同。尤其是到了最近三四十年，自觉地促进教师在职前和职后的专业发展和专业成长，已经成为教育界最重要的努力和追求之一。[2]因此，我们需要：清楚教师专业成长的内涵，明确教师专业成长的要求；了解教师专业成长的相关研究，明确教师专业成长的理论价值；探索教师专业成长的有效路径，明确教师专业成长的主要途径，才能促进和帮助教师实现有效的专业成长。

---

[1] [加]迈克尔·富兰.教育变革的新意义[M].武云斐，译.上海：华东师范大学出版社，2010：99.
[2] 胡惠闵，王建军.教师专业发展[M].上海：华东师范大学出版社，2014：1.

第一节　教师专业成长的内涵

教师专业成长（teacher professional development），在大多数情况下也称教师专业发展，是"教师专业化运动"的产物，也是教师不断专业化的过程和目标。教师专业成长是指教师通过主动或被动参与各种有关专业成长的活动，实现专业上不断成熟、完善的过程，不仅包括职前教育过程中教师在专业知识、技能和精神等方面的准备和提升，也包括教师在入职和在职培训过程中专业知识、技能和精神等方面的提高和更新。

一、教师专业的形成及其特点

（一）从"职业"到"专业"

大约从19世纪后期开始，随着社会经济文化的进一步发展，尤其是随着普及教育成为一种现实的追求，受教育对象在人数上迅速扩大，现代意义上的学校教育系统开始出现。到了20世纪，我们今天熟悉的这种包含着小学、中学和大学，在每一学段内部又有着复杂的课程和教学系统的制度化的学校教育体系，就在各国普遍地建立了起来。

1. 教师作为一种职业

我们今天提到"教师"时，所指的就是制度化的学校教育系统中的教师。制度化教育中的教师的工作性质，通常具有以下特点。

（1）教师不但职业化，而且专职化。教师已经成为社会分工部门中一个专门而重要的职业，选择从事教育工作的人，通常在他（或她）的整个职业生涯中都担任教师。教育系统内部已经有了更详细的分工，教师的专职化还表现在教师通常专门供职于某一学段（如"小学教师""中学教师"），绝大多数教师甚至在整个职业生涯中都只负责某一个学习领域的教学（如"语文教师""数学教师"）。专职化的教师更有可能在自己负责的领域形成专长，从而更有确保教育活动质量的可能。不过，专职化也有可能限制教师的生活经验范围，容易造成教师的教育活动与发展迅速的社会生活之间的脱节，这种危险在当今变化速度越来越快的社会背景下显得尤其突出。

（2）教师和学生之间教与学关系的建立，主要依赖"制度的安排"而不是个人的努力。在当今制度化的学校教育系统中，一位教师实际教哪些学生，某位学生实际向哪几位教师学习，通常是由学校安排好的，而不是师生个人选择的结果。这种制度化的安排，保证了凡是进入某所学校的学生都一定会有教师来教，也保证了凡是在某所学校任职的教师都有学生可教。不过，由制度安排的师生关系，很容易使得师生之间变成冷冰冰的"工作关系"，缺少必要的以密切的个人关系为基础的人文关怀；这种制度化的工作关系，也容易降低教师对学生的影响力，尤其是在思想品德方面的影响力。

（3）在制度化的学校教育中，教师所教的内容复杂而系统，并且富于变化。与非形式化教育中"教师"教导学生的内容主要是自己个人的生活经验不同，在制度化的学校教育中，教师执教内容的范围和构成通常是由教师的机构或组织设定的，早在教师从教之前，这些内容的范围和构成就基本上确定了。与形式化教育早期的教育内容相比，制度化的学校教育中的内容复杂而系统，未来教师想要做好执教的专业准备，通常需要花费相当长的时间。而且，由于现代社会发展的速度越来越快，教育内容常常表现出很大的不稳定性，因此要经常根据社会发展的需要和本学习领域的发展作出调整。

不仅如此，20世纪以后，教育界越来越重视教育过程对于教育质量的影响。教师除了要对自己所任教学习领域的相关内容有深入的把握，还要熟悉多样化的教学组织、形式丰富的教学方法和模式、不断更新的教学设备和手段。除此之外，到了20世纪的最后二三十年，随着整个社会政治、经济和文化的进一步发展，人们也越来越期望教师能够从观念和行动上理解和参与学校教育活动的整个过程，而不仅仅是其中的一个狭隘的组成部分（如学科内容）。所有这些，都对现代教师提出了更高的要求。

总之，回顾教育发展的历史，就教师角色的性质和教育工作的性质而言，大致可以做这样的归纳：①教育者逐渐从非经常性地从事教育工作，到专门的、职业化的从事教育工作。到19世纪后期，尤其是进入20世纪以后，教师已经成为一个完全独立的、人数众多的职业群体。②教育者的工作安排，在历史的发展过程中，经历了从随意地安排到自觉地组织的变化。在制度化的学校教育系统中，这种自觉地组织的教育工作就更为复杂和系统，而且制度化地提出了各种规范和要求。③在教育的历史发展过程中，教育工作经历了从简单到复杂的演变过程，进入20世纪后半期，教育工作的复杂化速度也越来越快。这种复杂化的倾向，表现在教育目的、教育内容、教育过程和教育评价等各个方面。④教育工作的复杂化，不但要求教师在从业之前必须进行较长时间的专业准备，而且也要求教师在从业之后，仍要不断地自我更新，以适应不断变化的教育工作的要求。

2. 教师作为一种专业

正是在普及的、制度化的学校教育背景下，当教育工作已然成为一个庞大而重要的系统，教育工作本身也越来越复杂的时候，教师的"专业化"和"专业发展"问题才开始备受教育理论和教育政策研究所关注，也关系到每一位未来和在职教师的课题。"专业（profession）"一词源于欧洲，最初与"职业"作为同义词交互使用，并没有太多特殊的含义。但至少在20世纪中期以后的常见用法中，专业逐渐成为一个具有特殊含义的专门术语，专门指代具有某些特征的行业。直到今天，究竟具备哪些特征才能算得上一个专业，学术界也并没有达成完全一致的意见。而且，从20世纪60年代开始，随着学术界对相关问题的研究不断深入，人们对专业应该具备的特点的认识也不断丰富。学术界在研究专业应该具备的性质时，通常把医生、律师等较早获得专业地位认可的行业作为研究对象，考察这些专业的性质。综合各种观点，一个专业应该具备的性质大致应该包括以下一些方面。

（1）专业知识　专业活动应该基于某种特别的专业知识基础，这种专业知识基础通常是经过验证的、可靠的、基于特定专业知识的专业活动，能够满足社会的某一方面需要。例如，医生的医疗活动能够使我们更健康，他们的专业诊断和治疗以一套医学知识为基础，这些医学知识虽然到今天也不能解决所有病症，但其中的绝大部分是经过验证的、可靠的。

（2）专业准备　专业知识基础通常需要个体花费较长的时间学习，因此，特定专业的从业人员在入职之前需要进行较长时间的、正规的专业准备。例如，虽然我们每个人都或多或少地拥有些医学知识，但是这些零星的医学知识不足以使我们成为医生；一位专业的医生在正式入职之前需要花费相当长的时间进行医学知识的学习和相关技能的训练。

（3）专业责任　专业人员不仅仅视自己的专业活动为谋生的手段，而且视之为实现某种社会责任的过程。例如，专业的医生应以治病救人为己任，专业的律师应以匡扶社会正义为己任，这也就是我们通常所说的"专业精神"。

（4）专业自主　专业人员通常组成特定的专业团体，享有相当程度的专业自主，能够自主地决定专业内部的标准规范和问题解决方式。

（5）**专业更新**　以提供专业服务为宗旨的专业人员，即使在入职之后，也需要不断地通过各种途径实现自我更新，谋求持续进步。一个专业通常鼓励它的从业人员通过研究专业问题，丰富专业的知识基础；通过专业内部同行之间的交流，丰富彼此的知识基础，提升专业服务质量。

但是，目前教育界有些学者认为，相对于那些成熟的专业（如医生、律师），教师这个行业在许多方面并不完全具备专业的性质，最多只是一个"半专业"或"准专业"。教师在需要拥有为公共福利作出贡献的责任和高度专业性的工作性质上，是充分满足了成为专业的必要条件的，不过，还有很多方面未满足作为一门专业应具有的属性，例如，教师的工作确实也有一定的专业知识基础，但至于这些专业知识究竟包括哪些内容，却并不是很清晰。如果说学科知识是教师工作的知识基础，但是，学科知识又不是教师这个行业独有的知识：很多行业的从业人员都拥有不亚于教师的数学知识、语文知识、英语知识或其他学科的知识，学科知识似乎不足以构成教师这个行业的"专门的"知识基础。如果说教育学、心理学的知识是教师工作的知识基础，这些知识中究竟有多少是可靠的、被实践证明是确实有助于提高教师工作效率和质量的，也是很多人表示怀疑的。再如，教师常常并不像医生和律师这样的成熟专业人员那样享有很高的专业自主：只要医生具备了独立的行医资格和能力，他诊断病情、开列处方，通常并不需要听取包括患者在内的其他人的意见（如果遇到疑难杂症，医生之间可能会开展会诊，但也通常只是医生之间的交流，并不需要听取界外人士的意见）。教师的工作则相当程度地受到教师队伍之外的其他力量的影响，教师教授的内容基本上并不由教师自己确定，即使是教师能够自主的教育过程，也可能会受到家长甚至社会公众的影响。

如何减小教师行业在专业性质上与成熟专业的差距，使得教师行业更加具有专业通常所具有的属性便是"教师专业化"（teacher professionalization）的主要努力方向。

（二）教师专业的特点

1. 回归性

首先，教师的实践，正如美国社会学家威拉德·W.沃勒（Willard W. Waller）在《教学社会学》中所指出，就像势必回归投掷者手中的飞镖那样具有"回归性"。他把教师的伪善人格通过对于儿童的道德说教而形成的状态比作"飞镖"。教师工作的责任没有任何归属，不管怎么高喊儿童不好、社会不好、家庭不好之类的批判，这种批判就像飞镖回归那样，最终还是由教师来负责任。另一方面，教师职业的回归性拥有反思教师实践的性质，立足于课堂内外的文化活动的循环，形成了课堂里生成的种种具体经验的基础。

2. 不确定性

不确定性也是中间人教师的显著特征，教师的工作几乎是由"不确定性"所支配的。教师在某个课堂里有效地计划，不能保障在另一个教师身上、另一个课堂上同样有效；在某种语脉中有效的理论难以在另一种语脉中通用；在一种情境里看似圆满的实践，在另一种立场看来却是全盘否定的。这样，教师工作的复杂性导致了绝望的"不确定性"。教师职业的不确定性体现了教育实践的语境依存性、价值多元性和理论复杂性。

3. 无边界性

教师的工作并不是通过一个单元的教学就宣告结束。教师的工作无论在时间、空间上都具有连续不断扩张的性质，具有"无边界性"的特征。特别是当家庭与社会的教育功能无法完全有效发挥、青少年成长危机不断加重时,这种"无边界性"带来了教师的职域无限制地扩大,从而导致教师日常工作事务繁杂、教师专业空洞化和职业认同的危机。不过,这种无边界性同时又为教师的职业领域中要求的综合性、统整性、自律性准备了基础。[1]

二、教师专业成长的本质

(一)教师专业成长本质上是教师个体成长的历程

教师专业成长是指教师的生成、长成过程,也就是"成教师"的过程。[2]教师专业成长就是教师个体内在专业特性和职业成就感不断提升的过程,相对于教师专业发展概念来说,教师专业成长更加强调内在性、自觉性和生长性。[3]教师的专业成长"更多的是'自造'的,而不是'被造'的,是自我实现、自我成长的历程",教师本人才是自身专业成长的主人,教师专业成长根本目标不仅是为了学会各种教学技术与方法,而是要成为具有教育人格和教育智慧的专业人员,缺乏与教师本体世界的积极对话,很难真正让教师本人实现"心"的成长。[3]

(二)教师专业成长是教师在与儿童相处中形成教育智慧的过程

教师专业在本质上就是教师在与学生相处时所显现出来的教育智慧。教师专业成长最为根本的问题或最终目标,不是为了学会各种教学技术与方法,而是要成为具有教育智慧的专业人员。首先,教育智慧是具有教育意向性的智慧。教育智慧的意向性就是一种指向儿童的多方面的、复杂的关心品质。教育智慧是由教育基本的意向性形成的意义构成物。其次,教育智慧具有实践的品性。它不是抽象、确定的知识,而是具体地显现在具体教育实践情境中的智慧,不能脱离教师和学生交往的具体情境。凡是能够体现教育意义的养育智慧都是教育智慧。也就是说教育智慧不是教师所特有的,但是作为以教育儿童为专业的教师必须以热爱、追求教育智慧为目的,而教师的专业成长就是教师在与儿童的具体相处中有意识地培养和形成教育智慧的过程。[2]

(三)教师专业成长就是教师成为教学专家的过程

教学的专业成长要求教师要成为教学的专业人员,成为向学生传授知识和智慧的教学专家。教师作为专业人员,在专业成长的过程中应在专业思想、专业知识、专业能力等方面不断发展和完善,即从专业新手成长为专家型教师。首先,教师不仅要系统地掌握所教学科的基础理论和知识结构,而且教师要有将学科知识和技能体系转化为教学知识和技能体系的能力,即能够将所教学科的知识体系和技能体系分解为最小的知识单元和最小的技能单元,在此基础上进一步将它们加工为符合不同学生认知风格、情感需要和个性特点的知识,根据学生"一般发展区"和"最近发展区"的不同状态进行个体化教学。其次,教师在进行知识教学之前,应该对每个学生的知识背景和认知风格以及心理特点尽可能地了解,虽然这在教学实践中是相当困难的,但这又是专业教师保证其教学有效性必不可少的前提条件,只有对教育对象有比较多的了解,才能更好地理解学生并合理地运用不同的教学策略。当然,教育学科并不仅仅关注公共理论,它也研究教师个人实践知识如何构建。公共理论知识是指来自书本的教育原理、教育史、教育法以及教育心理学等系统知识。它具有理性、外显、

---

[1] [日]佐藤学.课程与教师[M].钟启泉,译.北京:教育科学出版社,2003:211-213.
[2] 何菊玲.教师专业成长的现象学旨趣[J].教育研究,2010,31(11):88-94.
[3] 洪早清.教师专业成长:认同、养成、生发[J].课程·教材·教法,2013,33(12):99-105.

符号化、系统性和可以言传等特点。个人实践知识是指存在于教师个人实践经验之中的知识。它具有感性、内隐、意向化、零散性和只能意会等特点。比较而言，个人实践知识的发展比公共理论知识的发展更重要，它来自教师自身对教育学科的公共理论知识的实践反思和内化。[1]

三、教师专业成长的动力

（一）自我发展力

由于我国教师专业成长所处的教育生态同质性较强，因此，一个教师若想出类拔萃，关键在于源自内部的自我发展力。教师自我发展力是指教师在洞察专业发展处境、客观自我认识的基础上，调整职业目标，整合各类资源，生成教育智慧，实现职业理想的核心动力，它由教师对教育的信仰力、对学科知识的学习力和对教学变革积极适应的转换力三股力量构成。在教师专业发展进程中这三股力量相互助长佐理教师不断实现自我，超越自我，完善自我，直至达成教师至善境界。信仰是对某人或某种主张、主义、宗教极度相信和尊敬，可以被内化为个人行为准则的价值体系，[2]是建立在理性判断基础上的人生精神支柱。教师的信仰力是教师对教育活动在个体和社会发展过程中的价值及其实现方式的极度信服和尊重，并以之为教育行为的根本准则，[3]是对教育力量的坚信，对教育事业的求索，于教师个人可以笃定专业承诺、调控教育行为、激发工作动机；于社会可以净化不良气、推动时代进步。信仰力固然是教师专业成长的内在基因，然而只有在学习力撑持下教师才能维系专业成长的持续动能。学习力目前没有统一的学术性定义，当前较为普遍认可的观点是"教师学习力指教师获取信息、改造自我、创新教学工作并改变自身生存状态的能力，是教师学习动力、毅力与能力的综合体现。"[4]提升教师学习力需要借助学习动力、学习毅力、学习能力三者的全力推进。教师只有在看似熟悉不变的教学环境下灵活应变，切实做到思维转换、知识转换、能力转换，才能在暗流涌动的变革中顺应时代风向，促进自身专业成长的持续发展。[5]

（二）实践内驱力

实践感对教师专业成长的推动主要是通过实践活动内在的紧迫性与行动的连锁性来刺激、带动教师专业成长的。"实践感"是"先于知觉的，从现有状态中解读出场域所包蕴的各种未来可能的状态"，是"自发地预见所在世界的内在倾向"，是"世界的内在性……将其紧迫性强加于我们"。[6]对教育活动而言，实践感是教师在实践中身不由己，被实践"推着走"时产生的一种紧迫感、紧张感。在进入教育实践之前，无论教师对教育实践抱有什么企图、目的与想法，一旦进入教育实践的感觉之中，这些主观意图都可能会走形。实践感会使人不由自主地陷入实践洪流的漩涡，教师只能跟着感觉走，根据在实践情境中即兴生成的意念、意象行动。实践感的存在由不得人花更多时间来运用理论与规范，静下心来反省，做出理性的行动。正如怀特海所言，人"仅仅断断续续地是理性的——仅仅是有理性的倾向"。应该说，由实践感所产生的紧迫感与内驱力是在教师的教育实践全程中一以贯之的动力，它不仅

---

[1] 尧新瑜.试论教师专业化的三个向度[J].教育理论与实践，2003（2）：44-48.
[2] 李宗耀.伦理学知识手册[M].哈尔滨：黑龙江人民出版社，1984：381.
[3] 石中英.教育信仰与教育生活[J].清华大学教育研究，2000（2）：28-35.
[4] 樊香兰，孟旭.教师个体学习力：意蕴与诉求[J].中国教育学刊，2011（5）：65-68.
[5] 尧新瑜，朱银萍.自我发展力：教师专业成长的内核动力[J].教育发展研究，2015，35（Z2）：113-116.
[6] [法]皮埃尔·布迪厄.实践感[M].蒋梓骅，译.南京：译林出版社，2003：19-178.

确保了教育实践自身的连续性,而且还是教师的所有其他发展动力赖以生效的媒介和凭借。教师是教育实践的内在构成者,尽管他不可能无限度地改变教育实践的内在发展势头,但他可以塑造教育情境,改变自己对教育情境的解读方向,借此间接干预实践感所产生的内驱力方向。一方面,教师可以改变教育情境的构成要素,以此影响其实践感,最终改变教师对教育事件、对象的反应方式;另一方面,教师可以换用积极的心态来解读教育情境,影响实践感的性质,促使教育实践朝着对我们有利的方向发展。因之,驱动教师专业成长的根源性动力是源自实践感的内在驱动力。[1]

(三)专业社会化压力

人类的社会分工由来已久,随着社会的发展,分工越来越细,出现了越来越多的行业。但由于种种原因,不同行业的从业人员之间,在社会地位、声望、经济资源、入职门槛等方面往往存在差异。而教师这个行业由于各种历史和现实因素,社会地位、经济水平等都未达到理想状态。长期以来,为了提高教师的社会地位,使教师享有同医生、律师等职业同等的地位,我国一直做出了持续不断地努力。20世纪60年代到70年代,为了提升教师专业化程度,人们采用的是群体专业化策略,关注教师作为专业性职业的地位及其提高的问题。20世纪80年代以来,教师专业化的重心由群体转向个体,强调教师个体的专业化,关注教师的专业发展。这一转移并不意味着提高教师地位的问题不重要,而是希望通过提高教师的专业性来达到提高教师地位的目的。虽然我国在制度保障和舆论导向上,已形成有利于推进教师专业成长的良好氛围,但是,教师这一行业与专业存在一定的距离。因此,为了提高专业地位,为了使教学工作成为受人尊敬的一种专业,为了其自身技术体系存在的合法性,教师这一行业必须不断改善教师的专业教育、提高教师的专业水平,以便能够努力将自己打造成一种不可替代的专门职业。

第二节 教师专业成长研究

从教师专业成长的内涵来看,已有研究对教师专业成长的理解既有广义上的界定,也有狭义上的认识,对教师专业成长多元化的理解,尤其在教师专业化运动影响过程中,虽然形成了不同类型或取向的教师专业成长研究成果,但是绝大多数研究成果集中关注了教师专业成长的要素和特征、阶段和途径三个主要方面。

一、教师专业成长的要素和特征研究

起初,教师专业成长主要是指教师在知识和技能方面的更新和变化,研究者主要探讨了教师专业成长所需的知识要素。如1986年,舒尔曼将教师专业成长所需要的知识分为三类:①学科知识包括教师专业领域内已经被公认的事实,能够解释一个特定的观点被认为是正确的原因,为什么我们需要掌握这个事实,以及它如何与这一领域中的普通理论和实践相联系。②学科教学法知识是有关教师所教学科中什么是重要的、学生在学习过程中会遇到什么样的困难、产生什么样的误解、什么样的课程材料是有用的以及如何将这一具体学科知识

---

[1] 龙宝新.论教师专业成长的实践逻辑[J].教育科学,2012,28(4):41-46.

向学生展示的知识。③课程知识是指教师对教学中不同课程选择的理解。[1]后来，舒尔曼又重新梳理了教师专业成长所需的七大类知识。也有学者根据舒尔曼的分类，将教师专业成长所需的知识分为学科知识、学科教学法知识、课程知识、一般教学法知识、教学模式和理论知识、学生知识、自我知识、教育情境知识、教育结果、教育目的和教育价值知识，以及如何通过完成近景目标来完成远景目标的知识和意识。[2]教师专业成长知识结构的探讨构成了后来探索教师专业成长要素的基础。很多研究发现教师之所以成为专家型教师或优秀教师，很重要的原因就是他们拥有了丰富的领域知识，既可以是学科知识，也可以是情境知识。例如，有学者指出专家型教师与新手教师相比，往往拥有复杂的课堂管理知识、学科知识、教学原理知识和课程发展知识，而且专家型教师的知识结构使他们能够从具体事件中快速准确地把握深层次的信息，这种能力也会在专业成长过程中不断提升。

在教师专业成长要素研究的基础上，很多学者也关注了教师专业成长的特征，主要包括：①自动化。当教师在获得大量的经验和知识后，其专业成长往往变得越发顺畅，而且教师专业成长逐渐变成不需要刻意努力，成为自动化和直觉行动的过程。②灵活性。教师在专业成长过程中表现出强烈的灵活性，能够根据不同需要，采取相应的途径和策略参与不同类型的专业成长活动，而且在专业成长过程中会根据不同情境而做出即时反应。③情境性。教师专业成长具有很强的情境性，教师能够根据教育教学等相关情境，设计符合自身专业成长需要的活动，并在情境中不断成长。此外，很多研究者还提到了教师专业成长的阶段性，即教师在专业成长的不同阶段表现出不同特质。

二、教师专业成长的阶段研究

教师专业成长的阶段研究是教师专业成长研究的重要内容，不同研究者采用不同视角对教师专业成长阶段进行了划分，总体来说，相关研究大致包括以下四种类型。

第一，有研究者根据不同阶段教师在知识、经验和技能发展的差异，将教师专业成长划分为三个阶段：①在外部支持阶段，教师需要依靠外部环境结构来获得他们所需的初步知识和技能，教师往往受到奉献精神、兴趣和他们的指导者、家人和其他重要人物的影响，参与社会学系和组织训练，促进自身专业成长。②在中间过渡阶段，教师专业成长需要更多的指导和训练，而且教师逐渐掌握自我监控和自我调节的技能，并总结出一系列行为标准。③在内部监控阶段，教师往往已经成为专家型教师，开始控制他们所处的教学工作环境，为进行有意训练调整他们自己的状态，他们还会接受所需要的反馈信息，选择适应其发展阶段的训练难度。[3]

第二，有研究者从关注教师知识、经验和技能特征变化出发，将教师专业成长划分为新手教师、熟练新手教师、胜任型教师、业务精干型教师和专家型教师五个阶段，所有教师都是从新手阶段起步的，随着知识和经验的积累，2~3年逐步发展成为熟练新手教师，再经过1~2年的教学实践和职业培训，成为胜任型教师，在之后一年左右的时间里，一部分教师通过知识和经验的积累，逐渐成为业务精干型教师，而其中的一部分业务精干型教师在接下

---

[1] Lee Shulman. Those who understand: knowledge growth in teaching[J]. Educational Research, 1986（2）: 4-14.
[2] Turner-Bisset, R. The knowledge bases of the expert teacher[J]. British Educational Research Journal, 1999（1）: 39-56.
[3] Glaser. Changing the agency for learning: acquiring expert performance[A]. In Ericsson K. A.. The road to excellence: The acquisition of expert performance in the arts and sciences, sports and game[C]. Hillsdale, NJ: Lawrence Erlbaum, 1996: 303-311.

来的时间里继续发展，成为专家型教师。[1]各阶段教师的特点如下：①新手阶段的教师以审慎为特征，他们对自己的行为都格外谨慎，刻板地依赖他们所学得的规则和程序，不知道灵活变通，他们需要理解的是不限定于具体情境的普遍规则，并通过经验的积累来获得更多的客观事实和特征，新手教师更多地理解是什么的问题。②熟手阶段的教师往往洞察力较强，他们能够将所获得的经验转变成某种知识，能够将他们所积累的案例和经验与已有的知识相结合，从而获得更多的知识；他们在教学方法和策略上的知识和经验有所增加，处理问题表现出一定的灵活性，因为熟手教师已经知道什么时候可以打破规则，什么时候必须遵守规则，但是对专业成长还缺乏一定的责任感，不能自如地选择他们的行为。③胜任阶段的教师往往是理性的，经过三四年的成长，他们已经获得了更多的经验，并拥有更加强烈的成功动机，且已经能够区分教学情境中哪些信息是重要的，哪些是无关的；能够选择有效的方法和手段达到他们的教学目标，而且教师的责任感增加，对教学工作投入了更多感情，即胜任型教师已经对其专业成长能够准确地进行定时和定位。④业务精干型教师往往具有直觉性特征，他们在长期的教学中积累了丰富的经验，对教学中出现的与以往教学情境类似的情况能够直觉地观察与判断，甚至可以捕捉以往所没有发现的新的信息，积累更多的经验；业务精干型教师的教学行为已经达到了快捷、流畅和灵活的程度，能够更加准确地对教学事件进行预测。⑤专家型阶段的教师往往是非理性的，他们对教学情境的观察和判断在很大程度上依靠直觉，做事流畅，并且几乎不需要分析和思考，仅凭经验就能完成；他们已经达到了完全自动化的水平，在没有意外发生的情况下，他们不需要有意识的努力就可以处理教学中所遇到的各种问题，而且他们通常不进行反思，只有当问题的结果和预期不一样的时候，他们才会对问题进行反思和分析。

第三，有学者基于教师专业学习探讨了教师专业成长的阶段。①适应阶段的教师所学的知识是片段的，没有形成系统，他们不了解这一学科的原理知识，不关心这一学科的综合性，也无法判断这一学科中哪些知识是准确的哪些是不准确的，哪些信息是有用的哪些是没有用的，而且教师在该阶段中所使用的策略是比较肤浅的，并且他们的学习兴趣极其短暂。②胜任阶段的教师知识更为深入和广阔，并开始变得更为连贯、更为系统，并且在该学科知识领域中所采用的学习策略更为复杂，而且教师专业成长的焦点已由为解决某一情境中的问题而进行的短暂学习向根据个人的兴趣而进行的学习转变。③精练或专业阶段的教师已经开始能够将所教学科的知识与其他领域中的知识和技能相结合，并开始在所教学科中的基本问题中加入他们自己的解释，教师更容易发现所教学科领域中的问题，并能够很好地将所教学科方法与教师自己的思维方式相结合。[2]

第四，有研究者根据教师在不同专业成长阶段所关注的对象将教师专业成长划分为关注生存、关注情境、关注学生三个阶段。[3]（详见第四章）

总体来看，教师专业成长都是在知识、技能和责任精神等方面从普通教师成长为优秀教师的过程。

---

[1] Berliner, D. C. Expertise: the wonder of exemplary performances, creating powerful thinking in teachers, and students[A]. In Mangieri J. N. & Block C. C. Creating powerful thinking in teachers and students[C]. New York: Holt, Rinehart & Winston, 1994: 141-186.

[2] Berliner, D. C. Describing the behavior and documenting the accomplishment of expert teachers[J]. Bulletin of Science Technology Society, 2004（24）: 200-212.

[3] 张学民. 教师专业发展与培训[M]. 北京：知识产权出版社，2007：67-68.

三、教师专业成长的途径研究

多年来，教师专业成长途径研究受到了心理学、社会学和教育学等诸多学科的关注，教师专业成长的途径经验既包括教师专业成长机制的探讨，也包括教师专业成长的策略研究。

第一，很多心理学家主张通过长期训练和练习促进教师专业成长，因为训练和练习可以帮助教师积累教学实践和教学经验，教师专业成长会随着经验、实践和知识的增长而形成，无论是备课技巧、洞察力、关注学生个体、教学策略和教学反思都可以通过长期的训练或练习得到改善和提升。[1]教师可以通过参考其他教师的优秀教案，回顾自己的课堂教学，提高自己的备课技巧；教师也能够刻意关注学生的行为、课堂情境和教师自己的教学行为；教师可以在起初关注1~2位学生的基础上，分析和理解学生的行为，提高关注学生的娴熟技巧，并逐渐关注更多的学生；教师可以主动借助各种资源，寻找并形成符合自身特色的教学方法；教师应当积极和其他教师进行交流互动，并观察他们的课堂，同时在课后回顾并反思自己的教学。

第二，随着人们对教师专业成长研究的深入，研究者逐渐发现教师专业成长更多是通过实践来促进，因为教师专业成长过程中所需要的大量知识，并不是孤立地形成的，而是在实践过程中通过和同事及学生进行对话而获得的，尤其是实践性知识的出现，让人们更加相信实践是促进教师专业成长的重要途径。在此意义上的教师专业成长是教师通过经验的积累而获得的实践性知识，并运用这种知识去理解当前的实践情境，那么，我们就需要创造更多的实践情境和机会促进教师参与实践，有利于促进教师的专业成长。舒尔曼还从教师专业成长的角度提出了实践性知识，包括主张性知识（propositional knowledge）、案例性知识（case knowledge）和策略性知识（strategic knowledge），[2]这些实践性知识都需要通过实践获得。

第三，随着人们对教师专业成长规律的深入了解，研究者逐渐发现反思不仅是教师专业成长的重要特征，也是教师专业成长的重要途径。教师专业成长反思途径的代表人物是唐纳德·舍恩，他提出了反应的实践者理论，为教师专业成长提供了参照。舍恩认为教师不再是技术人员，应该是反应的实践者，教师能够通过对问题的认识、对不协调因素的认识、对问题的再构造、提出新的解决方法、在行动中检验新方法、评价结果六个过程，促进其专业成长，而且他强调教师在反应实践过程中的自发性和直觉性，教师需要在各种情境中自发地反思其观念和行为，同时反思该怎么反思其观念和行为（元反思），从而更好地促进其专业成长。

第三节　教师专业成长路径

教师专业成长是内外诸多因素共同作用的要求、过程和结果，每位教师都需要有专业成长、参与和实现专业成长，每位优秀的教师也都要经历从新手教师到合格教师，再到优秀教师的成长过程。已有研究对如何促进教师专业成长提出了很多策略和途径，对教师专业成长有强烈的实践意义，而本节根据各种有关教师专业成长途径、策略的研究文献，从内在逻辑出发，厘清教师专业成长三种取向的路径。

---

[1] Flick, L. B., Lederman, N. G. The role of practice in developing expertise in teaching[J]. School Science and Mathematics, 2001（7）: 345-347.

[2] Lee Shulman. Those who understand: knowledge growth in teaching[J]. Educational Research, 1986（2）: 4-14.

一、理智取向的教师专业成长

教师专业成长的理智取向路径是建立在人们对教育问题认识的基本观念的基础上的，这个基本观念是：人们只有具有某种或某类知识，才能更为理智地参与行动，从而获得理想的行动效果。因此，理智取向的教师专业成长认为所有的教学实践活动都要以教师相应的知识基础为支撑，否则，教学实践活动将成为无源之水、无本之木，教师在教育行动中也将寸步难行，教学实践活动也都将失去意义，教师专业成长也无从谈起。据此，理智取向的教师专业成长认为教师的教学实践是一项理智的活动，应当有一定的知识基础为支撑，虽然不同情境中的教学实践是具体的、繁杂的、零散的、变化的和不确定的，但是支撑其行动的知识基础是稳定的、结构化的、明确的、理智的。

由此可见，理智取向的教师专业成长认为教师只要掌握所教学科的基础知识，拥有足够的学科知识储备，就能当一名合格的教师。因此，在此意义上，学科知识（subject matter/content knowledge）就构成了教师知识基础的绝大部分。与此相应，人们普遍认为，教师专业成长就是要向未来的教师传授将来所教学科的知识。后来，随着人们对教育教学的认识更加深入，又开始达成一种普遍共识，即教师不仅应当要拥有他们所教学科的基本内容知识，也要掌握进行教学活动的艺术。因此，为了解决"教师的教不等于学生的学"的矛盾，人们又开始非常重视教学知识（pedagogical knowledge），即关注教师如何将自己掌握的学科知识熟练有效地教给学生。此时的教师专业成长就关注如何帮助教师将掌握的学科知识熟练有效地教给学生。总而言之，人们对教师教学所需知识基础的探索成为促进理智取向教师专业成长的重要途径。

20世纪80年代末，美国学者李·舒尔曼（Lee S. Shulman）在创造性提出学科教学法知识（pedagogical content knowledge）的基础上，系统地提出了教师教学所需的七大类知识基础：学科内容知识、一般教学法知识、课程知识、学科教学法知识、关于学生及其特性的知识、教育背景知识和教育目的、价值、哲学和历史基础知识，此外，他还提出了教师获得七大类知识基础的四种常用途径：学科领域的学术研究、教育材料和结构的分析、正规教育的学术研究和实践智慧的积累，[1]成为20世纪90年代以来美国教师教育改革的指导性知识框架，也为促进理智取向的教师专业成长奠定了坚实的基础。

具体来说，学习、掌握、更新教师的专业知识是促进教师理智取向专业成长的核心要求，是促进教师专业成长诸多途径或策略的基础，如有学者也认为教师专业成长的途径可以是多样的，但是教师的职业特点决定了教师需要学习大量的充满默会知识和隐性学习。[2]因此，理智取向的教师专业成长可以通过各种形式的知识分享或学习，促进教师专业知识的丰富和重组，或提高基于专业知识的教学实践能力，从而改善教师的教育教学实践质量，其中的知识分享或学习可以通过正规的职前教育和职后培训（"国培""省培"）来进行，也可以通过自主学习、阅读、反思等非正式的途径来进行。

二、实践反思取向的教师专业成长

20世纪中期以来，随着教育情境和教学任务的复杂性导致教师将掌握的知识和技能运用到教学实践中时遭遇"现实冲击"的困境，学术界开始对教师专业、教师的知识和教学实践都产生了新的理解。正如美国教育社会学家洛蒂（D. C. Lortie）巧妙地指出："比之专业的许

---

[1] Shulman, Lee S. Knowledge and teaching foundations of the New Reform[J]. Harvard Educational Review, 1987（1）: 1–22.
[2] 刘良华. 教师专业成长[M]. 上海：华东师范大学出版社, 2008: 125.

多问题的解决都基于科学的见解与合理技术的'确凿性',教师的工作几乎是由'不确定性'所支配的,某教师在某课堂里有效的计划,不能保障在另一个教师、另一间课堂有效;在某种语脉中有效的理论难以在另一种语脉中通用。"[1]即教师通过理智取向专业成长方式已获得的知识和技能在具体而复杂的教学实践过程中很难体现适切性,不仅难以解决现实情境中的问题,而且还容易导致新问题的出现,因为这种知识高度抽象化,与教学实践相脱离,严重制约了教学质量和教师专业发展效果的提升。

因此,人们开始重点关注教师的实践性知识和情境性知识,如1958年,波兰尼(Polanyi M.)率先提出"默会知识";1983年,艾尔贝兹(Elbaz F.)率先关注教师的"实践性知识",并提出"实践性知识"概念;后来,舍恩(Schön D.)、康纳利(Connelly M.)和克兰迪宁(Clandinin D. J.)等研究者也重点关注知识的实践特性,提出了"个人知识"和"情境知识"等。他们都在关注教师如何在具体教学实践情境中,将"自己知道的和信奉的知识"有效地指导并改善教学实践,并析出了教师的实践性知识,进行了一系列后续的研究与实践。这便产生了实践反思取向的教师专业成长要求和一系列的研究和探索。实践反思取向的教师专业成长的基本假设是教师在个体的、具体的、丰富的、复杂的、特殊的教育教学情境中有着特定的历史和境遇,而不是复数的、抽象意义上的教师群体。此时,教师专业成长不再要求过度传授所需要的理智知识,而是要帮助教师形成个体的、情境化的实践性知识。

教师个人知识(personal knowledge)是以教师个体直接经验为基础的知识,是教师个人在成长过程中通过长期的、大量的与其环境的互动产生的,虽然有"社会的"成分,但是并不能像理智取向的知识观下的知识那样容易在人与人之间分享和传授。教师个人知识是内在的,既有多种不同的途径形成与掌握,也有多种形式存在或表现。教师的个人经历、教学日志、反思日记、生活故事都可能是其个人知识的负载形式。教师个人知识是教师信念、价值观等内在因素的重要组成部分,也与教师的个性和行为倾向密切相关。由于个人知识是教师的基本组成部分,因此教育教学等专业活动或多或少地受到个人知识的影响,即教育教学活动和教师的专业成长都离不开个人知识的作用。

教师情境化知识(situated knowledge)是指教师在教育教学实践过程中实际产生作用的情境化知识,而不是一般的、抽象的、自足的。因为在教师的教学实践中实际起作用的知识,往往是在特定情境中习得的,正是这些特定的情境赋予了这些知识以"意义"。这不仅要求教师要真正关注教学实践中的特定问题,对遇到的教与学的实质性问题作出理解和反应,还要求教师要基于教学情境的思考方式,能够以特定的方式向此时此刻的教师和教师学习者进行讲解和演示,使描述和演化具体化、情境化。

教师实践性知识(practical knowledge)认为实际上在教师的专业生活中起作用的知识总是"实践的",这些知识能够且只能在实际的教学工作中由教师自己建构起来,因为这些知识与教师个人的生活和教学密切相关,具有明显的实践定向特点,该特点使得实践的知识在内容和表述上,都与理智知识或正式知识大不相同。例如,如果按照理智知识或正式知识的标准来看,实践知识可能是不符合逻辑的,更像是发自"直觉""感觉"或"经验",而不是经由"推理""验证"等途径得到的理智知识。实践性知识不仅可能没有清晰的验证或推理过程,而且可能难以用语言或文字表达清楚。但是,实践性知识具有高度综合性和复杂性,

---

[1] [日]佐藤学. 课程与教师[M]. 钟启泉,译. 北京:教育科学出版社,2003:212.

以至于经常难以判别或分析出其中的要素，也很难表达或传授给他人。

实践反思取向的教师专业成长获得的个人的、实践的和情境化的知识，是构成教师"教育个性"（pedagogical personality）的重要部分，正如人的个性往往在最基本但又最重要的层面上影响着人的其他更"高级"的思想或行为一样，教师的"教育个性"，也在最基本但最重要的层面上影响着他的"高级"的思想和行为。[1]因此，把反思作为一种机制引进来作为促进教师专业成长的内在机制，即一些内在的隐性因素逐渐发挥其作用。教师通过个人的或集体的努力，经由多种反思途径，如写日记、自传及共享、集体自传和实践隐喻分析等，对自己的历史成长过程、当前的实践状态，包括教师背景及其中的各种价值倾向、社会—政治观念等，以及隐含于当前实践状态之中的个人的知识予以澄清，对自身状态的澄清和理解，寻求合乎教育目的和基本准则的未来方向，力图使自己的教学建立在自觉的基础之上。[1]因此，实践反思取向的教师专业成长是一种融合理念、行动与个体选择性行动于一体的反应性实践，教师应该在具体的教学实践行动中认知和反应，从而获得并完善个人经验资料库，成为自觉熟练反应的实践者。

三、生态取向的教师专业成长

21世纪以来，"生态观"[2]逐渐成为教育学界一种普遍的思维方式，例如，我们越来越习惯于把学习看作是一个发生在立体的丰富背景中，包含着教师与学生、学生与学生、学生与社会、学生与学习材料等关系中发生多重互动的复杂过程，而不再是把它看成简单的个体学生和静态的书本知识之间的背诵、记忆、内化的过程。在此背景下，"生态观"也逐渐影响了人们对教师专业成长的认识，形成了生态取向的教师专业成长脉络。总体来看，生态取向的教师专业成长认为教师隶属于某一个特定的组织或群体，如某学校、学科组、年级组、教研组等，往往正是这些组织或群体赋予了他们"教师"这一身份，这要求我们必须从这些组织或群体背景来看待教师和教师专业成长，否则教师不仅失去了应有的身份，其专业成长的意义也就较为有限。此外，教师专业成长不仅是教师个体内部的专业成长，也包括教师社会化（超越了学校的边界）的过程，甚至如果脱离社会这一大背景来看教师专业成长，也是不完整的。那么，我们就需要关注这些群体或组织形成的稳定规范、文化、制度等，因为这些要素已经构成了教师文化的核心，成为理解、认识和促进教师专业发展的重要因素，而在此意义上的教师专业成长更多是从理解教师所隶属的组织或群体形成的稳定的规范、文化和制度等可能对教师专业成长影响的因素出发，探求可能影响教师专业成长的内容。

这些规范、文化和制度的内容往往非常丰富，教师处在某种教育社会或生态环境中，对教师的教育信念、观念、知识和行动产生影响的规范或传统可能包括以下六个方面，成为促进和实现生态取向教师专业成长的内容和途径。[1]①某种占主流的教育价值观，如各种群体或组织对教师地位或待遇的看法，有些人认为教师收入稳定，具有较高的社会地位；有些人认为教师收入不高，社会地位也不高；有些人认为教师从事的是教书育人的事业，值得全社会尊敬。②被认为是"合宜的"做法或说法的范围，如在某一教师群体中，使用轻度的体罚或适当的惩罚是合理的，是教育教学过程的一部分，而且这种做法不用写在专门的工作手册

---

[1] 胡惠闵，王建军. 教师专业发展 [M]. 上海：华东师范大学出版社，2014：50.
[2] 如布朗芬布伦纳（Bronfenbrenner）提出的包括微观系统、中间系统、外层系统和宏观系统四个层次的生态系统理论（ecological systems theory）。

中，只是身边的老师们都这么做，逐渐形成了一种无形的明确力量；在另外一些群体中则认为不能对学生有任何肢体上或语言上的惩罚，作为老师要理解所有学生。③人际关系的类型，尤其是学校领导与教师、教师与教师、教师与学生之间的关系类型，几乎每所学校都有各自的相对稳定的关系类型，有的学校人际关系是和谐、民主、平等的，有的学校人际关系是专制、科层式的，这对于教师与教师的关系，教师与学生的关系，甚至学生与学生的关系都有极大影响。④习惯做法，无论学校的发展历史长短，每所学校都会形成一些习惯做法，而且这些习惯做法几乎不会受到太多怀疑而被长期保持下去，这种习惯做法会表现在几乎所有的生活和教学细节之中，备课、上课、作业批改、班级管理、师生关系等，对教师专业成长来说，就是如何适应好的习惯做法或改变不好的习惯做法。⑤判断标准，虽然教育行政部门对优秀教师和优秀学生都有一定的标准，但是具体到每所学校就会有一定的差异，即往往每个学校对优秀教师和优秀学生的判断标准会有所差异，这直接关系到每位教师的专业成长和每位学生的成长。⑥专业学习的态度和途径，不同教师对其专业成长的态度和途径也存在差异，有的教师拥有上进的学习态度，经常主动积极寻找或创造各种有利于自身专业成长的机会和途径；有的教师拥有保守的学习态度，对专业成长保持无所谓的态度。无论是怎样的信念、观念、文化，都会对教师专业成长产生影响，甚至有时会决定教师专业成长的效果。

总体来看，生态取向的教师专业成长超越了传统意义上对教师专业成长的范畴，超越了学校的边界，将教师专业成长纳入社会大背景中考察，教师专业成长是一个综合、整体和复杂的系统过程，唯其如此，教师专业成长才会有意义。那么，教师专业成长就需要充分利用和发挥社会大背景中的各种因素。其实，生态取向的教师专业成长更多是教师了解、融入社会和学校文化、制度、观念的过程，也是利用社会和学校文化、制度、观念促进自身成长的过程，也规定或构成了教师专业成长的主要途径。

【练习与思考】

1. 你如何理解教师专业成长？
2. 简述教师专业成长的本质与特点。
3. 三种教师专业成长的取向中，你倾向于哪一种？理由是什么？

【深入阅读】

[1] 胡惠闵，王建军.教师专业发展[M].上海：华东师范大学出版社，2014.

[2] 刘良华.教师专业成长[M].上海：华东师范大学出版社，2008.

[3] 尧新瑜，朱银萍.自我发展力：教师专业成长的内核动力[J].教育发展研究，2015，35（Z2）.

[4] 洪早清.教师专业成长：认同、养成、生发[J].课程·教材·教法，2013，33（12）.

[5] Berliner, D. C.. Describing the behavior and documenting the accomplishment of expert teachers[J]. Bulletin of Science Technology Society，2004（24）.

第二章　教师知识与实践性知识

【学习目标】
★了解教师知识、教师实践性知识的内涵。
★了解教师知识的各种观点。
★熟悉教师知识的类型、分类标准与结构要素。
★了解教师实践性知识的特点、内容与表征方式。
★熟悉教师实践性知识的获得路径，并能运用于相关现实的分析。

教师知识即教师个体所拥有的顺利开展教育教学活动所必备的知识。正如兹南尼基（Znaniecki）所言："每个人无论承担何种社会角色都必须具备正常担任该角色必不可少的知识。"[1]由此可见，教师知识是扮演好教师这一社会角色的前提。但由于教师这一职业的专业性与特殊性以及育人工作的复杂性等，人们对于正常担任教师这一角色的人应该具备"何种知识"，即教师知识究竟应包括哪些内容却并未达成广泛共识，可谓仁者见仁智者见智。因此，在对教师知识概念进行总结定义之前，我们有必要了解不同历史时期以及不同学者对于教师知识概念的理解与解构。

---

[1] Znaniecki, F. The Social Role of the Man of Knowledge[M].New York: Oktagon Books, Inc, 1965: 24.

第一节　教师知识的概念

传统上，人们普遍倾向于从学科内容的角度出发理解教师知识，认为"教师知识指的就是教师在课堂上所讲授的具体内容"[1]，而忽视了一般教学法知识对于教学的重要性，并且这种观念一直持续到18世纪。到19世纪早期，学者们逐渐意识到教学法对于教师教学的重要性，从而将教师知识的内容扩展到教学法方面，促进了教师知识内容研究的转向，"人们开始同意这样的一个原则，即（小学）教师应当不仅知道他们所要教授的科目的知识，也要知道他们进行教学的艺术"。[2]

一、西方学者的观点

虽然人们对于教师知识的认识由来已久，但对教师知识展开系统化探讨与研究则源于20世纪80年代，20世纪80年代教师知识研究成了当时世界各国教师教育研究领域的热点问题。在当时的教师知识研究领域中最具代表性的人物则当推美国斯坦福大学的教育学教授舒尔曼，舒尔曼提出了教师知识的七大构成，即①学科知识。②学科教学法知识。③课程知识。④一般教学法知识。⑤学习者的知识。⑥教育环境的知识。⑦教育目的、目标和价值的知识。其中"学科教学法知识"正是舒尔曼的首创。他不仅强调教师需要对所教学科的理论知识有深入的理解，同时还需掌握所教学科的教学法知识。该概念的提出将原本分离开来的特定的学科知识与教学法知识又重新融合在一起。舒尔曼对教师知识概念的解读不仅丰富了教师知识的内容，同时也打开了人们研究教师知识概念的理论视野，后续人们对教师知识的研究大多也基于此。如继舒尔曼之后的格罗斯曼（Grossman），正是基于舒尔曼的教师知识框架体系，提出了教师知识的四个方面即一般教学法知识、学科知识、学科教学法知识和情境知识。以及后来的科克伦等人提出的：学科的知识、教学的知识、学生的知识以及环境背景知识。通过对比分析可以发现，无论是舒尔曼、格罗斯曼还是科克伦等人，无疑都将学科知识以及教学法知识提升到了相当重要的位置，充分肯定了教师的学科知识以及教学法知识对其教学所起的重要作用。

除强调学科知识外，部分学者如施瓦布（Schwab）、舍恩（Schon）、艾尔贝兹（Elbaz）、弗里曼（Freeman）等人则更加强调教师知识的实践性以及情境性，认为教师知识与系统化、理论化的学科知识有着根本性的区别，教师知识是教师个体在现实的教育情境中所领悟到的有助于开展教育教学活动的相关知识。由于教育情境的复杂性以及教师个体因素的多样性，面对相同的情境，不同个性特征的教师往往会基于自身的经验采取截然不同的教育教学方式，并不存在一套"放之四海而皆准"的固定的教育教学方式。这也正凸显了教师作为人这一主体与生俱来的主观能动性，并肯定了教师的教学创造性。如舍恩提出的"反思性实践者"就极大地肯定了教师作为实践者的思维和行动特征。舍恩认为教师在教育教学的实践中并不是简单地去"运用"所学的学科理论知识，而是在学习理论与亲身的实践中逐步形成自己的一套"使用理论"，即当其在新的情境中面临新的问题时，教师会通过自己的"使用理论"对问题进行"重新框定"进而寻求解决问题的对策。[3]也就是说，教师所拥有的知识具有

---

[1] 张发云. 教师知识研究综述[J]. 亚太教育，2016（18）：182+177.
[2] Monroe P. Cyclope Dia of Education（Vol.4）[Z]. New York：Macmilla，1913：622.
[3] 邹斌，陈向明. 教师知识概念的溯源[J]. 课程·教材·教法，2005（6）：85–89.

鲜明的个性特征。教师知识并非单纯地指教师从书本上所学到的那些有关学科概念、原理、公式以及教学法等理论性知识，教师在具体的教育教学情境中借助问题解决的实践所领悟到的实践性知识同样也是教师知识不可或缺的一部分。

二、中国学者的观点

西方国家对于教师知识的研究起步较早，且形成了较为丰富的理论成果。而我国学者对教师知识的研究则起步较晚。20 世纪 90 年代后期林崇德等将教师知识分为三个方面，即本体性知识、实践性知识以及条件性知识。[1]本体性知识是指教师从事学科教学所必须具备的特定学科知识；实践性知识是指教师在其教学经验中所积累的有关教学实践的知识；条件性知识是指关于如何将教育学和心理学知识运用到实际的课堂教学中的知识。[2]然而相当长一段时间内学界对教师知识的研究大多集中于探讨教师知识的"应然性"问题，即教师知识应当是怎样的问题？当时流行的普遍观点认为，教师知识应包括普通文化知识、任教学科知识、教育理论知识三个方面的知识。[3]21 世纪以来，国内学者在承接上述三大知识分类研究基础上，还结合新的时代发展背景探讨了新的教师知识结构，包括智能时代的教师知识结构、创客时代的教师知识结构、知识经济时代的教师知识结构，以及现代的教师知识结构。上述研究拓展了西方关于教师知识分类研究的视域。

三、教师知识的内涵

以上基于教师知识研究的历史发展脉络对教师知识的概念及其构成作了初步梳理与分析，属于纵向分析。然而教师知识的内涵远不止于此。

首先，基于教师知识的哲学知识观来看，随着哲学领域对于知识性质研究的进一步深入，为教师知识的内涵提供了更加坚实的哲学基础。传统的哲学知识观更多是从狭义上来理解知识，仅将与个人主观意志无关的自然科学知识看作是真正的知识。而英国哲学家赖尔、波兰尼等人则通过对知识这个基本概念的重新审视后提出：人类关于实践活动的认识也是知识。这就从根本上打破了传统的狭隘知识观，进而肯定了人关于实践活动认识的合法性。换而言之，教学活动作为教师专业性实践活动，教师在教学活动中所积累的有关教学经验的认识也可被称为知识，而不单是指那些具有客观性、普遍性的原理和规律。因此，从广义的知识观来看，我们可以将教师知识理解为"教师所知道的与教学有关的认识"。[4]这种知识既包括了学科内容知识，又包括了教师个人在实践活动中经由自我建构而生成的实践性知识，即个人教学经验的累积。虽然教师所掌握的学科内容知识在本质上是相同的，但由于教师本人的个性特征以及生活背景的差异，不同教师对相同学科内容的理解以及在教学过程中所采取的教学模式却是千差万别的。而有经验的专家型教师和新手教师的差距往往就体现在这部分实践性知识的差异上。

其次，基于研究教师知识所采用的不同研究视角来看。有学者从认知者和被认知者的角度出发，通过审视当前研究者使用教师知识的含义，指出了学界对于教师知识这一概念的

---

[1] 林崇德，辛涛.智力的培养[M].杭州：浙江人民出版社，1996：108.
[2] 张小菊.专家型教师学科教学知识结构研究[M].北京：光明日报出版社，2020：124.
[3] 钟启泉.反思中国教育[M].上海：华东师范大学出版社，2008：26.
[4] 韩继伟，林智中，黄毅英，等.西方国家教师知识研究的演变与启示[J].教育研究，2008（1）：88–92.

三种不同用法：①教师所拥有的知识。②关于教师的知识。③与教师有关的（关于教学）知识。[1]这一视角实质上对教师知识作了概念上的区分，避免了人们谈及教师知识时的概念混淆。多数情况下当人们谈及教师知识时，一般都是从"教师所拥有的知识"或"与教师有关的知识"角度展开理解，比如舒尔曼等人的观点，认为教师知识是指教师在某一教学情境中，为了达到有效教学所应具备的一系列理解、知识、技能与特质等。它不受限于学科部分的教学原理或是技巧，广泛包含教育心理学、学生的心理辅导、教室管理等，都属于一般教师知识之内，而"关于教师的知识"却鲜有涉及。

因此，基于上述对教师知识相关研究的纵向和横向梳理与分析，可以发现无论是学科知识还是教学法知识，抑或是实践性知识，其共同点都落脚于教师教学本身，即强调教师自身关于教育教学知识的积累与运用。基于此，在综合各个学者对于教师知识认识的基础上，我们更倾向于将教师知识定义为：指教师顺利开展教育教学活动所必须掌握的教学理论知识与实践性知识。显然这一定义采用了上述所提到的第一种含义，即认为教师知识是指从教师所拥有的知识角度对教师知识进行了概念界定。

第二节　教师知识的分类

20世纪80年代以来，随着教师专业化的发展，教师知识问题逐渐发展成为教师教育研究领域的一个焦点问题。不同维度的教师知识类型与教师知识的构成要素是理解教师知识问题的理论基础，是完善和促进教师专业知识发展的前提。

一、不同标准下的教师知识分类

（一）从知识的来源划分

从知识的来源可以将教师知识划分为教师个体内部知识和外部知识。

从教师专业发展的知识来源看，最主要的原始来源是个体内部系统知识以及外部系统知识。个体内部系统知识是指以教师为主体拥有的知识，是教师专业发展的核心因素。教师个体内部知识包括这些方面的内容：教师的教育信念；教师的自我知识，包括自我概念、自我评估、自我教学效能感、对自我调节的认识等；教师的人际知识、科学知识等；教师的情境知识，主要通过教师的教学机制反映。外部系统的知识是指从外界流入教师的知识，其来源主要包括学校、科研机构、企业以及一些公共部门等提供的知识，是教师专业发展的重要因素。

（二）从呈现的形式划分

从呈现的形式可以将教师知识划分为编码知识（或显性知识）和默会知识（或隐性知识）。

编码知识是可以表达的，有物质载体的，可确知的；默会知识是那些表现形式不是很清楚而且没有明确记录的知识，如技能、个人独特的技术和技艺以及个人的某些思维方式。默会知识的特征是：无法通过语言、文字或符号进行逻辑的说明，只能在行动中展现、被觉

---

[1] 范良火. 教师教学知识发展研究[M]. 上海：华东师范大学出版社，2003：39.

察、被意会；不能以正规的形式加以传递，只能通过学徒制传递；不易大规模积累、储藏和传播，因此很难获得社会公共机构及公共权力的重视和支持；不能加以批判性反思。默会知识是通过身体感官或理性直觉而获得的，不像编码知识那样通过明确的推理过程而获得，因此不能通过理性加以批判反思。编码知识可以通过编码、会议、文件等方式传播和转移，而默会知识是黏性的、复杂的、不容易编码的，在传播方式上只能选择以小群体、密集互动方式，如面对面、导师制等方式传播。

（三）从知识获得的方式划分

从知识获得的方式可以将教师知识划分为理论性知识和实践性知识。

教师专业知识体系分为理论性知识、实践性知识。前者通过阅读和听讲等获得，包括学科专业内容、学科教学法、教育学、心理学、一般文化等原理类知识。后者包括教师在教育教学实践中不断积累经验和总结经验的知识，也就是教师对理论性知识的理解、解释和运用的体现。实践性知识是指教师通过自身不断地创造和反思所获得的一种个人知识，此时所关心的问题是"教师实际知识什么？"而不是"教师应该知道什么？"是"什么使教师获得完成教学任务的能力？"而不是"教师应该具有什么能力？"是"教师是如何表达自己的知识的？"而不是"教师应该如何表达？"。实践性知识的特点是：它是依存于有限情境的经验性知识，与理论性知识相比，它缺乏严密性和普遍性，却是一种鲜活的、功能灵活的知识。具有个体性、开放性、情境性等特征的实践性知识，对教师的专业成长有着非常重要的作用。

二、教师知识分类的相关研究

（一）舒尔曼的"教师知识结构"理论

20世纪50年代以前，心理学行为主义对有关教师的研究产生了很大的影响，教育研究者主要通过研究教师行为与学生成绩之间的关系来研究教师教学的有效性，对于教师知识的研究，人们只关注与学生成绩有统计相关意义的教师知识，却不在意教师知识的结构或者维度。[1]

舒尔曼强烈批判了这种行为主义的教学研究。他强调教师对知识的理解、推理、转化和反省，并认为教师必须知道如何把其所掌握的知识转换为学生能理解的表征形式才能使教学取得决定性的成功。1986年，他总结出教师知识结构的框架包含三个部分，分别为：学科内容知识、学科教学法知识和课程知识。[2]后来，舒尔曼与他的同事和学生在进一步地研究基础上对之前的框架进行了修订，又增加了四种知识。这样，舒尔曼提出的教师知识的结构中，共包括了七类知识，具体见表2-1。

表2-1 舒尔曼的"教师知识结构"理论

知识维度	内涵
学科知识（content knowledge）	所任学科内容的专门知识，比如学科概念、原理、原则，以及它们之间的相互关系
一般教学法知识（general pedagogical knowledge）	超越各具体学科之上的关于课堂管理和组织的一般原理和策略

---

[1] 李琼，倪玉菁. 西方不同路向的教师知识研究述评[J]. 比较教育研究，2006（5）：76-81.
[2] Shulman, L. S. Knowledge and teaching: Foundations of the new reform[J]. Harvard Educational Review, 1987（1）: 15-23.

续表

知识维度	内涵
课程知识（curriculum knowledge）	服务于教师教学的"职业工具"，比如学科课程规划、教学材料和参考资料等
学科教学知识（pedagogical content knowledge）	对将所教的学科内容和教育学原理有机融合而成的对具体课题、问题或论点如何组织、表达和调整以适应学习者的不同兴趣和能力以及进行教学的理解
学习者及其特点的知识（knowledge of learners and their characteristics）	学生学习过程中身心状况的各种知识
教育环境的知识（knowledge of educational contexts）	教师对于学习环境的知识。包括从班组或课堂的情况、学区的管理和经费分配，到社区和文化的特征
关于教育的目标、目的和价值以及它们的哲学和历史基础的知识（knowledge of educational aims, purpose, values and their philosophical and historical grounds）	集合教育哲学、心理学、社会学等学科的知识，此类知识可以指导教师进行教学活动

（二）其他研究者的教师知识分类

舒尔曼的教师知识结构框架对后来的许多研究都产生了较大的影响，之后的许多研究者都是以这一框架结构为基础，不断进行修改并完善，具体见表2-2。

表2-2 其他研究者的教师知识分类

研究者	教师知识分类
塔米里（Tamir）[1]	通识教育、个人表现、学科内容知识、一般教学法知识、特定学科内容教学知识、教学专业基础知识
格罗斯曼（Grossman）[2]	包括学科内容知识、一般教学法知识、学科教学知识、情境知识
艾尔贝兹（Elbaz）[3]	自我知识、教学环境知识、学科知识、课程发展知识、教学知识
博科和帕特南（Borko & Putnam）[4]	学科知识及其信念、学科教学法知识及其信念、一般教学法知识及其信念
单文经	一般的教育专业知识（与教材内容无直接相关的知识）、教材相关的知识
简红珠	一般教学法知识、学科知识、学科教学法知识、情境知识、课程知识
林崇德、申继亮、夏惠贤等	本体性知识、条件性知识、实践性知识、文化知识
钟启泉、胡惠闵、崔允漷、赵中建、张华、吴刚平等	学科知识及学科教学法知识、学生与学习知识、教育理论与课程发展知识

从总体上看，已有关于教师知识类型的研究没有超越舒尔曼所提出的七类教师知识的范

---

[1] Pinchas Tamir. Subject matter and related pedagogical knowledge in teacher knowledge[J]. Teaching & Teacher Education, 1988, 4 (2): 99–110.

[2] Grossman, P. L. A study in contrast: Sources of pedagogical content knowledge for secondary English[D]. Stanford Universityd, 1988.

[3] Elbaz, F. Teacher thinking: A study of practical knowledge[M]. London: Croom Helm, 1983: 216.

[4] Borko, H., Putnam, R. Learning to teach. In D.C. Berliner. &R.C. Calfee (Ed.), Handbook of educational psychology[M]. New York, U.S.A.: Macmillan. 1996: 673–708.

畴。同时，从分类方式上看，由于教师知识的不同要素相互关联，很容易存在交叉，而舒尔曼的分类方式较为清晰的区分了不同类型的教师知识。而且他对教师知识的分类和命名得到多数研究者的认同，在后续研究中影响深远。

三、教师知识结构的构成要素

虽然不同研究者对教师知识的认识不尽相同，但可以发现不同的教师知识分类中存在着某些共性的内容。无论是从哪个领域、哪个角度对教师知识进行研究，大部分都要概括教师的学科知识、教学知识等关键要素。也就是说，这些框架中蕴含着构成教师知识结构的基本要素。

（一）学科知识

几乎所有研究者都将学科知识或称内容知识列为教师应当具有的知识类型之一。著名心理学家布鲁纳曾指出，"一个教育者应知道在某个探究领域的学科知识是什么，知道学科知识是如何联系的和如何获得的"，他强调学科知识在教师知识结构中的重要性，认为教师所持的学科知识能够唤起和指导其教学行动。[1]林崇德将学科知识称为"本体性知识"，指教师所具有的特定的学科知识，如语文知识、数学知识等，意为教师应该掌握的最基本的知识，这也表现出学科知识在教师知识结构中的重要地位。

学科知识主要包括内容（content）知识、实体性（substantive）知识与句法（syntactic）知识与学科教学信念（beliefs about the subject matter）。[2]

内容知识指一门学科的"材料"，即事实性知识、组织原则与中心概念。如生物老师需要掌握DNA与RNA、进化与遗传理论、生态系统与神经系统等概念。除了这些概念外，还要知道概念之间的联系。如教欧洲历史的教师需要知道文艺复兴与改革，历史事件的缘由与年代等；代数教师需要知道二次方程的规则、勾股定理、变量、参数等。

实体性知识指一门学科的解释性框架或范式。在一些学科领域中，可能同时存在多种不同的实体结构或范式。例如心理学中的不同流派，如行为主义、认知心理学派、精神分析学等。实体性知识对教师在教学中选取哪些材料，如何组织教学有着重要的意义。例如，历史教师在讲述历史知识时，可能会从社会的、文化的、政治的等不同的观点，去关照感兴趣的问题。因而，教师可以考虑用各种不同的方式组织学科内容。从这方面看，学科知识中的实体结构对教师的课程决策有直接的影响。

句法知识是一门学科中判断真理与谬误、有效与无效所建立的一套规则，是新知识纳入本领域的一些方式或方法的知识。当对一个现象的解释出现争议时，句法知识可以提供一种规则，判断哪一个有更合理的证据。句法知识如同一套语法规则，决定一门学科领域中合理性的标准。对教师来说，在教学中不但要向学生展示既定的知识，还必须能够向学生解释其中的道理，为什么值得去认识它。如具有句法知识的生物教师会经常组织讨论与活动，培养学生运用科学方法的意识。历史教师也不仅仅教给学生一些历史事件发生的时间与地点，而是组织论坛让学生运用史料去解释历史。语文教师不只是让学生读课文，讨论人物特点与主

---

[1] 邵光华. 教师专业知识发展研究[M]. 杭州：浙江大学出版社，2011：58-60.
[2] Grossman, P. L., Wilson, S. M. Shulman, L. S. Teachers of substance: Subject matter knowledge for teaching[A]. In M. C. Reynolds（Ed.）. Knowledge base for the beginning teacher[C]. Oxford: Pergamon Press. 1989: 23-36.

题，而是引导学生运用多种可能的诠释，学习文学分析与讨论。[1]

学科教学信念是教师对学科知识的信念与学科教学的信念。教师对学科知识的信念会影响教师对教学内容的选择和组织，而教师对学科教学的信念则会影响他们对学科教学的理解、教学方法的选择等。教师必须对学科有充分的理解与反省，而不是限于记忆学科知识，还需要将学科概念与学生的思考作连接，帮助学生解决知识上的疑惑，给他们提供历史的、文化的、政治的、伦理的知识指引，一起反省我们所知与不知的。因此，教师必须在教学前理解学科的事实与概念，知道如探究学科知识或新信息，反省知识背后隐匿不彰的事实，并评估学生的能力或先备知识来决定将哪些学科知识与学生思考连接起来。

简单来说，学科知识不仅包括一门学科的概念、原理、理论等内容本身，同时也包括概念与概念之间、原理与原理之间是如何联系起来的知识。学科知识是关于"教什么"的知识，它是各科教师必备的基础知识。这是一个前提，如果不具备这种知识，那么也谈不上去教学生，就没有成为教师的资格与可能性。这种知识是教师入职前，在教师教育中所学到的关于学科的专业性知识。有研究表明，在备课阶段，本体性知识困乏的教师就会完全参照教科书来组织内容，而知识丰富的教师则会摒弃教科书，较为容易地把握教学主要内容；在课堂上，本体性知识丰富的教师较容易旁征博引，帮助学生建立知识间的联系，而该知识困乏的教师只会列举一些静态的事实，倾向于向学生灌输知识；在对学生的考核中，该知识丰富的教师能够给出综合性较强、考查学生创造力的题目，而该知识困乏的教师则偏向出考查学生记忆性的题目。

需要注意的是，尽管学科知识是重要的，但并不起绝对的作用。有研究表明，教师的本体性知识与学生成绩之间几乎不存在统计上的"高相关"关系。很多时候，教师掌握的学科知识并不能成为课堂教学内容。因此，具有丰富的学科知识只是良好教学效果的基本保证而不是唯一保证。

（二）一般教学法知识

教师教学的顺利完成离不开教学方法。教师在教学过程中必定会按照自己的理解，选择并运用一些方法。因此，教师知识结构中包含着方法的知识，我们可以称之为"教学法知识"。无论教师教授的具体科目是什么，教育过程中必定存在着一些共同的方法，它是超越学科界限的。这种超越的、带有共同特征的教学法就是一般教学法。

一般教学法是指那些超越各具体学科的关于课堂管理和组织的广义的原则和策略。[2]一般来说，一名教师为了顺利完成教学，教学前首先需要明确自己的课堂教学目标，然后对教学材料进行相关处理，并选择合适的教学行为，书写教案等。在教学过程中，需要选择某种方式来呈现内容，对学生的行为进行指导，对课堂进行管理。而在教学后，还要对教学进行评价，对学生作业进行评定等。一般教学法知识的范围较广，它涉及教学理论与策略、教学模式、教学测量与评价、教学技术、教学的伦理与道德、学生心理辅导的理论与技术、班级组织与管理、教育研究方法等。[3]因此，一名教师实际拥有的一般教学法知识包括教学准备知识、教学及辅助教学行为知识、课堂管理知识、课堂教学评价知识四方面。

教学准备知识包括教师对教学目标的理解与叙写、对教材的作用的认识、对教学如何进

---

[1] 李琼.教师专业发展的知识基础：教学专长研究[M].北京：北京师范大学出版社，2009：34-36.
[2] Shulman, L. S. Knowledge and teaching: Foundations of the new reform[J]. Harvard Educational Review, 1987（1）：15-23.
[3] 刘清华.教师知识的模型建构研究[D].重庆：西南师范大学，2004.

行组织的认识、对教案的认识以及教案的写作知识。

教学及辅助教学行为知识包括教师如何选择教学行为以及对教学行为本身的认识，还包括教学指导知识以及对教育技术的掌握。特别是教育技术知识，在当代，教学需要用到很多现代教育技术，教师自身也拥有这样的知识，但在现实的教学中却没有用好，造成了教育技术浪费的现象。因此，学校需要强调的不仅是教师对技术的掌握，而且要为教师使用这种技术性的知识创造良好的条件。

课堂管理知识指为了促进教育教学活动的开展，教师如何组织课堂秩序、如何促进学生合作并参与到学习活动中、如何分配与调整教学时间、在处理课堂事件和对学生行为做出反馈中如何与学生互动的知识。

课堂教学评价知识包括教师对学生的评价、对自己教学的评价等。另外，教师对作业的认识以及布置和批改等，也属于教师教学评价知识的范畴。[1]

学生的学习涉及多个学科领域，但学生的学习心理、学习机制很多时候却是大体相同的。因此，教师不仅要熟知所教学科的知识，同时需要掌握一般教学法知识，即教师要熟悉心理学、教育学和各种教学法。教师只有全面系统地掌握这些知识，才能确立先进的教育观念，正确地选择教育教学的内容和方法，高效地实现知识的传递和能力的培养，促进教师和学生的共同发展。

但是需要注意的是，一般教学法知识并不是一套固定的行为程序与规则。如果教师在教育教学过程中只是机械地遵守规则而行动，一般教学法知识便无法帮助教师对特殊情境的感知。教师应当灵活应用，将其作为教师个人观察和判断的指导与工具。

（三）学科教学知识

舒尔曼于1985年在美国教育研究协会上提出学科教学知识（pedagogical content knowledge，简称PCK）的概念。他指出，学科教学知识是教师综合运用教育学知识和学科知识来理解特定主题的教学是如何组织、呈现给特定学生的知识。[2]

如何在具体的学科中理解教师的学科教学知识呢？譬如，大多数人知道"负数乘以负数是正数"，数学专业的人知道它是"学科知识"的一部分。但是，教师如何向学生解释这样的乘法规则呢？仅仅告诉学生记住这样的规则就行了吗？如果学生不明白，教师是否有其他的方式来解释以帮助学生理解？这种解释被看作"学科教学知识"的一部分。对于教学，教师自己懂学科知识还不够，还需要将个人化的内隐知识转化为外在的、清晰的学生可以理解的知识。

舒尔曼认为学科教学知识是教师在教学过程中融合学科与教学知识而形成的知识。它是教师通过将学科内容转化和表征为有教学意义的形式、适合于不同能力和背景的学生而产生的知识，是综合了学科知识、教学和背景的知识而成的知识，是教师独一无二的领域，也是他们自身的专业理解的特殊形式。它确定了教学与其他学科不同的知识群，体现了学科内容与教育教学知识的整合，是最能区分学科专家与教师的不同的一个知识领域，学科教学知识是教师所独有的关于学科知识和一般教学法的混合物，是学科知识和教学法知识的特殊融合，因此，被认为很好地整合了早期争论中教师知识的两个方面——学科知识和一般教学

---

[1] 王俊. 教师知识结构研究[D]. 上海：华东师范大学，2005.
[2] Shulman, L. S. Paradigms and Research Programs in the Study of Teaching: A Contemporary Perspective[A]. In M.C.Wittrock（Ed.）, Handbook of Research on Teaching[C]. New York: Macmillan, 1986: 36.

法知识的概念的分歧。[1]之后有许多学者对这一概念进行了补充和丰富。如格罗斯曼（Grossman，1990）提出学科教学知识的要素包括：教师的教学定位、教师的课程和教材知识、关于学生理解的知识、教学策略的知识。[2]格罗斯曼的研究强调了舒尔曼研究的核心部分，同时关注到教师对特定内容的教学定位和教学取向。

当然也有一些学者对学科教学知识持质疑和批判的态度。学界对其的争论主要有几点：第一，有学者对学科教学知识的概念予以否认，他们认为学科教学知识的成分已经包含在学科知识之中；第二，有学者认为学科教学知识这一术语未突出教学的动态化特点，提出用"教学内容认知"来代替学科教学认知这一概念；第三，有学者认为舒尔曼缺少对学科教学知识的进一步区分，没有指出教学法的概念与其在教师头脑中的主观表征的差别以及作为一门科学的学科（如数学）与课程学科内容（如学校数学学科）之间的差别。[3]

对学科教学知识概念的争议有助于我们更好去理解学科教学知识的本质特征。其本质主要表现在三方面：第一，学科教学知识是关于特定学科的内容，它区别于一般意义上的教学法，如课堂管理、教育目的等；第二，按照其含义来看，学科教学知识是关于教师在教学中如何将自己对学科知识的理解转化为学生容易理解的学科知识，即学科知识的教学化，因而不同于学科知识的本身；第三，学科教学知识是一种根植于课堂实践的不同类型知识的整合，具有实践性、情境性的特点。学科教学知识来源于学科知识、教学法知识，但又超越了这两种知识的简单结合，是不同类型知识在教学实践中的整合，同时这种知识是通过实践来获得的，它来源于教师在具体情境中与学科内容和学生的沟通。通过与学科内容的沟通，教师逐步把文本上承载的学科内容信息和自己的经验沟通，通过与学生的沟通，教师了解学生认知特征和情感特征以及学生对待这门学科的态度倾向等，逐步把学生的特征和自己的经验沟通，最终形成学科教学知识。

（四）课程知识

课程知识是通过一定的程序和途径选择出来的精致编码的知识。它在学校中作为学校教育的主要载体，作为师生交流互动的媒介，是学校场域中教育活动发生发展的核心要素，本身具有其独有的特征。

课程知识指对课程计划与安排的理解，以及与之相关的课程背景、课程理论、课程标准、课程编制、课程开发、课程实施、课程管理、课程评价、课程改革与发展、选用教具与教学媒体等方面的知识。

课程知识包括三个方面：一是教师的一般课程知识，教师对于课程改革的整体知识，以增进教师对于国家和地方课程改革的方向和要求的理解。比如，对国家《基础教育课程改革纲要》《课程标准》等课程文件，地方课程实施文件的理解，相关的课程解读书籍和资料等。二是教师的学科课程知识，包括特定学科某主题和内容的选择和组织，不同年级内容的组织和联系，以及替代性教学资源的选择与使用等。三是教师的课程开发与课程实践知识，包括教师的课程开发理论和实践性知识，如校本课程开发、国家课程再开发以及基于学校和学生的教育教学需求而设计的专题课程等方面的理论和实践性知识。

自从教育学作为一门专门化的学科开始，课程知识的选择和组织的问题就成为教育理论

---

[1] 钟秉林. 教师专业发展理论研究[M]. 北京：北京师范大学出版社，2011：71-72.
[2] Grossman, P. L. The making of a teacher: Teacher knowledge and teacher education[M]. New York: Teachers College Press, 1990: 5-9.
[3] 李琼. 教师专业发展的知识基础[M]. 北京：北京师范大学出版社，2009：39-46.

特别是课程理论的重要课题。古德莱德（J. I. Goodlad）提出，课程有五种存在形式：①理想的课程（ideological curriculum），是指专门的课程研究机构、课程专家等研制并提出的应该开设的课程。②官定的课程（formal curriculum），是指经过一定机构或教师的选择，获得国家或地方学校董事会同意，从而取得官方认同的课程。③感知的课程（perceived curriculum），是指存在于人们脑海中的课程。④运作的课程（operational curriculum），是指在课堂中教师实际所教的。⑤经验的课程（experiential curriculum），是指学生实际体验到的知识。[1]从古德莱德的课程层次来看，教师课程知识属于感知的课程和运作的课程的结合。教师头脑中印象的课程与教师在课堂中的实际操作很可能有着较大差异。

因此，现代教学论认为，教师不应该是教科书的搬运者，也不是课程设计方案的忠实执行者。教师的教育教学工作具有创造性、生成性。若想真正实现课程目标，教师必须要根据学生的实际情况，在课程的设计与实施过程中对课程教材的内容结构、呈现方式、例题习题等进行适当的调整、充实和改变，以加强课程的适应性。当教师面临课程改革时，应该主动变动和调适自己的课程知识。课程知识将有助于教师正确把握课程的发展方向，各类课程的标准、性质和关系。学习取向的课程知识思考不仅是知识上的真假和价值性，更重要的是帮助学习者如何去认识这个世界、如何做决定、如何建构出独特的自我；课程的发展不应只偏重客观知识体系的建构和科学组织的形式运作上，主体如何思考、如何获知、如何建构意义才是关键所在。因此，学习取向的课程知识将帮助教师从课程的消费者、执行者转变为课程的发展者、领导者，"为了人的生活、为了人的生命"将是课程知识发展的核心。

（五）自我知识

自我知识包括个人信念与价值观、自我知觉、自我效能感与对自我调节的认知。教育是一种个性化的复杂劳动，教师对自身的了解是教育中一个非常重要的知识基础，教师必须通过既存的知识与信念来理解新的实践经验，然后又从实践中发展出新的教育理解，它将在情境里决定如何运用策略或活动。教师如果缺少自我坚定的设想，注定会陷入教学的彷徨。教师自我的意识是个人与专业的连接，此类知识主要体现在教师是否知道运用自我进行教育实践，是否了解自己的特点（性格、气质、能力等）和教学风格，扬长避短（扬长补短），适度发展能否从错误中学习，并及时调整自己的态度和行为。

（六）关于学生的知识

关于学生的知识由学生的经验或社会知识和学生的认知知识两部分组成。学生的经验或社会知识是指这方面的知识：特定年龄段儿童所共有的、在课堂和学校里表现的、他们的兴趣与情境因素如何影响学习和行为以及儿童与教师关系的本质等。学生的认知知识由两个部分组成：一是有儿童发展的理论知识；二是特定学生群体的知识，它源于与这些学生的正常联系，如他们知道什么、他们能做什么的这些知识。包括各年级学生身心发展的特征、各年级学生学习、认知及思考方式、指导学生如何学习的知识、学生个别差异及班级中特殊儿童学习的知识等。

学生是建构自己知识的主动解决问题者，而教师是要负起激励学生的认知过程的责任。当教师要采纳新的教学活动或者课本来更好地促进学生的思考和理解时，他们原有的学生观和学习过程会对他们实际的所作所为产生深刻的影响。根据认知中介的观点，有两种认知类

---

[1] J, 1, Goodlad et al. Crriculum Inquiry[M].McGraw-Hill, 1979：59-64.

型是学习过程的中心,即知识和自我调节能力。在教和学中,知道这些特点和作用是教学专业知识基础的基本。如教师必须意识到学生已有的知识,以及知识是如何组织和建构的;还须理解认知知识和经验的基本特点,以及学生是如何在学习中运用认知去调节自己的认知策略;另外还要理解在学习的自我调节中动机所起的作用。[1]

(七)情境知识

情境知识是教师对学习有关的各种情境的了解与认识,包括教室情境、学校规范、家庭状况、社区背景、教育政策、文化特质、社会教育环境等。

在科技迅速发展的今天,教育环境不再局限于传统意义上的学校与课堂,而是从封闭性走向开放性。也就是说,情境的含义是非常宽泛且复杂多样,从教室内部的横幅挂图、课桌椅凳、班风班规,到学校的自然环境、教学设施、校风校纪,再到所在地区的社会经济水平、传统习俗、社区文化氛围等。教育情境包罗万象,从校内到校外,从物质层面到精神层面,从制度规范到文化氛围。

教师情境知识包括班级、教师团队、学校、学区、国家几个层面。具体而言,班级层面关注学生的学习水平、社会背景、班级文化、师生关系等;教师团队层面关注教师的层次和水平、团队的领导者及其领导、团队任务及其实践以及教师群体的亚文化等;学校层面关注领导的管理方式、学校制度及其实践、学校的经济情况以及学校的文化等;学区层面包括学区的教育定位和规划、学区对学校在评价、资源和政策方面的支持和规约、学区内家校关系以及学区在所在省市的地位;国家层面关注国家的教育政策、规划,国家的经费投入等。[2]

情境知识涵盖整个教育环境的文化背景,教师的知识实际上是在社会情境底下生成的,因为教师在进入教育现场之前,身上早已带着属于个人所有的一套知识系统,其中教师的生命经验、人格特质、价值观念对教师的情境知识影响最为深刻。情境知识影响着教师知识结构中教师对上述其他知识的理解与建构,教师必须反省自身的情境知识,让自身在某些时刻抽离实践行动并对整个行动及情境进行有意识地反省。这样的一个过程可以催化我们对当下教育情境的细微分析,仔细审视我们对行动所持有的假设。因此,在生成教师情境知识时,我们必须借着反省、批判、理解、论辩、比较与沟通等方式,去深究种种情境背后的价值观,从而产生出一套更完整的理解方式去看待学校的生活世界,继而从事一种较为公平及正义的教育实践。

第三节 教师实践性知识

20世纪80年代中期以后,"反思性实践者"的概念和以"反思理论"为核心的认识论获得了广泛认同,对教师专业发展的研究转向对教师生活经验和教学实践经验的关注,强调真正对教师专业发展和教学问题解决具有价值的是具有情境性、个别化的实践性知识。

---

[1] 刘清华. 教师知识的模型建构研究 [D]. 重庆:西南师范大学,2004.
[2] 张莉. 专业共同体中的教师知识学习研究 [D]. 长春:东北师范大学,2017.

一、教师实践性知识概述

（一）教师实践性知识的兴起与发展

教师实践性知识的研究兴起于 20 世纪 80 年代，它以对传统"过程—结果"范式的教师教学研究的批判和超越为出发点，着眼于教师真实的教育实践与个人经验，是对教师知识的实然研究，即更多关注"教师实际具备哪些知识"的问题。

从 20 世纪 80 年代起至今，国外有关教师实践性知识的研究大致分为三个发展阶段。

1. 20 世纪 80 年代初期：起步阶段

最早对教师实践性知识进行系统探讨的是加拿大学者艾尔贝兹。1981 年，艾尔贝兹通过开放性访谈，开始对一名教学经验丰富的中学教师莎拉的工作经历展开研究，试图理解她在教师工作中是如何选择、如何决策、如何解决问题的。通过研究，艾尔贝兹发现，教师以独特的方式拥有一种特别的、高度经验化和个人化的知识，这种知识在各种不同的教育情境中指导着教师的教学实践，她把这种知识称为"实践性知识"。

艾尔贝兹对教师实践性知识的来源、性质、内容与结构等都进行了较为详细的阐述，教师实践性知识的研究初见雏形；其出版的相关研究报告与专著产生了广泛的影响，使教师实践性知识受到了更多的关注，也为后续的研究打下了一定的基础。

2. 20 世纪 80 年代中期至 20 世纪 90 年代中后期：深化阶段

继艾尔贝兹之后，加拿大学者柯兰蒂宁与康奈利的研究进一步深化了实践性知识的研究领域。他们的研究特别关注和强调教师实践性知识的"个人"特点，将其称为"教师个人实践知识"。

柯兰蒂宁与康奈利在多伦多的一所学校进行了一项为期三年的研究，观察在学校和课堂中影响教师决定其实践行为的关键因素，探索教师个人实践知识对学校改革的影响，在研究报告中阐述了他们对教师个人实践知识的理解，提出"个人化"是这种知识的核心特征。此外，他们也一直致力于探究教师个人实践知识、专业知识场景和教师专业身份之间的关系以及教师个人实践知识的表征形式，并创造性地提出了一种新的"叙事研究"方式来探究教师个人的实践知识，关注教师的生活整体，以提升经验的意义。

3. 20 世纪 90 年代中后期至今：拓展阶段

20 世纪 90 年代中期，荷兰莱顿大学教育研究院的贝加德、威鲁普和梅叶等学者开始从事教师实践性知识的研究，他们在已有研究的基础上，把教师实践性知识研究的研究视野拓展到了具体的学科教学、教师评价、新手教师和富有经验的教师的比较以及教师专业身份等方面。

这一时期，艾利森·布莱克与盖尔·海利维尔、马克思·范梅南、佐藤学等许多学者也都对教师实践性知识进行了研究，不乏创见的研究成果。

（二）教师实践性知识的概念及特征

1. 教师实践性知识的概念

教师实践性知识是教师通过对自己教育教学经验的反思和提炼所形成的对教育教学的认识；教师对其教育教学经历进行自我解释而形成经验，上升到反思层次，形成具有一般性指导作用的价值取向，并实际指导自己的惯例性教育教学行为——这便形成了教师的实践性知识。

2. 教师实践性知识的特征

（1）实践性　实践性与个性化是教师实践性知识的本质特征。首先，教师实践性知识是在实践中建构，关于实践且指向实践的知识，具有显著的实践性。教育教学实践是教师建构实践性知识的基本舞台，离开这个舞台，教师就可能失去主要的用武之地。换言之，教师构建实践性知识的直接动力来自教育教学实践中存在的真实的问题，表现为在这一堂课中、面对这样一个学生、遇上这样的偶发事件，教师必须当机立断地处理这些实践问题，实践性知识也由此得到了应用和发展。

（2）个性化　教师实践性知识是教师个人全部生活体验和教学经验的体现，包含着教师个体的主观经验、热情、情感、信念与价值观等，具有鲜明的个性化色彩。对于每一位教师而言，教学通常是一项个性化的劳动，不同的教龄与阅历、工作经历、个人能力、思维方式和行为特征等，决定了教师对教学的感悟截然不同，使其应对教学问题的智慧表现方式、表现内容和表现水平也必然大相径庭。每位教师的实践性知识之形成及其外显，都是时、空、人等诸多因素交错影响的结果，都是独一无二的个人化体验、个性化知识。

（3）境遇性　从知识运用的场所而言，教师实践性知识大都打着特定教育情境的印记，是境遇性的。"境遇"是指与个体现实地发生着关系的、是我们感受得到相互影响的特定时空的环境。教师实践性知识是特定的教师在特定的教室中，以特定的教材、特定的学生为对象工作时形成的知识，由于这些特定的教育情境是丰富、鲜活、多样的，因此赋予了教师实践性知识形成的境遇性。每位教师并不是生活在抽象的社会中，每位教师都生活在特定的"境遇"中，实践性知识也只有在特定的教育情境中才能生成、理解和辩护。

（4）默会性　从知识的存在方式和可传递性而言，教师实践性知识的大部分是具有个人品格的、隐性的和不易传递的默会知识。教师个人教学实践经验与生活经验以及在此基础上形成的对教学实践活动的直觉与感悟，对教师来说，有时候他们并不知道或很少意识到自己为什么这样教，而不是那样教的真正原因，更不善于清晰地表达出自己的知识，这属于默会知识。这种默会知识虽然不可言传只可意会，但能灵活应用，它大量存在于教师的教学中，实质性地主导着教师在教学实践中的行为决策与个人判断。

（5）整体性　从知识的最终表现方式上看，教师实践性知识具有整体性特征。实践总是在整体地发生着。在丰富、鲜活、生动的教育实践现场中，教师面对的不仅是学习者个体的多样性、教育教学情境的不确定性，还有诸多复杂的教学相关因素，因此教师必须集自身的多种认知、多种能力、多种情感等于一体才能完成教学任务。正是在这种整体性参与的教育实践中、整体地把握教学的过程中，教师逐渐建构起实践性知识，其包含着教师对教学目的、对象、信息和环境的整体性认识，同时也是教师战略性思维的反应。总之，一切可迁移到教育教学中的社会规范、价值标准、知识、情感、信念等，都可能成为教师实践性知识的组成部分。可见，教师实践性知识是一个较复杂的、整体性的知识群。[1]

二、教师实践性知识的基本内容

教师的实践性知识包含多方面的知识内容，形成结构复杂的知识网络。北京大学教育学院"教师实践性知识研究"课题组将教师实践性知识的内容进行了整合，提出教师实践性知识包括关于自我的知识、关于科目的知识、关于学生的知识、关于教育情境的知识四个方面

---

[1] 姜美玲. 教师实践性知识研究[M]. 上海：华东师范大学出版社，2008：11.

的基本内容。而这四个方面的内容都受到更上位的、对教育本质之信念的影响。[1]

（一）教师自我知识

教育工作需要教师将自己整个人投入其中——他们的自我认同、对自我的理解与定位及自我效能感、他们带进教学的个人背景知识、他们的价值观和教育理念等，这些教师"关于自我的知识"潜在地支撑着教师的教育实践。

根据帕尔默的观点，好教师有一个共同的特质：一种把他们个人的自我认同融入工作的强烈意识，他们具有联合能力，能够将自己、所教的学科和他们的学生编织成一个复杂的关系网，以便学生能够学会去编织一个他们自己的世界。好教师之所以能够形成这种联合不在于他们的方法，而在于他们的心灵——人类自身整合智能、情感、精神和意志的所在。教学无论好坏都发自内心，教师其实是将自己的灵魂状态、自己的学科以及与学生共同生存的方式投射到学生的心灵上。认识自我与认识学生和学科同等重要，因为认识学生和学科主要依赖关于自我的知识。只有当教师了解自我时，才能真正了解学生、真正吃透自己所教的学科。

教师的"自我"的内涵可扩展为三个方面：存在、行动和发展。

教师的存在是他们作为一个完整的人的存在、一种生存状态。这种生存状态是由各种"生存意识"所构成的，包括个人化的意识和职业化的意识，如个体的身份认同、个体的性格特质、对教师职业的认知、对专业身份的认同、对学科的感知、对教育的敏感性等。教师在教育教学实践中所做出的每一个决策和行为，都是基于其个体的生存状态之上的。行动则是教师在对自我认同、专业认知、保持教育敏感性以及欣赏学科和学生的基础上，采纳相应的教学策略和话语方式，把自己的个性特质融入教学，而形成自己的教学风格。发展是教师学习与成长的过程，实践性知识随着教师的学习和实践也在逐渐积累。发展也是教师专业发展从新手阶段走向成熟阶段，不断提高自己的专业意识和专业能力的过程。

（二）教师学科知识

教师关于学科的知识包括教师的学科知识、课程知识、教学知识、学科教学知识（PCK）等。

作为教师，首先要具备的是所教学科的有关知识，包括学科的实质内容与方法结构。教师不仅应该精通所教学科的知识体系，而且需要知道学科知识是如何被编排进课程的，学科课程标准是如何制定的，教材内容的选择标准是什么，如何制订教学方案，如何开发和利用课程资源。此外，教师需要有"贯通"的能力，即：通晓本学科在各个年级教学中的安排以及相互之间的联系，掌握各年级教学的重点和难点，了解本学科内容各知识点之间的关系以及本学科与其他学科间的关系等。

人们经常说，"知道"某个知识点是一回事，把这个知识点给别人"讲清楚"又是一回事，因此，教师更必须具备学科教学法知识。这是教师所独有的一种知识形式，是一种教师将其所知转换为学生能理解的表征形式的知识。它能够帮助教师在教学中使用最佳的模拟、图解、举例、解释、示范等方式，来表现出所要教的学科内容，让学生理解学科的概念。另外，学科教学法知识还包含教师了解在此教学主题中学生原有的先备知识和可能遇到的学习困难，以及如何帮助学生厘清概念的教学知识与策略。

---

[1] 陈向明. 搭建实践与理论之桥：教师实践性知识研究 [M]. 北京：教育科学出版社，2011：7.

（三）学生理解知识

教师关于学生的知识即是教师"了解学生及其特质的知识"，指教师对学生学习能力、学习动机、学业表现、认知形态、学习态度或认知过程的理解。教师是如何理解学生的？他们秉持什么教育观点看待学生？他们对学生的特点、学习的优势与劣势、学习动机、家庭背景等了解多少？他们以什么样的态度处理与学生的关系？对这些有关学生的问题的回答构成了教师实践性知识的一部分内容。

教师只有了解学生，才能更好地引导学生。每个学生都不是空着脑袋进入教室的，他们有多重的性格、目的、背景、人际关系网络，有他们自己对教学内容的理解。学生不是被动地接受知识，他们有自己的学习倾向、学习习惯和各异的学习背景。教师如果不注意学科内容和学生本人经验的相互关联，不去判断学生的经验程度和学习基础，是很难取得好的教学效果的。

（四）教育情境知识

教师关于教育情境的实践性知识表现为教师对教育运作之社会与文化背景的了解和认识，如教室情境、教师文化、学校氛围、社区政治、文化传统等。教师实践性知识是存在于具体情境中的、基于教师经验的知识，是特定的教师、在特定的课堂、以特定的教材和特定的儿童为对象所形成的知识，是作为"案例知识"加以积累和传承的。

教师的实践由无数相继或共时的"情境"所构成，并随着时间而不断发展和延伸。每一个情境都是上一个情境的延续，又是下一个情境的起点。而且，教师所在教育情境的一个重要特征是不确定性，如课堂的特征不仅有公开性、多维性、即刻性、共时性，而且具有不可预测性。相应地，情境中问题的解决方法也是不固定的、多样性的，没有统一的答案和评价标准，没有确定的概念、定义与规则，教师个人化的信念、判断和决策起着决定性的作用。因此，教师对所在情境的个体解读与认识，以及相应的解决策略，便构成了实践性知识的重要内容。

教育情境中有各种各样的关系：师生关系、同事关系、同学关系、家校关系等，每一个个体都处在无限丰富的关系网中，并不断编织着新的关系网络，教师的实践其实就是在关系网中处理各种关系的过程，各种关系的处理需要调动他们的身体、思维、语言、情感，有时甚至需要整个人的投入——这也体现了教师关于教育情境的实践性知识。

总之，教育情境是教师实践性知识生发与生长的基地，教师必须掌握关于教育情境的各种知识，对自己所处的复杂的教育情境保持敏感和批判性反思，才有可能驾驭它并根据自己的教育理想改造它。

（五）教育本质信念

无论是教师关于自我的知识、关于科目的知识、关于学生的知识，还是关于教育情境的知识，都投射出教师关于教育本质的信念。教师如何理解"教育"？如何看待教育活动的本质？什么是"好"的教育？教育的目的是什么？对这些关键问题的理解直接影响到教师对教师这个职业是否热爱，对教育活动是否有信任感，采取教育行动时是否具有方向性和坚定性，在复杂的教育教学情境中能否果断地做判断和做决定。

教师关于教育本质的信念是通过教师自己的实践而形成的，并且被自己的行动效果证实为"真"。信念是积淀于教师个人心智中的价值观念，有时会作为一种无意识的经验假设支配教师的行为。因此，无论是教师的言语、行为，还是他们关于科目、关于学生和关于自我的知识，都受到他们有关教育本质的信念的支配性影响。

三、教师实践性知识的表征形式

教师实践性知识有其自身的表征形式，正是通过这些特殊的"言语"方式，它们得以外化，并能为人们所理解。根据国内外学者的已有研究，可大致将教师实践性知识的表征形式分为意象、隐喻、实践规则、实践原则、个人哲学五种。

（一）意象

意象是艾尔贝兹以及柯兰蒂宁等研究者对教师实践性知识的一种形象、活泼的教育学比喻，具有丰富的教师个体文化内涵，指的是教师经验中的某种东西，它内在于教师自身：既体现在教师的实践中，也表现在教师的行为中。

意象具有较强的包容性，类似于人们平常所说的头脑中的朦胧的印象或体验。在意象层次上，当教师大致知道教育教学应当如何进行，并利用已有经验、学校环境等以支持自己的意象时，其情感、价值观和信念就会结合起来。艾尔贝兹指出，意象几乎容纳了教师对自己、课堂教学情境、教材和学校环境等方面的多数体验，似乎起到了组织这些领域的体验的作用。在艾尔贝兹的研究中，莎拉就拥有这样的意象：自己是一个精力充沛的好教师。这种意象包含着她的多重体验，也是她的实践性知识的最好诠释。因此说，意象总体上充满了价值判断，而且通常暗示了教学中努力的方向。

意象具有多个维度，如情感的、道德的和审美的维度。意象是教师经验中某些存在于过去、现在和未来的东西，认识经验就是去感受，去赋予价值，去以审美的方式对待事物，因为教学经验的产生都与教师的总体存在有关，这正是教师实践性知识所蕴含的意义。

（二）隐喻

隐喻是教师实践性知识的重要表征形式，它是一个经验化的术语。尽管隐喻类似于意象，但隐喻通常具有更多的语言特性，因此与意象不同。"隐喻"赋予教师实践性知识以富有想象力的描述，使人们有可能去探寻蕴含于"隐喻"的框架之中的智能路径。

教师实践性知识常常可以通过教师所使用的"隐喻"得到更好的理解。这些隐喻一般来自教师自身过去的经验，也影响到他们对于社会情况的理解。康奈利等人的研究发现，教师筱持有一种推—拉式的隐喻：教师是社会之镜——教师应力图使学生发展对社会的批判性锋芒，她就在这推—拉式的隐喻中生活，这也折射出她的紧张的意象。

教师使用的隐喻包含了他们思考和理解现实以及看待世界的某种方式，因此它们是理解教师实践性知识的有力工具。

（三）实践规则

规则是规范人们行动的准则。艾尔贝兹认为："实践规则正如这一术语本身所表明的一样简单，就是关于人们在经常遭遇的特殊的实践情境中做什么和如何做得简洁、清晰的正式陈述。"实践规则一般都非常具体，关涉教师如何处理他在某一课堂中所遭遇的个性冲突。艾尔贝兹举例说明了这个问题，即教师莎拉处理一个学习落后学生的实践规则：莎拉尽力向那个学生表明："在我完成所有的教学任务之后，我的注意力全部倾注在他身上。"实践规则还可以运用于范围更广的情境，诸如教材的组织或任务的分配等。

教师关注的所有领域中几乎都包含实践规则。实践规则表现为各种各样的形式，有时是一条简洁的陈述，有时是关于实践的引申描述，从中可以推论出许多类似的相关规则。

（四）实践原则

实践原则是一种具有较强的包容性却不够明确的陈述。与实践规则相类似，实践原则是关于人们在特定的实践情境领域中应该做什么和如何做的陈述。然而，实践原则是一种比实践规则具有更强的包容性的表述。艾尔贝兹记录了莎拉教师的一条实践原则。当莎拉谈到她"尝试着让孩子们愉快地走进课堂"时，她描述了关于补课和学习困难学生的实践原则，即"以学生的情感状态为起点，给予学习落后学生无条件的优先关注"。

实践原则总是包含于教师的思虑和反思中，每一条原则的规定都包含着一个基本原理，而基本原理是对一个问题深思熟虑之后的结果。拥有实践原则的人是一个行动者，行动者能够为他的行动提供一个理由，并且我们期望行动者以这种方式展开行动，期望他的行为随着时间的推移逐渐与个人信念和目标保持一致。

（五）个人哲学

个人哲学是教师在教学情境中思考自身的方式。个人哲学是与教师实践性知识研究密切相关的概念，它包含着积淀于教师个人心智中的信念和价值观，通常作为一种无意识的经验假设支配着教师的行为。康奈利和柯兰蒂宁指出，我们用个人哲学指称这样一种方法：这种方法常常要求，我们作为教师，要通过回答各种口头的和书面的问题，这些问题就像我们在求职面试时经常被问到的那样，描述和说明自己的信念和价值观。比如，教师每次差不多都要回答的有代表性的问题是"在你的教学工作中，你最看重什么？"或者"你是如何看待学生的？"。

个人哲学透过信念和价值观的外在表现，深入经验叙事的源头。信念和价值观的研究常常要提到教师对信念、价值观和行为偏好的陈述的一致性。然而，个人哲学意味着通过经验叙事，教师对自己的行动及其对行动的探索进行一种意义的重建。个人哲学涉及教师的信念、价值观和行为偏好，而在经验叙事中，它们通常以课堂事件的情境为基础，潜藏于课堂事件的个人化、情境化的意义叙事之中。

四、教师实践性知识的发展路径

（一）教师的个人生活史分析

"生活史分析"是传记研究法中的一种，主要是以个体的生活故事为资料，分析个体生活的现实与过程及其和外界社会间的关系。个体的生活史不仅对个体本身有意义，对个体生活史进行考查，也可以看到更具普遍意义的信息。个人生活史分析就为以往注重实证与量化的教师发展研究提供了一种新的方法与视角，更加关注教师个体的成长经历与内在需求，予以教师更深层次的人文关怀与理解。

教师的个人生活史是关于教师个体教育与生活的历史，它不是孤立的、零星的个人记忆，而是在一定的社会、文化和历史情境里，教师在其生活与教育中所发生的事件和经历。个人生活史不仅是教师建构实践性知识的基本素材，更是教师重构其自身知识的动力来源。生活史对教师自我发展、认同自身角色具有直接的影响与塑造作用，其产生的影响较为深远且不易改变。

教师实践性知识具有高度的个人生活史特性，因为这类知识所具备的个人性与实践性特征足以说明，其形成必然无法脱离教师自身的生活经验，以及个人所赋予的经验意义。因此，个人生活史分析是发展教师实践性知识的重要路径。通过对个人生活史的分析，教师能够从自身的历史和经验中考察自己的教育理念、教学行为等是如何一步步形成的,从而更加深刻地认识自我专业成长的过程。

在对教师的个人生活史进行分析时,可将其生活史分为几个不同的阶段。

1. 学生学习阶段

在接受正规的职前培训前,教师在他们的学生时代获得了大量作为学习者的经验,这些经验是教师实践性知识的重要来源。这些有关教育、教学的早期经验,通过个体的主观感受和诠释,成为教师对教学的价值取向和信念的前结构,深远地影响着教师日后的专业实践和发展。

洛蒂(Lortie)曾研究得出教师早期作为中小学生时的经验,或称为"学徒式观察",是教师获得关于怎样进行教学的知识的一种极为重要的来源。在做学生的经历中,教师初步形成了关于教学是什么的形象,成为他们之后进行教学实践的重要参考和原型。学生时代所遇见的优秀教师,也常常会在无意识中成为这些未来教师的效仿对象,潜移默化地影响他们的教育理念与教学风格。另一方面,教师对自己学生时代的记忆也常常影响他们对学生的期望,形成他们对学生如何学习的感知,比如,教师常常会把现在的学生与自己学生时代的情况相比较,有时会期望学生有相似的行为表现。

除了来自学校中的学习经验以外,教师学生时代在非正式的教育环境如家庭生活中获得的经验,同样也会影响教师实践性知识的形成。

2. 教师教育阶段

在正式走上工作岗位之前,大多数教师都经历了专门的教师教育培训,在师范院校或综合大学的教育学院中学习了教育学、心理学等方面的理论,获得了进行教学工作的基本技能、学识,并形成了做教师的心理准备,他们还参加了实习等实践活动,从而对教师的工作有了更深入的理解。

张立新在有关教师实践性知识形成机制的研究中,就通过调查得出,是否接受正规的师范教育对教师实践性知识的影响具有显著性差异,接受正规师范教育的经历对教师实践性知识的形成具有积极的影响。[1]

3. 教学工作阶段

当真正成为教师、从事教学工作之后,教师开始面对真实而更加复杂的教育情境。如果说一直以来的学生经历给予他们更多的是理论知识和教育理想的话,走上教学岗位的教师则是要在"专业的场景",实实在在地接受"真情境"的考验。在这里教师不能只停留在"猜度"和"假设",他们需要的是在实践中去思考、整合、决策和反思。这个过程既是实践性知识的生成过程,也是先前形成的实践性知识的应用过程。专业领域的实践性知识只有在实际的专业工作中才能得到最好的检验和磨砺。

在从新手教师走向"专家"的过程中,教师通过"师徒结对"来接受熟练教师的指导,参与大量的观摩、研讨、在职培训,在日复一日的教学工作实践以及与学生、家长、同事的交往和互动之中不断总结经验,并逐渐探究、摸索和领悟出符合自己思维方式、教学内容、工作习惯、学生特点的实践性知识体系,并随着他们工作经验的积累和生活经历的增加而丰富和发展起来。[2]

---

[1] 张立新. 教师实践性知识形成机制研究 [D]. 上海:上海师范大学,2008.
[2] 陈静静. 教师实践性知识论:中日比较研究 [M]. 上海:华东师范大学出版社,2011:10.

（二）反思教育教学实践经验

已有的许多研究都指出，教师的教育教学实践经验是教师实践性知识最重要的来源，如艾尔贝兹、康奈利和柯兰蒂宁等，都在他们的研究中论述过教师自身的教学经验是如何有助于他们发展实践性知识的，认为教师是在他们的课堂教学活动中常规的构建教与学的理论，逐步构成实践性知识。教学经验不仅能够加强和巩固教师原有的已证明为正确的或是可行的知识，改正或修改他们原有的已被证明是错误的或是不可行的知识，而且也为教师提供重要的机会获取或创造很多新的知识包括"情境性的"和"隐性的"这类特征的知识，如教材的结构是什么、一堂课中学生最难理解的是什么、什么样的教学策略最能吸引学生等。

教师研究自身教育教学经验最基本的方式就是反思。所谓反思，就是指一种思考经验问题的方式，即教师以自己的课堂教学活动为思考对象，来对自己所做出的行为、决策以及由此所产生的结果进行审视和分析的过程。反思是使教学经验有意义化的行为，因为没有必要的对其自身教学经验的反思，教师能从这样的经验中学到的东西在数量和质量上都将十分有限。波斯纳就曾提出过一个教师成长的简要公式：经验＋反思＝成长，并指出，没有反思的经验是狭隘的经验，至多只能形成肤浅的知识，如果教师仅仅满足于获得经验而不对经验进行深入的思考，那么他的发展将大受限制。因此，对自身的教育教学经验进行深刻的、有意义的反思，也是发展教师实践性知识的重要路径。

美国教育家布鲁巴赫等人认为反思性教学实践可分为三类：一是"对实践的反思"，指发生在实践之后的反思；二是"实践中反思"，指发生在实践过程中的反思；三是"为实践反思"，是前两种反思的预期结果，即"实践后反思"与"实践中反思"的目的最终形成超前性的反思，从而形成在实践之前的三思而行的良好习惯。教师在教学实践的过程中，以及教学实践结束之后，都可以对自身的教学行为进行反思，不断总结经验，改进自己的教学。

具体来说，布鲁巴赫等人提出了五种进行教学反思的方法：①课后备课，课前预定的教学目标和要求的实现程度如何，只有在课后才能检验出来，课后若不及时总结和反思，存在的问题就会永远得不到解决，成功的经验也就无法得到提炼和升华。课后备课，即教师在上完课后，根据教学中所获得的反馈信息进一步修改和完善教案，明确课堂教学改进的方向和措施。课后备课有助于教师从正反两个方面及时总结经验教训，有效地增强教学效果，提高教学专业水平。②写反思日记，即在一天的教学工作结束后，要求教师写下他们的经验，并与其他教师一起共同分析教学中存在的问题与缺点。同时教师在上课和作业批改后主动征求、了解学生的意见，并详尽记录教学的背景、效果、上课的具体感受、存在的问题以及通过反思后得出的解决办法与设想等。写反思日记实际上是具备"挑剔问题"的意识，使教学过程中存在的问题能充分显示出来，为有针对性地制定改进的计划创造良好的条件。③观摩与分析，即教师相互观摩彼此的课，并对所观察到的情境进行描述。④职业发展，即学校利用反思的方法支持、促进教师发展的一种方式，让教师提出在课堂上产生的问题，然后与教师共同讨论解决问题的办法，最终所形成的解决问题的办法为所有参加的教师共享。⑤开展行动研究，即教师对他们在课堂上所遇到的问题进行调查研究。行动研究不仅在改善教师实践上有重要作用，而且还有助于在学校范围内使教师形成调查研究的氛围和风气。[1]

---

[1] 夏惠贤. 论教师的专业发展[J]. 全球教育展望，2000（5）：44-48.

（三）构建教师共同体

除了教师自身的成长历程与反思性实践之外，他们所处的集体、交往行为、文化环境等也影响着实践性知识的生成。尽管教师实践性知识具有高度的个人性特征，但也不可忽视其生成是一个合作性参与的过程。

教师共同体是一种教师专业发展的新模式，是在学校推动下或在教师自发的情况下，基于教师共同的目标和兴趣自愿组织的、旨在通过合作对话与分享性活动促进教师专业成长的教师团体。教师共同体促进教师专业发展的核心功能在于激发教师主动发展的愿望，通过教师共同体内部教师之间的合作以及参与教师共同体对教学反思和研讨促进教师专业自主发展。[1]

教师共同体为教师个人实践性知识的创造与共享提供了有利的环境。在教师共同体中，教师个体通过与其他教师关于教学实践与经验的交流和对话以及相互协作，使个人的实践性知识得以传递、共享，与他人相互促进、相互提升，丰富实践性知识，提升教学水平。促进教师在教师共同体中的知识共享和创造，需要创设交流、分享知识的各种学习场。[2]

1. 研讨型的学习场

研讨型的学习场主要在教室中，研讨的价值取向是赋予抽象的理论以现实的意义，教师们经历理解和诠释概念、符号系统的过程。

2. 沙龙型的学习场

沙龙型的学习场主要活动地点是休息室、茶室等，活动的价值取向是对结构不良的教育教学问题进行讨论，尽管最终无法达成共识，但在宽松的场景中会闪现更多的智慧火花，使教师能够学会了解、理解他人的思维方式与解决问题的策略。

3. 实习型的学习场

实习型的学习场主要在教师培训的实习基地，活动的价值取向是了解不同教师的教学风格，同时，选择新教材的内容进行研讨性的教学。在说课、评课、上课的过程中实现教师不良教学行为的转变。

4. 展示型的学习场

展示型的学习场主要是各种大型的教学展示活动的舞台，通过现场的提问、质疑和对话，与不同地区、不同类型的其他学校的教师进行充分的交流，以开放共同体业形成群体意识，让共同体的成员意识到从更大背景中反思自身的价值行为与价值观。

借助各种不同类型的学习场，构建倡导合作与对话教师共同体，使教师发展其实践性知识的重要途径。

【练习与思考】

1. 从实践角度分析教师必须具备哪些知识？
2. 请列举五种教师实践性知识。
3. 结合实例说明教师实践性知识如何获得。

---

[1] 王天晓，李敏. 教师共同体的特点及意义探析 [J]. 教育理论与实践，2014，34（8）：25-27.
[2] 吴卫东. 教师共同体的知识管理 [J]. 教育发展研究，2005（3）：24-27.

【深入阅读】

[1] 张小菊.专家型教师学科教学知识结构研究[M].北京：光明日报出版社，2020.

[2] 范良火.教师教学知识发展研究[M].上海：华东师范大学出版社，2003.

[3] 邵光华.教师专业知识发展研究[M].杭州：浙江大学出版社，2011.

[4] 陈向明.搭建实践与理论之桥：教师实践性知识研究[M].北京：教育科学出版社，2011.

[5] M. C. Reynolds（Ed.）. Knowledge base for the beginning teacher[M]. Oxford：Pergamon Press. 1989.

第三章 信念、效能感与身份认同

【学习目标】
★正确理解信念、效能感与身份认同三个概念。
★了解教师信念的结构、内容与影响因素。
★明确教师效能感的影响因素,并熟悉提高效能感的方法。
★了解教师身份认同的结构及制约因素。

20世纪80年代以来,随着人们对教育教学工作复杂性认识的不断深入和增加,尤其认为教师外在行为主要是由教师内在心理因素影响甚至决定的,由此,很多研究开始探讨教师内在心理要素的相关问题,其中,教师信念、效能感、身份认同作为核心内容,得到了重点关注。

第一节　教师信念

信念是教师内在心理要素的首要内容和深层次要义，只有教师信念发生变化，才能真正促进教师成长和变化，从而引发课堂教学变革。甚至有学者预言教师信念最终将成为教师教育领域最有价值的心理学概念。[1]既然教师信念对于教师专业成长和教育教学质量等如此重要，这就要对教师信念的内涵、基本结构和养成路径进行梳理和明确。

一、教师信念的内涵

一般而言，教师信念或教师观念（teacher belief）是指教师所拥有或持有的对教育及与教育有关的实践和理论问题的高度个人化认识，但是，这种高度个人化的认识在学界中依然没有统一的认识。从范畴来看，总体来说，对教师信念内涵的认识可以分为以下四种类型。

第一，在宏观层次上，教师信念是指教师自己确认并信奉的有关人、社会和教育科学等方面的认识，如有学者将教师信念视为教师自己确认并信奉的有关人、自然、社会和教育科学等方面的思想、观念和假设，是教师内在的精神状态、深刻的存在维度和开展教学活动的内心向导。[2]教师信念是指教师心理上对所感觉到的真实世界的理解、前提和命题。[3]

第二，在中观层次上，教师信念是指教师对整个教育体系或教育整体的看法，如有学者认为教师信念更多是指教师关于教育整体活动的信念，教师的教育信念是指从学生时期开始积存和发展，教师个体信以为真的、以个人逻辑和心理重要性（"中心—边缘"）为原则组织起来的"信息库"，它们是教师教育实践活动的参考框架。[4]教师信念是指教师在教育教学中所形成的对相关教育现象，特别是对自己专业以及自己的教学能力和所教学生的主体性认识，它影响着教师的教育实践和学生的身心发展。[5]

第三，在微观层次上，教师信念是指教师对教与学活动的认识。如有学者认为教师信念是指教师对有关教与学现象的某种理论、观点和见解的判断。[6]教师信念是指教师在教学情境与教学历程中，对教学工作、教师角色、课程、学生和学习等相关因素所持有且信以为真的观点，其中包括教师对学生、学习过程、学校在社会中的角色、教师自身以及课程和教学等与教学相关因素的认识、情感与评价。[1]

第四，有些研究者在综合教师信念多种层次内涵的基础上，提出了教师信念的综合性定义，既包括宏观意义上的教师信念，也包括中观意义和微观意义的教师信念。如有研究者在其博士论文中将教师信念界定为教师个体所确信的、对其教育教学行为起到间接和直接支配作用的一系列观念，包括：教师对自我生命价值的认识，对自己所从事职业之社会价值的认识和理想追求，对达成自己人生及职业理想之途径的选择和判断，以及在此认识基础上建构

---

[1] Pajares, M. F. Teachers' beliefs and educational research[J]. Review of Education Research, 1992（3）：307-332.
[2] 赵昌木. 论教师信念 [J]. 当代教育科学, 2004（9）：4.
[3] Richardson, V. The role of attitudes and beliefs in learning to teach[A]. J. Sikula. Handbook of research on teacher education[M]. New York：Simon & Schuster, 1996：103.
[4] 谢翌，马云鹏. 教师信念的形成与变革 [J]. 比较教育研究, 2007（6）：31-36.
[5] 王慧霞. 国外关于教师信念问题的研究综述 [J]. 宁波大学学报（教育科学版）, 2008（5）：61-65.
[6] 俞国良，辛自强. 教师信念及其对教师培养的意义 [J]. 教育研究, 2000（5）：16-20.

地对自己所教学科课程与教学的意义、教育教学方式与策略的认识和选择。[1]

尽管上述对教师信念内涵的界定多种多样，但是，也可以发现教师信念内涵具有以下特征：①教师信念是广义的，既包括教师以往的经历对教育教学观念的影响，也包括当前对教育教学的认识和理解。②教师信念是一种内隐性存在，很难外显出来，但是也可以通过语言、行为等外显。③教师信念具有稳定性，一旦形成，就很难改变。④教师信念具有融斥性，不仅可以将新的看法和观念融入已有信念，也会过滤掉那些不兼容或不合理的信念。此外，从心理学的角度来说，教师信念也是可以测量的。

二、教师信念的基本结构

教师信念具有较强的复杂性和内隐性，学界对于探讨教师信念的基本结构上也遇到了诸多困难，不仅难以探讨教师信念的基本结构，而且对教师信念的基本结构认识上形成了多种研究成果，为我们认识教师信念的基本结构或构成要素提供了研究依据。

有学者从教育心理学的角度明确了教师信念的主要结构包括教师对学习者和学习（learners and learning）、教学（teaching）、学科内容（subject matter）、学习如何去教（learning to teach）、自我和教学角色（self and teaching role）五大内容的认识。[2]我国也有学者从心理学的角度将教师信念分为教师效能感、教学控制核心、对学生的管理、对工作压力的信念四个方面。[3]也有心理学者在提出动机系统理论（motivation system theory）的基础上，将教师信念分为能力信念（capability beliefs）和背景信念（context beliefs），其中能力信念是指教师对其是否拥有某种能力的看法，与自我效能感相似；背景信念是指教师对如何回应周围环境或人的看法，[4]并在此分类的基础上提出了9种信念模式。

美国学者亚瑟·库姆斯在论述教育改革的新假设时提到了至少五个方面的教师信念体系：有关做出决策之必要依据的信念、有关人们喜欢什么的信念、有关教师既作为个人又作为教师的自我信念、有关他们自己的、社会的和教育目的的信念、有关达到个人和职业目标的适当方法的信念。[5]

有研究者探讨了专门学科的教师信念，如Ernest认为数学教师信念包括对数学学科本质的看法或观念、对数学教学本质的看法或模型、学习数学过程的看法或模型三个内容。[6]其中，教师对数学学科本质的看法或观念是指教师关于数学的一个整体的信念系统，主要以数学哲学为基础；对数学教学本质的看法或模型是指教师对自身教学角色、与数学相关的教学行为或活动的观点；学习数学过程的看法或模型包括教师的哪些行为和认知过程参与到数学学习中，什么构成适当并且典型的学习活动。还有学者通过录像和访谈等方法探讨数学教师信念与其教学实践目标之间的关系时，提出数学教师信念包括情感信念、关于数学学科本质

---

[1] 马莹. 基础教育课程改革中的教师信念研究[D]. 西安：陕西师范大学，2012：29.
[2] Calderhead, J. Teachers: beliefs and knowledge Berliner[A]. DC, Calfee, Handbook of educational psychology, 1996: 709–725.
[3] 俞国良，辛自强. 教师信念及其对教师培养的意义[J]. 教育研究，2000（5）：16–20.
[4] Haney, J. J., Lumpe, A. P. etal. From beliefs to actions: the beliefs and actions of teachers implementing change[J]. Journal of Science Teacher Education, 2002（3）：171–187.
[5] Combs, A. W. New assumptions for educational reform[J]. Educational Leadship, 1988（5）：38–40.
[6] Ernest, P. The impact of beliefs on the teaching of mathematics[A]. In C. Keitel & P. Domerow, etal. Mathematics, education, and society[M]. Paris: UNESCO, 1989: 99–101.

的信念、关于学习的信念、关于教学的信念四个方面。[1]

我国有学者采用个案研究方法深入探讨了教师信念与学校文化变革之间的关系，在超越教师的教学信念观基础上，建构了"大教师信念观"，他认为教师信念包括关于学校愿景的信念、关于学校教育活动的信念、教师关于自我的信念、关于学生的信念、关于社会、家庭之角色的信念和关于学校变革与发展的信念六大方面。[2]其中，①关于学校愿景的信念包括关于学校愿景内容的信念、愿景内容之相互关系的信念、愿景取向的信念、愿景定位方式的信念。②关于学校教育活动的信念包括关于学校教育目的的信念、学校教育结构的信念、课程与教学的信念、学校德育的信念、学校科研活动的信念和学校管理与评价的信念。③教师关于自我的信念包括关于职业目标与价值的信念、教师职业能力的信念、教师职业效能的信念、教师专业发展的信念、教师人际关系的信念、教师分类及归因的信念、教师角色与形象的信念。④关于学生的信念包括关于学生人性的信念、学生问题归因的信念、学生差异的信念。⑤关于社会、家庭之角色的信念包括关于社会、家庭在学校教育中角色与地位的信念和关于家庭、社会与学校之间关系的信念。⑥关于学校变革与发展的信念包括关于学校变革动力的信念、学校变革方向的信念、学校变革过程的信念、学校变革责任的信念、学校变革条件的信念和学校变革路径的信念。

我国有学者还从理想状态的教师信念出发将教师信念分为：教师对生命之最高价值的信仰、教师对自己所从事职业之社会价值的认识和社会责任感、教师对达成自己人生及职业理想之途径的价值判断、教师在上述信念基础上建构地对自己所教学科课程与教学之意义的认识、与自己职业信念相一致的教育教学方式、策略的价值判断。在此基础上，该学者还根据基础教育的总体要求，构建了当代教师信念体系的理论依据，包括："理想人"及其具体形象是基础教育教师信念的核心，"理想人"应当具备的德行与智慧特征是教师信念中的目标性内容，"理想人"形成所需的成长条件是教师核心信念中的过程性内容，据此，形成了当代教师信念的内容体系，如图3-1所示。[3]

由此看来，从不同学科、不同状态、不同角度看待教师信念的基本结构也是有差异的，因此，我们需要综合地、与时俱进地根据具体情境，看待教师信念的基本结构和内容，即教师信念既包括宏观上教师对人生、社会等方面的基本看法，也包括教师对教育教学的总体看法，也包括教师对所教学科的具体看法，还包括教师对学生和学生学习的认识和理解，当然也包括教师对工作、生活等的看法。在一定程度上，我们对教师信念基本结构地理解也可以反映教师信念的养成和提升路径。

三、教师信念的影响因素

教师信念对教师行为有着明确的指导作用，对学生发展也有着不可替代的影响，因此，教师信念如何养成和提升无疑是教师教育研究者和实践者的重要任务。那么，厘清教师信念的影响因素就显得尤为关键。

---

[1] Aguirre, J. Speer, N. M. Examining the relationship between beliefs and goals in teacher practice[J]. The Journal of Mathematical Behavior, 1999（3）：327-356.

[2] 谢翌. 教师信念论[M]. 广州：广东高等教育出版社，2010：362.

[3] 马莹. 当代教师信念问题研究[M]. 北京：中国社会科学出版社，2013：134.

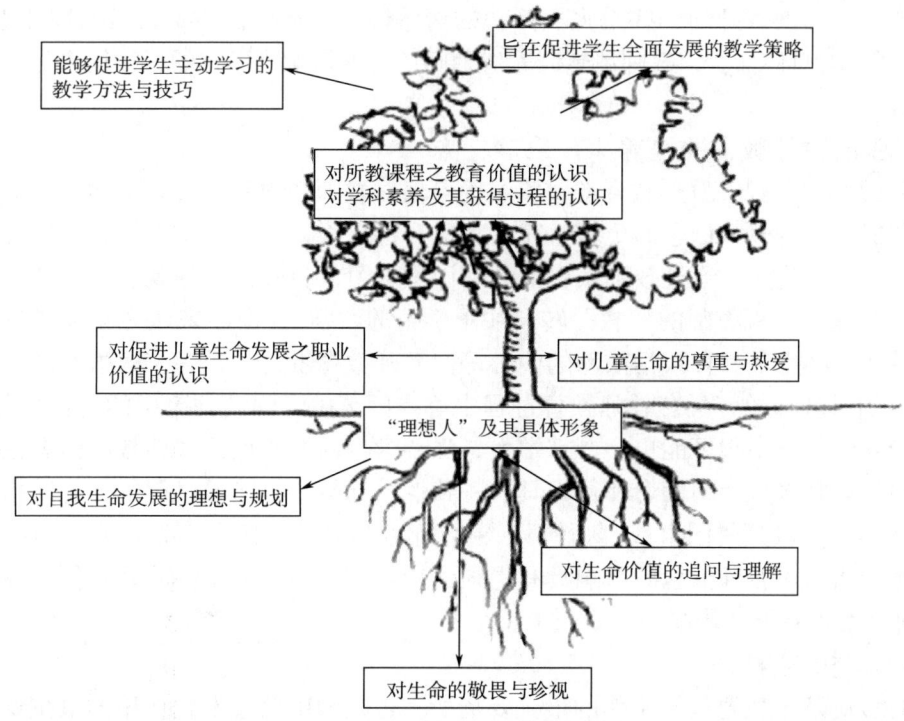

图 3-1 当代教师信念的内容体系

（一）教师的个人经历

每个教师在生活、学习和工作过程中都有着独特的个人经历，也包括教师在长期学习过程中的学生经历，这些个人经历是影响教师信念的重要因素。首先，教师在学习过程中体验的教育、学习和遇到的老师，是影响其信念的直接因素，很多教师的信念无疑会受到他们的老师和所受教育的影响，他们的行为也会有意识无意识地模仿他们的老师或以往记忆中有关的做法。其次，他们在生活、学习和工作过程中的个人经历也对其信念的形成有很大影响，教师的生活观或积累的各种经验会对其工作观产生影响。此外，教师的世界观、人生观和价值观也会影响其信念的养成和提升，教师拥有什么样的世界观、人生观和价值观无疑可能会在工作过程中遵循什么样的信念。教师个人经历对教师信念的影响程度在一定程度上取决于教师个人经历本身，如果教师个人经历是深刻的，对教师信念的影响无疑是很大的；如果教师个人经历是表面浅层的，对教师信念的影响可能就比较小。而且值得注意的是，当教师的个人经历与其信念一致时，则处于逐渐学习和理解的过程，当其个人经历与信念存在冲突时，那么，教师如何解决该冲突会成为其信念形成与提升的关键。

（二）教师的情感因素

教师的情感因素包括其兴趣、动机和感情等，也被称为个人性向，是影响教师信念的心理学因素。而且越来越多的研究表明，情感因素在改变和完善教师信念过程中往往起到关键性作用，因为与知识、技能等相比，教师信念更加具有情感的成分。情感体验等因素在教师信念的形成过程中是显著的，比如有些教师尤其是新教师面对冲突时会有明显的消极情绪，如"我发誓我不会喜欢这种教学"；而且职前教师在实习过程中，还经常伴有激情、欣喜、成功或者快乐等积极的情感体验，积极情感的体验和表达有利于巩固教师的既存信念。而消极情感,特别是职前教师的一些沮丧、挣扎的情感体验会让他们质疑自己的职业道路选择,质疑既存信念。[1]总体而言,教师情感因素对教师信念的影响是内在的,往往也是更为稳定的和持续的。

(三)职前教师教育的培养

职前教师教育课程、教师教育者、实习等不仅对教师知识基础、教学和管理能力等有明显的促进和提升,对教师信念的更新、完善和提升也有很大作用。在教师教育过程中教师的信念会产生诸多变化,如通过教师教育活动和课程学习,教师的教育观、学生观等都可能会发生变化,由原来重视教师的"教"转向注重学生的"学",由原来认为教师是教育教学活动的中心转变为学生是教育教学活动的中心等。教师教育者尤其是高校教师对教师信念也有很大影响,如果教师教育者在教师教育过程中尊重师范生,强调师范生的主体地位,那么,师范生在未来的教学中很可能也会尊重学生,强调学生的主体地位,即教师信念往往与教师教育过程中的教师教育者的信念和行为具有一致性。当然,在实习过程中,一线指导教师对教师信念有影响,教师的同事或"师傅"、领导等也会对教师信念产生影响。由此可见,职前教师教育的培养对教师信念的影响具有更强的指导作用,也就意味着教师信念在更大限度上受到教师教育的指导或影响。

(四)学校的支持

学校是教师从事教育教学工作的最主要场所,也是教师信念发生作用的最主要场所,那么,学校中的制度、文化、氛围、人际关系、同事,甚至学生都会对教师信念产生巨大影响。总体来说,学校支持不仅包括学校在教学设备等硬件方面的支持,也包括学校在制度、文化、氛围等软件方面的支持,较为公认的是,与学校提供的硬件支持相比,学校提供的软件方面的支持往往更容易促进教师形成更为积极的信念。一般而言,如果学校对教师的教育教学工作提供较好的支持,教师就容易形成较为积极的信念;如果学校对教师的教育教学工作提供不了足够的支持和帮助,教师则会形成较为消极的信念。同事之间的关系也会影响教师信念,一般而言,合作型人际关系有利于促进教师走向专业学习共同体,教师彼此之间交流自己的想法,共享价值观和智慧,对教师信念的形成是积极的、正向的;如果教师之间是孤立地,势必对教师信念产生消极影响。此外,学生对教师信念也会产生影响,例如,大多数教师都很关心学生的成绩,如果学生的学业成绩普遍较好,教师往往愿意相信学生,倾向于坚持"以学生为中心"的学生观;如果学生的学业成绩一般或较差,教师往往不会"相信"学生,因为教师相信学习基础和能力较差的学生,很难投入自主学习活动中来,学习效果也很难保障。

第二节 教师效能感

教师效能感又称教师自我效能感(teachers' sense of self-efficacy),也有学者将其视为教师信念的重要组成。[2]作为教师的一种内在心理体验与感受,教师效能感是指教师对自我教育教学能力的感知和审视,以及教师对完成教育教学工作的感知与判断,对教师专业成长具有

---

[1] 朱旭东,张华军,等.教师专业精神研究[M].北京:北京师范大学出版社,2017:60.
[2] Kagan, D. M. Implication of research on teacher belief[J]. Educational Psychologist, 1992(1):65-90.

非常重要的作用。

一、教师效能感的内涵

效能感或自我效能感概念是由著名心理学家班杜拉于20世纪70年代率先提出的,对教师效能感的认识也随之涌现。虽然对教师效能感的认识大体一致,即教师效能感是教师对是否或在多大程度上能够完成某项教育教学或整个教育教学工作的信心或感知,但是也存在多样化的理解。

第一,有学者将教师效能感视为教师信念的一个内容,是指教师本身能影响和帮助学生,并对学生学习产生积极影响的信念,[1]主要是指教师对影响学生发展的自信程度,更多是狭义上的教师效能感内涵。

第二,有学者依据综合性教师效能感模式,将教师效能感视为教师对自己在特定情境下组织和执行具体的教育教学任务和活动所需要能力的信任程度,更多是指教师对其教育教学能力的整体感知。[2]该理解更多是将教师效能感放在教育教学过程中来理解的。

第三,有学者将教师效能感看作是一种对自己教育教学工作效果的知觉和满足感,如当教师看到学生取得成功或获得高分时,感觉到其教学工作是值得的,也是对其教学工作的一种肯定,该意义上的教师效能感主要是指教学上的效能感,一般分为"一般教学效能感"(general teaching efficacy)和"个人教学效能感"(personal teaching efficacy)两个维度。[3]这也表明不同教师的效能感也有差异,也具有特殊性。

在综合教师效能感各种概念的基础上,我国学者洪秀敏和庞丽娟认为教师效能感是指教师对教育价值、对自己做好教育工作与积极影响儿童发展的教育能力的自我判断、信念与感受,包括四层具体含义:①教师效能感是一个有着多层面含义的整体性概念,既包括教师对自己所从事的教育工作价值以及对自己是否具备教育好儿童的能力的认识和判断,又包括教师的情感体验和情感参与。②教师效能感是教师对自己教育能力的信念或认识感知。③教师效能感反映了教师在教育教学活动中的主体性、积极性和创造性。④教师效能感绝不简单地仅仅指教师的教学效能感,还应广泛地包括教育多方面的自我效能感。[4]

根据教师效能感的认识,教师效能感具有四个主要特征:①教师效能感是教师对自己教育教学能力的自我信念、认识、判断和感受,具有强烈的主观性。②教师效能感是教师对教育教学工作、自身能力的直觉判断,既是一种对影响力的自我知觉和评价,也是一种情感上的自我体验,这种能力的自我知觉和评价以及由此派生出来的内心的情感体验,因此,教师效能感具有内隐性。③教师对自身能力的信念与自信即教师自我效能感具有稳定性的特征,在一定时期内效能感的总体状况会保持在一个相对稳定的水平上;同时,教师效能感也具有很强的情境性特征,即教师效能感的具体状况会随情境的变化而发生相应的一定的变化,因此,教师效能感具有稳定性与情境性。④教师在不同方面教育教学工作的效能感具有一致性的倾向;同时由于教师效能感是一个具有多维度的整体性概念,其自身是非常丰富、活跃和复杂的,而且处于不断的动态变化过程之中,因此,教师效能感具有一致性和非一致性。

---

[1] Gibson, C., Dembo, M. H. Teacher efficacy: a construct validation[J]. Journal of Educational Psychology, 1984(4): 569-582.
[2] 杨国英. 农村小学教师自我效能感研究[D]. 南京:南京师范大学,2013:14.
[3] 辛涛,申继亮,林崇德. 教师自我效能感与学校因素关系的研究[J]. 教育研究,1994(10):16-20.
[4] 洪秀敏,庞丽娟. 论教师自我效能感的本质、结构与特征[J]. 教育科学,2006(4):44-46.

二、教师效能感的影响因素

效能感作为教师内在心理因素的重要组成要素，可能受到来自教师内外各种因素的影响，归纳起来，影响教师效能感的因素主要有三个方面。

第一，外部社会环境因素。虽然效能感是内在因素，但是也会受到所处社会文化大环境的影响，一般而言，来自不同社会环境的教师可能会对教学能力有不同的诠释，这就使得不同社会环境中教师对效能感的理解也存在差异。例如，有的教师对学生课堂投入程度给予充分关注，由于受强调学生课堂纪律性和教师权威性等文化特征影响，学生课堂投入程度并未受到其他教师的同等重视。虽然处在不同社会环境中的教师在教学、纪律管理和学生指导方面可能具有相同或类似的效能感，但是，有些教师可能更倾向于将教学、纪律管理和学生指导视作一种综合性能力进行自我评价。而且，教师所在学校也是影响其效能感的重要环境因素。其中，集体效能感较高的学校环境为个体教师提高对自我教学的发展目标，获取心理上的激励有极大的促进作用。教师之间积极的互相学习的氛围，同事对自身教学的积极反馈也是促进个体教师自我效能感的有利因素。

第二，教师个人内在因素。效能感是教师的内在心理因素，必然受到教师个人内在诸多因素的影响，这些因素不仅包括教师的性别、性格特征等先天因素，也包括学科、受教育程度、所在学校、个人经历等后天因素。但是，个人内在因素对教师效能感的影响没有绝对性。例如，女性教师因受到教师为一项女性职业的社会期待的影响可能具有较高水平的效能感，在课堂管理方面女性教师的效能感低于男性教师；也有可能男性教师因受到教师为一项男性职业的社会期待的影响可能具有较高水平的效能感，在课堂管理方面男性教师的效能感低于女性教师；也有可能教师效能感不存在显著的性别差异。其他教师个人内在因素（如所教学科、所在学校等）对教师效能感的影响也没有绝对性，不过，有些个人因素对教师效能感的影响具有一定程度上的倾向性。

第三，教师教育中的诸多要素。教师教育项目的内在要素对职前教师和在职教师的效能感都有很大作用，并且不断开发相关课程和尝试新的课程设计以促进职前教师和在职教师效能感的有效发展。只有通过有目的性的设计和提供更多将所学学科知识与具体教学实践进行结合的机会，增加教师教育课程对教师能力发展的针对性、课程结构设计的合理性，避免课程内容设计的单一性，课程知识才会转化为自我效能感的促进因素。另外，作为教师教育项目的关键一环，教学实践对提升教师自我效能感的作用得到普遍认可和重视。一般来说，合理的教学实践活动设计、积极有效的教学行为反馈的获取、对指导教师教学行为的模仿等都是提升教师效能感的关键因素。为了确保教学实践等活动真正有效促进教师效能感水平的提升，教学实践等活动的设计必须容纳多种关键因素，并使其合理有机地结合。保证与理论课程紧密联系、建立实习生与指导教师间良好的交流关系以及实习学校营造一种积极的合作学习氛围，被视作保证教学实践切实提升教师效能感的有效措施。

此外，教师的工作经验、他人的榜样示范、亲人的鼓励支持等也是影响教师效能感的重要外在因素。如果教师在工作过程中有着良好的经历，在课堂管理过程中也获得了良好的经历，这无疑会有助于提升教师的自信心，提升教师效能感；如果教师在工作中有任何不良经历，就会降低自信心，导致效能感降低。如果他人尤其是重要他人做的榜样示范比较积极，有利于提高教师的效能感；如果他人的榜样示范比较消极，则会导致教师效能感的下降。如果亲朋好友鼓励并支持教师，则有利于教师效能感的提升；如果亲朋好友对教师工作更多的不是鼓励和支持，而是消极态度，则不利于教师效能感的提升。

三、教师效能感的提升途径

影响教师效能感的因素既包括外部社会环境因素，也包括教师内在心理因素，所以教师效能感的提升也要从内外部条件出发。

（一）创造支持教师效能感提升的外部环境

政府和社会是影响教师效能感的最外部因素，需要为教师效能感提升营造良好的风气和尊师重教的氛围。例如，提高教师待遇，确保并切实落实教师工资不低于当地公务员的工资，确保足额按时发放和津贴补助，从各方面给予教师相应的或应得的补偿，减少教师的心理落差，使其能安心地、积极地从事教育教学活动。还要提高教师的职业声望，很多教师，尤其是农村教师，工资待遇低、发展前景有限，一些教师专业化水平低以及社会对教师职业的认知不到位等因素，使得教师，尤其是农村小学教师这一职业的社会声望并不乐观，较低的职业声望直接影响着他们获取社会资源的机会，而且得不到社会对其职业应有的尊重，必然会损伤教师的工作积极性及效能感。那么，就需要营造"尊师重教"的氛围，通过对先进教师的表彰，运用媒体对先进教师事迹的报道，定期举办"尊师重教"的活动等举措，积极引导公众给予教师职业应有的尊敬，确保教师这一职业真正成为社会中受人们尊重、受人们羡慕的职业之一。教师工作的学校也是影响教师效能感的重要外部环境因素，良好的学校风气会让教师与学生时刻感受到学校独特的校园感染力和凝聚力。学校要通过发挥文化领导力，以学习型组织文化理念为指导，营造充满人文气息的学校风气，应结合学校的发展现状、教师的需求及学生的发展状况，从制度和活动层面上，为教师的育人活动提供良好的风气支持。学校也要时刻关心教师的工作和生活，通过对教师精神、物质与思想层面困境的关注与关心，为教师排忧解难，让教师在没有后顾之忧的环境当中，以乐观的心态、积极的情绪有效地应对不同的社会角色，在角色调适与适应的过程当中，实现自我价值，提升自我效能感。此外，学校也要为教师提升和发展自我创造各种有利条件。

（二）塑造促进教师效能感提升的人际关系

良好和谐的人际关系有利于教师效能感的提升，而良好和谐的人际关系建立在学校与教师、教师与教师，以及教师与学生相互之间有效的交流与沟通的基础之上。如果缺少相互之间的交流与沟通，教师也免不了被孤独与寂寞所影响。那么，学校就要确保教师之间的有效、积极的沟通，并在与教师交流的过程中，多站在教师的立场上思考问题，尽可能消除阻碍教师之间有效交流与沟通的因素。为了塑造有利于教师效能感提升的人际关系，学校可以结合不同教师的特质和不同的学科属性，设计有利于增进教师间交往与合作的参与协作活动，如定期开展不同学科组之间的教学比赛，举行全校师生参与的活动等，为良好和谐的人际关系建立创造条件。通过举办这种教师合作参与的活动，不仅扩展了教师之间交流的范围，也有利于加深教师之间相互了解的深度，使教师了解不同教师的性格与处事方式，为建立和谐的人际关系奠定基础，同时也可以使教师在活动中体会与人合作的乐趣，从而激发其为改善身人际关系而积极努力的潜能。此外，通过举办教师合作参与的活动，也使教师的教学能力、与人交往的能力得到锻炼和提升，提高了教师在学校的认可度，这些因素都会激发教师的积极情绪，提升其我效能感，使其以积极的心态投入教学当中。唯其如此，才能建立良好和谐的人际关系，不仅使教师在心理上有安全感，而且关心与体贴，能够满足教师交际与尊重的需要，并为教师效能感的提升创造条件。

（三）建立有利于教师效能感提升的评价制度

新时代教育评价改革也要体现在教师上，因为对教师的评价会影响着教师对其他领域（如学生成绩）的评价。改进结果评价，强化过程评价，探索增值评价，健全综合评价，也可以应用到对教师评价的制度设计上，这就需要建立一种发展性的教师评价，来提升教师效能感。因为发展性教师评价作为一种新的教师评价理念倡导学校管理者以全新的视角看待教师评价以及对教师的评价，即教师评价不仅仅是管理上的一种手段，而且是促进教师专业成长与发展的重要途径。因此，学校在对教师进行考评时，要改变传统的以管理为核心的考评制度。在评价方式上，重视形成性评价与终结性评价的有机结合，以教师的成长与发展为出发点与最终追求，帮助不同成长阶段的教师制定切实可行的发展目标，使教师在短期内能以其自身的成就促进其教学效能的提升。效能感的提升又进一步转化为教师积极的教育行动，在这种良好循环下，教师的自我价值得以不断实现，学生得以不断成长，并且促进教师及其学生的发展，也是学校管理活动的最终目标。在评价的内容上，不能局限于考察教师的教学效果，还应对教师的教学意愿、教学方法及教学行动进行考察，对于那些运用新的教学理念或教学方法改进教学的教师，即便没有取得很好的效果，学校也应结合实际情况对教师积极、主动的教育教学改革意愿进行鼓励。如果教师感受到自己教学的每个过程都受到学校的重视与鼓励，那么他们自我发展、自我实现的意愿会进一步得到强化。发展性教师评价制度要求学校相信教师的能力，保护教师的热情，把教师外在的压力与内在的发展相结合，通过运用教师评价的项目引导教师学会建立适合自己专业发展水平的有效奋斗目标。[1]在积极的情绪与高水平的教学能力下，教师的教育教学工作必然会在高效能感下进行。

（四）完善教师对教育教学的认识和理解

完善教师对教育教学的认识和理解是提高教师效能感的最关键因素，因为它是从内在根本上有利于教师效能感的提升。第一，教师要树立积极的职业观，在积极的职业观引导下，教师的职业态度也将发生积极转变，只有树立积极的职业观，教师才能以积极的心态、最佳的状态投入教学当中。第二，教师要主动为自己设定成长目标，并不断参与学习。通过提高自身的素质促进教师效能感的提升，只有通过不断学习，教师才能为自我发展与成长奠定基础，由教师自己为其设计的难度适中、既存挑战性又有现实意义的目标，能充分调动教师为实现目标而努力的激情与动力，使目标发挥激励教师的作用。第三，积极与优秀教师交流，教师应积极参与学校定期开展的公开课、示范课，向优秀教师学习，并以批判性的目光看待公开课和示范课，不能机械地模仿优秀教师公开课和示范课的教学设计和教学方法等，而应根据自己的教学情境对其进行建构性地变革。此外，教师不断进行反思也是促进教师效能感提升的内在途径，教育教学反思不仅有助于教师及时地发现其教学行为与教学目标之间的差距，也有助于教师教育教学智慧的养成，在此过程中，有利于不断提高教师的效能感。

---

[1] 傅道春.教师的成长与发展[M].北京：教育科学出版社，2001：209.

第三节　教师身份认同

20世纪80年代以来，教师身份认同也成为教师专业发展关注的重要内容，包括教师个人身份认同和教师组织身份认同，到20世纪90年代，逐渐成为相对独立的研究领域，已经基本明确了教师身份认同的认识、影响因素和促进教师身份认同的有效策略等问题，对促进教师专业成长有很强的借鉴作用。

一、教师身份认同的内涵

对教师身份认同内涵的认识源于对身份认同内涵的认识，主要是对"identity"的理解，既有身份之意，也有身份认同的意思，学界对身份认同的理解呈现出多元化趋势，大致包括统一性（各种身份之间统一于一个整体）、稳定性（身份一旦形成，往往不会因情境和时间的变化而轻易改变）和标识性（身份是个体区别于其他人的标识）三个特点，从而也构成了人们对教师身份认同内涵的基本认识，但也未形成统一的认识。正如贝加德（Beijaard D.）在总结前人研究的基础上也认为教师身份认同并没有形成一个公认的明确定义，已有研究更多认为教师身份认同不是固有的、不变的存在，也并非教师都具有的普遍性特征，而是一个作为"教师"的"人"和作为"人"的"教师"这两种身份的个体融合过程，该过程具有显著的个体特征，据此，他认为教师身份认同包含社会公认的教师身份、教师对自身专业的理解、师生关系和教师的角色观念等方面的认同，[1]不仅包括教师自身对专业的理解，还包括社会公众对教师职业的普遍要求。

还有学者将教师身份认同视作比教师角色认同更为宽泛的概念，包括个体自我认同和社会自我认同，其中，个体自我认同是指教师从教学实践和个人经历中建立的自我认知；社会自我认同是指社会公众对教师的普遍期待，这两部分的关系是密不可分的。[2]也有研究者在其博士论文研究中认为教师身份认同同样是自我认同和社会认同的整合，它既体现了教师作为"人"的个体性，也体现了其作为"教师"的社会性，这两者统一于教师个体的意识之中，此外，教师身份认同的建构性、动态性和多元性在普通教育领域的研究者中已经达成了广泛的共识。[3]

由此可见，教师身份认同既是一种理性思维的结果，也是一种感性体悟的结果，从教师身份认同的过程来看，一般先要经过理性思考阶段，包括教师对自身专业素养的客观评价、对专业环境的理性审视，以及对专业行为的深度反思，在这些理性反思的基础上，发展出对身份的归属感和认同感，这便是教师身份认同的感性思考阶段，进而，理性与感性相交融，教师将个人生活与专业生活加以融合，使得作为一个社会人的普通角色与一个专业人的特殊角色之间产生共鸣，最终获得专业认同的精神性体验，因此，教师身份认同是教师从对教学专业身份进行理性思考，向对教学专业身份产生情感依赖过渡的桥梁。[4]这也意味教师身份认同也受到内外因素的多重影响。

---

[1] Beijaard, D., Verloop, N, et al. Teachers' perceptions of professional identity[J]. Teaching and Teacher Education, 2000（7）：749-764.
[2] Tickle, L. Teacher induction：The way ahead[M]. Buckingham：Open University Press, 2000：22.
[3] 杨雅琳．日语教师身份认同建构的叙事研究[D]．北京：北京外国语大学，2016：28.
[4] 朱旭东，张华军，等．教师专业精神研究[M]．北京：北京师范大学出版社，2017：41.

二、教师身份认同的基本结构

很多研究者并未给教师身份认同内涵以清晰地界定，更多从外延、内容或结构的角度，描述了教师身份认同的基本结构。国外有学者认为教师身份认同主要包括对专业角色重要性的认同，即向心性认同；对专业角色吸引力的认同，即价值性认同；对专业角色与其他角色协调程度的认同，即一致性认同。[1]上述提到的学者贝加德也是从外延或内容角度对教师身份认同的内涵做了界定，包含社会公认的教师身份、教师对自身专业的理解、师生关系和教师的角色观念等方面的认同。

还有学者从更加广义的范围出发，认为教师身份认同包括五个部分：①自我形象的认同，即对"我是一个怎样的老师"的认同。②自尊的认同，即对"我是不是一个好老师"的认识。③工作动机的认同，即对"我为什么要做这个工作，或我为什么不想做这个工作了"的认识。④工作知觉的认同，即对"我为什么必须要做一个称职的老师"的认识。⑤未来展望的认同，即对"我的努力方向是什么，我的未来会如何"的认识。[2]我国学者李茂森在综合已有研究的基础上，认为教师身份认同包括三种类型：个人身份认同、人际身份认同和集体身份认同。[3]其中，教师个人身份认同源于教师的自我兴趣和个性特征；教师人际身份认同源于教师对他人的利益和自己承担角色的认识；教师集体身份认同源于教师作为集体一员对集体的贡献的认识，并从认知、情感、行为和社会四个维度分别阐释了上述教师身份认同三个方面的具体表现。

三、教师身份认同的影响因素

教师身份认同的影响因素可以分为宏观、中观和微观三个层面，李茂森在其博士论文中较为细致地总结了影响教师身份认同的三个层面的因素。[4]可以说，教师身份认同是一种教师内在特质与教师专业要求相契合，最终达成统一的、稳定的状态，从而有利于教师专业成长和教育教学工作的有效进行，那么，全面厘清影响教师身份认同的因素就显得尤为重要。

第一，宏观层面的国家教育政策，包括教育和教师教育政策、教育改革或教育模式和传统。教师的身份认同建构和社会情境是密不可分的，从大的背景来看是国家的教育政策和教育改革。其身份认同建构过程也往往是"原有认同出现危机—形成新的认同—新的认同危机……"这样一个螺旋上升过程。每次国家教育政策的调整都意味着教师需要在一定程度上更新观念，改变原有教学模式以适应新的教学要求。其中，观念的改变，即教师身份认同的重构是关键。

第二，中观层面的学校组织文化，主要是指教师所在学校（包括实习教师所在的合作学校）和社区等的组织文化。在大的国家政策环境下，教师身份认同建构的小背景是学校环境。学校的组织文化影响着教师的教学模式，并在潜移默化中影响着教师的教学观念。而且，这种影响往往是长期性的，如果学校组织文化没有体现出教育改革的新思维，那么在学校环境中生活和工作的教师也很可能对教学变革产生抗拒的态度。当学习组织文化积极响应教学改革的号召，在教师中推广改革新观念，教师的意识则很可能受到影响而产生积极的重

---

[1] Moore, M., Hofman, J E. Professional identity in institutions of higher learning in Israel[J]. Higher Education, 1988（1）：69-79.
[2] Kelchtermans, G. Getting the story, understanding the lives: From career stories to teacher's professional development[J].Teaching and Teacher Education, 1993, 9（5/6）：443-456.
[3] 李茂森. 教师身份认同研究[M]. 北京：北京师范大学出版社, 2014：63-64.
[4] 李茂森. 教师身份认同的影响因素分析[J]. 教育发展研究, 2009, 29（6）：44-47.

构倾向。因此，学校组织文化这一环境因素对教师身份认同的影响是长久而深远的。

第三，微观层面的教师个体因素，主要是指教师的个体特征和个人实践性知识等因素。教师的个体因素，如个人实践性知识、教师情绪与态度、教学观念等也必然对教师身份认同产生影响。个人实践性知识在教学过程中体现为教学观和教学能力。其中，教学实践中形成的职业观念、职业道德和专业发展观念都体现出教师的自省能力和自我发展的意识；教师的积极情绪对教师身份认同建构具有积极的推动作用，从而有利于教学改革的推行；与此相反，教师的消极情绪则与身份认同危机相关，有可能阻碍教学改革的实施；教师身份认同中很重要的一点就是价值观念。在教学改革过程中，教师往往面对两种价值观，一种是传统的教学价值观；另一种是改革创新型价值观。在这两者的相互矛盾冲突中，教师建构了新的身份认同，为教师职业进行了新的阐释。

教师在教育教学过程中难免遇到身份认同危机，那么，从影响因素出发消解教师的身份认同危机和促进教师身份认同也是促进教师专业成长的重要途径。

【思考与练习】

1. 简述教师信念、效能感与身份认同在教师专业成长中的作用。
2. 如何建立教师信念？
3. 如何提高教师效能感和身份认同？

【深入阅读】

[1] 马莹.当代教师信念问题研究[M].北京：中国社会科学出版社，2013.

[2] 朱旭东，张华军，等.教师专业精神研究[M].北京：北京师范大学出版社，2017.

[3] 李茂森.教师身份认同研究[M].北京：北京师范大学出版社，2014.

[4] 辛涛，申继亮，林崇德.教师自我效能感与学校因素关系的研究[J].教育研究，1994（10）.

[5] 俞国良，辛自强.教师信念及其对教师培养的意义[J].教育研究，2000（5）.

[6] Richardson, V. The role of attitudes and beliefs in learning to teach[A]. J. Sikula. Handbook of research on teacher education[M]. New York: Simon & Schuster, 1996.

第四章　教师专业成长阶段理论

【学习目标】
　　★熟记各种教师专业成长阶段理论。
　　★了解三大类成长阶段理论的特点。
　　★运用教师成长阶段理论设计自己的专业专长方案。
　　★运用相关理论分析中小学教师专业成长的问题，并能提供相应的解决方案。

　　教师专业成长阶段理论的研究始于 20 世纪 40 年代末，该类理论主要探讨教师专业在职前、入职、在职及离职的整个职业生涯发展过程中所呈现的阶段性发展规律。从已有研究看，关注发展阶段论、职业生涯阶段论、教学专长阶段论是该类理论研究的主流，本章重点介绍这三大类阶段理论。

第一节 关注发展阶段论

关注发展阶段论是指学者们关于教师关注阶段（stage of concern）研究的相关理论，这些理论描述了教师在课程实施过程、教育教学过程中，其意念、动机、情绪、满足感和挫败感等在不同关注阶段的发展及变化。从理论研究层面看，关注发展阶段论经历了从"点"——"教师的关注点"到"面"——"教师发展全程表现"的发展过程。[1]这类研究大都植根于美国学者费朗斯·富勒（France F. Fuller）的研究，为此，本节在介绍富勒的关注发展阶段论后，依次介绍维恩曼、马舍尔、肯威的关注发展阶段论。

一、富勒的关注发展阶段论

1955年，富勒在研究职前师资培养过程中意外发现，职前培养中教师关注经历着明显的变化。20世纪60年代，富勒与得克萨斯大学的同事对教师关注（主要是职前教师）进行了长期的系统研究。[2]富勒和同事们通过对美国1300多名教师的访谈和开放式问卷调查，将教师关注初步地划分为两类，即关注自己和关注学生；并将这两类分为六个项目，分别是：①角色定位。②自我胜任能力。③学生是否喜欢我，学生喜欢的是什么。④学生是否在学我教的内容。⑤学生的个体学习需要是否得到满足。⑥如何改进教学。20世纪70年代，富勒在对教师关注进行精细编码和概念化过程中发现，"二分法"不能完全解释教师关注的差异。于是富勒将教师关注分化为三类，求生关注、任务关注和学生需要关注，编制了著名的教师关注问卷（teacher concerns statements，简称TCS），建构了教师关注阶段论模型。[3]综合富勒1969年到20世纪70年代中期的研究，在成为专业教师的过程中，教师们所关注的事物是依据一定的次序更迭的，并呈现如下的发展阶段。[1]

1. 任教前关注（pre-teaching concerns）

此阶段是职前培养时期。职前教师们仍扮演学生角色，对教师角色仅处于想象阶段。因未曾经历教学，没有教学经验，因此只关注自己，关注个人的心理、社交、身体等方面。不仅如此，当他们观察在职教师的教学时，对任教教师抱着观察、评判的态度；在观察初期，往往对在职教师不表同情，甚至还带有敌意。

2. 早期求生关注（early concerns about survival）

此阶段是初次接触实际教学的实习阶段。在此阶段，教师们所关注的是自己的生存问题，即能否在这个新环境中生存下来。所以此时，教师们关注的是班级管理、对教学内容的精通熟练、上级的视察评价、学生与同事的肯定与接纳等。在此阶段，教师们都表现出明显的焦虑与紧张，因此该时期的压力是相当大的。

3. 教学情境关注（teaching situations concerns）

在此阶段，教师固然还要关心前一时期的种种问题，但是，同时也会关注教学上的种种需要或限制以及挫折。因为此阶段会对教师的教学能力与技巧提出要求，所以教师较多关注教学所需的知识、能力与技巧，以及尽其所能地将其所学运用于教学情境之中。总之，在此

---

[1] 杨秀玉. 教师发展阶段论综述[J]. 外国教育研究，1999（6）：36—41.
[2] France F. Fuller. Concerns of teachers: A developmental conceptualization[J]. American and Educational Research Journal, 1969, 6(2): 207—226.
[3] 张世义. 国外教师关注研究综述[J]. 上海教育科研，2010（11）：23—27.

阶段，教师关注的是自己的教学表现，仍不是学生的学习。

4. 关注学生（concerns about students）

虽然许多教师在实习教育阶段就能表达出对学生的学习、品德乃至情绪需求的关注，但是却并不能真正地适应或满足学生的需要，往往要等到自己能适应教学的角色压力和负荷之后，才能真正地关怀学生。在这个阶段教师开始把学生作为关注的核心，关注他们的学习、品德和情绪需求以及如何通过教学更好地影响学生的成绩和表现。[1]关心诸如自己能否激发学生的学习动机、满足学生的个别需求、引发学生学习的潜能等问题。

富勒指出，通过这些阶段，那些未来教师的关注焦点似乎是这样变化的：从关注自我到关注教学任务，最后到关注他们对学生可能产生的影响。美国学者费斯勒（Ralph Fessler）评论说："富勒的研究显然没有囊括教师发展的方方面面，而只是从教师所关注的事物在教师不同发展阶段的更迭这一侧面来探讨教师的发展。而事实上，这也确实从一个侧面反映了教师发展过程中所呈现的规律，即在不同发展阶段，关注点有所迁移与变化。"[2]

二、维恩曼的关注发展阶段论

富勒的关注发展阶段论一经提出便引起了欧美教育界的关注，富勒之后，不少研究者对教师关注领域展开了深入研究，其中，维恩曼（Simon Veenman）聚焦于新教师的关注发展阶段论的研究，并于1984年发表了新任教师"感知到的问题"的研究。[3]该研究中新任教师"感知到的问题"是穆勒-福尔布罗德（Müller-Fohrbrodt）等人划分的五种初任教师面临的"现实冲击"之一，这五种"现实冲击"分别是感知到问题、行为改变、态度改变、性格改变、离开教师岗位。在此分类基础上，维恩曼运用文献研究法汇总了1960—1984年9个国家的83项研究，从每项研究中选出15个新任教师感知到的最严重的问题，分类、赋分、排序后得到新任教师常见的八个"感知到的问题"。[4]

1. 课堂纪律（classroom discipline）

课堂纪律是初任教师认为最严重的问题，当然，并不是所有的初任教师都遇到过课堂纪律问题。对于课堂纪律指什么，研究过程中并没有加以澄清，其原因在于"课堂纪律"的定义因人而异，比如一位老师所谓的有秩序，可能被另一位老师称之为混乱。不过，研究指出，初任教师遇到的问题越多，他们离职的可能性就越大。

2. 激励学生（motivating students）

激励学生问题被新任教师感知的次数列于第二位，并且在维恩曼的研究中显示，初任中学教师在激励学生方面遇到的问题比初任小学教师多。

3. 个体差异的处理（dealing with individual differences）

处理学生的个体差异是第三个最常被提及的问题，通过不同的课程和教学实践来适应学习者之间的个体差异，对初任教师是有难度的。

4. 学生作业的评估（assessing students' work）

评估学生作业是初任教师遇到的第四个难题。对于初任教师而言，如何积累学生作业中

---

[1] 胡惠闵，王建军. 教师专业发展 [M]. 上海：华东师范大学出版社，2014：27.
[2] 杨秀玉. 教师发展阶段论综述 [J]. 外国教育研究，1999（6）：36–41.
[3] Simon Veenman. Perceived Problems of Beginning Teachers[J]. Review of Educational Research, 1984, 54（2）：143–178.
[4] Simon Veenman. Perceived Problems of Beginning Teachers[J]. Review of Educational Research, 1984, 54（2）：153–156.

的相关信息，据此作出评价，是一项棘手的工作。

5. 与家长的关系（relations with parents）

初任教师与家长关系之间大致存在三方面的问题：初任教师抱怨与学生家长建立和保持良好关系方面准备不足；抱怨父母对他们的想法不支持；认为家长对孩子在校学习情况关心不够。

6. 课堂教学的组织（organization of class work）
7. 资源与供应不足（insufficient materials and supplies）
8. 个别学生的问题处理（dealing with problems of individual students）

维恩曼认为，对于第六至第八个问题，他的研究发现与其他同类研究类似。因此，不做赘述。

除上述八个问题外，维恩曼的报告还指出以下问题也是初任教师关注较多的：对自身能力的怀疑和担忧、缺乏使用教具的经验、师生关系、与学校和社区的交往、对教学工作的准备。维恩曼表示："尽管人们对初任教师所经历的问题普遍认同，但这些发现似乎过于普遍，因为它们没有考虑到可能影响教师感知和表现的教师个体特征或个体差异。"[1]为此，维恩曼提出关注发展框架、认知发展框架、教师社会化框架三个教师发展框架，为理解教师之间的个体差异提供理论基础。

三、马舍尔的关注发展阶段论

维恩曼之后，20世纪90年代，马舍尔（Patricia L. Marshall）将目光转向新的教学情境——多元文化情境下的教学关注。当时，美国学校面临"来自少数民族的孩子在大城市学生中所占比例最大"[2]、但"大多数教师是美国白人"[3]的问题，有学者认为"这种特殊的现象是许多非裔美国学生学业失败的主要原因"，[2]也有学者强调"当老师不了解学生的文化以及文化对教学的整体影响时，他们与学生的互动方式会偏向于教师的文化，而不是学生的文化"。[4]因此，马舍尔的研究兴趣是教师与来自不同文化学生交往时关注什么。

马舍尔运用自身开发的、对应两种经验水平的问卷，对103名职前教育专业学生和103名教学经验丰富的教师进行问卷调查，意在评估以下四种关注在多元文化教育情境下的强度：学生民族或文化相关知识、教学策略、师生交往、学校管理。调查结果揭示了四类被教师提及次数（或关注）较多的问题。

1. 跨文化能力

第一类教师关注的问题包含两个最重要的子问题：不同文化背景的学生如何看待"我"？"我"如何看待文化多元化的学生？这类问题共同反映了教师对与他们有不同文化背景的学生平等互动能力方面的焦虑：教师们担心他们是否有能力排除文化背景的影响公平地评判学生，相应地，教师也担心学生是否能不受文化背景的影响客观地看待自己。

---

[1] Simon Veenman. Perceived Problems of Beginning Teachers[J]. Review of Educational Research, 1984, 54（2）: 143–178.
[2] Patricia L. Marshall. Multicultural teacher concerns: New dimensions in the area of teacher concerns research[J]. Journal of Educational Research, 1996, 89（6）: 371–379.
[3] Sabrina Hope King. The Limited Presence of African-American Teachers[J]. Review of Educational Research, 1993, 63（2）: 115–149.
[4] Don C. Locke. Teaching Culturally Different Students: Growing Pine Trees or Bonsai Trees[J]. Contemporary Education, 1988, 59（3）: 130–133.

2. 教学策略

第二类教师关注较多的子问题是：面对多元文化的学生，最有效的教学方法是什么？和多元不同文化学生一起学习时，我该使用什么样的教学策略？这些问题显示了教师对相关教学经验的关切，并希望选择和整合最合适的教学资源、材料和策略来对不同文化背景的学生产生积极影响。

3. 学校管理

第三类问题中教师关注较多的两个子问题分别是：我如何处理同事们表达的对不同学生的不宽容态度？有可能教授所有不同种族和文化的历史吗？这些问题显然超出了教师课堂教学应该解决的问题范围，表明教师关心学校管理体制对他们满足不同学生需求的能力是促进作用还是抑制作用、在多大限度上阻碍了这种能力的发展。

4. 学生民族或文化相关知识

最后一类包含与"不同学生的家庭或民族和种族群体文化对教育的影响"直接相关的子问题，如多样化的学生在家里有合适的成人榜样吗？不同文化背景学生的家庭环境如何影响他们对学校的接受度？这些问题反映了教师在多大程度上意识到自己对不同学生家庭或文化背景的了解存在差距。

马舍尔表示，该研究结果与富勒理论相似，或者可以发现马舍尔的前两项教师关注与富勒的"早期求生关注""教学情境关注""关注学生"对应。但马舍尔的研究结果与先前研究有两项显著不同：首先，马舍尔理论中教师关注的顺序与富勒的理论不同，马舍尔理论中教师关注的顺序为自我关注（对应"早期求生关注"）、影响关注（对应"关注学生"）、任务关注（对应"教学情境关注"），并且影响关注和任务关注在马舍尔的研究中没有明显分开的类别；其次，马舍尔的研究揭示了教师关注中"学校管理"与"学生民族或文化相关知识"两个新维度。

四、肯威的关注发展阶段论

进入 21 世纪，教师关注研究较有代表性的是肯威（Paul F. Conway）的教师关注双向发展理论，该理论在研究对象和关注点划分维度上都有所创新。[1]肯威在六个月的时间里，用与教学相关的期望和恐惧两方面综合表现教师关注，通过对 6 名实习教师三次一对一的访谈，研究了实习教师期望和恐惧的变化过程，从其研究报告中的图表更能直观理解其研究（表4-1）。在此表中，肯威将教师教学相关期望分为五类：关于自我作为教师、关于学生、关于课程与教学、关于大学学业、关于自我作为教师（课堂管理）。

表4-1　实习教师教学相关期望在9月至次年4月的变化

姓名	9月	12月	次年2月	次年4月	关注的变化
Thomas	关于自我作为教师（课堂管理）	关于自我作为教师	关于自我作为教师	关于自我作为教师	向内
Olga	关于自我作为教师（课堂管理）	关于自我作为教师	关于课程与教学	关于大学学业	向外

---

[1] Paul F. Conway. The journey inward and outward: a re-examination of Fuller's concerns-based model of teacher development[J]. Teaching and Teacher Education, 2003, 19（5）: 465–482.

续表

姓名	9月	12月	次年2月	次年4月	关注的变化
	关于自我作为教师（课堂管理）	关于课程与教学	关于自我作为教师 关于课程与教学 关于学生	关于自我作为教师	向内
Kelly	关于课程与教学	关于自我作为教师	关于自我作为教师	关于学生	向外
Gina	关于课程与教学 关于自我作为教师（课堂管理）	关于学生	关于学生	关于学生	向外
Rache	关于自我作为教师	关于自我作为教师	关于自我作为教师	关于学生	向外

与之类似，肯威对实习教师教学相关恐惧进行分类时，在五类教学相关期望的基础上增加了关于教师-实习教师关系、关于学生家长、关于专业性三类，在期待与恐惧分类的基础上将实习教师的变化分为向外和向内两条主线。

1. 教师关注的向外发展

向外发展即指教师关注存在自我关注、任务关注、影响关注的发展方向。以表4-1教师教学相关期望为例，六个实习教师中有四个实习教师的变化反映了从自我到任务、再到学生的发展方向。以研究对象Kelly为例，其期望从一开始的"关于课程与教学"发展为"关于自我作为教师"，这处于自我关注阶段，在次年4月份其期望多"关于学生"，这是教师发展从自身到学生的外向发展方向。肯威以期望和恐惧的变化来体现教师关注从自身向学生的外向发展方向。

2. 教师关注的向内发展

向内发展即指教师关注存在自我意识、自我组织、自我发展的发展方向。当实习教师期望和恐惧的表达从关注生存和质疑自身教师身份，转变为关注自我发展相关内容时，肯威认为这是教师关注发展的另一条主线，即教师关注的内向发展。以研究对象Thomas教学相关恐惧的变化为例：关于教师-实习教师关系（9月）、关于学生（12月）、关于自我作为教师（次年2月至4月）。肯威的理论中关注教师自我发展不能与关注生存画等号，教师自我发展的含义更加丰富，是指实习教师想成为某种类型教师的愿望，涉及满足他人的期望、在人际关系方面成为某种类型的人、进一步发展知识、自我提升、实现职业目标等。因此，教师关注发展向内的主线也关乎教师专业发展，知识外向发展的主线指向教学质量与学生发展的目标，而内向发展指向教师自身的发展。

肯威的研究和理论拓展了富勒的教师关注阶段理论，其研究发现实习教师关注向内专业的主线显然挑战了关于职前教师关注变化方向的传统观点，却也为未来研究教师关注问题拓展了思路。

五、教师关注发展阶段论的共性与不足

上述四位学者关于教师关注发展阶段论，既具有如下的共同特点，又有一定的不足之处。

1. 教师关注发展阶段论的共性

（1）教师关注发展的研究都采用"自下而上"的理论建构方式　梳理以上四种理论的形成过程不难发现，四种理论都是"从原始资料出发、通过归纳分析逐步产生理论"，即都采用"自下而上"的理论建构方式。富勒通过访谈和问卷获得教师关注的原始资料，并将教师关注的问题分为两类（后分为三类），在此基础上建立了教师关注阶段模型，其他三种理论的建构过程与之相似，皆为"自下而上"理论建构方式，只不过各自在研究对象、研究情景与研究内容上更加具体：维恩曼的研究对象为新任教师、马舍尔选择了多元文化这个新的教育情境、肯威在实习教师的访谈中发现了向内发展的方向。

（2）教师关注发展的研究都是基于特定的研究方法得出的　富勒、马舍尔、肯威的研究使用了访谈和问卷调查、维恩曼使用了文献研究法，后来的教师关注研究逐渐使用社会学研究方法和心理学方面的研究方法，不论是在数据、资料的收集还是处理，教师发展的研究方法由单一到多样，且渐进科学。[1]

2. 教师关注发展阶段论的不足

纵观以上四种教师关注发展阶段理论，可发现四种理论均从教师实际关注出发描述教师关注的"实然"——富勒因教师需求被忽视，采用访谈和问卷呈现教师关心的变化阶段，20世纪80年代为更有针对性地解决新任教师需求问题，维恩曼用文献研究法呈现了大范围新任教师"感知到的问题"，20世纪90年代马舍尔从对教师的问卷中呈现了多元文化情境下教育教学的困境，21世纪肯威在印证富勒研究的基础上通过访谈补充了教师关注向内发展的主线。这些研究与理论均从教师群体中来，倾听教师的心声，反映教师关注的"实然"发展阶段，而缺少从实践或理论出发呈现教师关注"应然"发展历程的研究。教师关注发展阶段论"应然"状态的研究，既可为教师发展提供发展目标与努力方向，也能让教师发展的支持系统明确其责任（即，应给予不同发展阶段的教师什么帮助），这是教师关注阶段研究可以深化的方向之一。

第二节　职业生涯阶段论

富勒的教师关注发展阶段论开创了教师专业发展阶段研究的先河，为后续的教师专业发展阶段研究奠定了基础。伯顿（Paul R. Burden）、费斯勒（Ralph Fessler）、司德菲（B. E. Steffy）、休伯曼（M. Huberman）等人在富勒研究的基础上，进一步深化了教师职业生涯阶段论理论。与关注发展阶段论不同，职业生涯阶段论是以人的生命自然的衰老过程与周期来认识教师职业发展过程与周期的理论。尽管这类研究不是简单地把生命的自然成长周期直接用于解释教师的职业发展，但其阶段的划分以生命变化周期为标准，是故，这类研究统称为职业生涯阶段论。

一、伯顿的教师职业生涯阶段论

1979年，伯顿（Paul R. Burden）、纽曼（Katherine K. Newman）、阿普尔盖特（Jane H.

---

[1] 杨秀玉. 教师发展阶段论综述 [J]. 外国教育研究, 1999（6）: 36–41.

Applegate）分别对有着 4~28 年教学经验、19~20 年教学经验、退休教师进行结构化访谈，并总结了相应阶段教师的职业生涯发展特点。[1]伯顿通过对以上研究进行综合分析，将教师职业生涯分为如下三个阶段。[2]

1. 求生存阶段（survival stage）

该阶段指教师从事教学的第 1 年。此阶段的教师所关心的是班级秩序的控制、学科的教学、教学技巧的改进、教具的使用和教学内容的了解等方面。

2. 调整阶段（adjustment stage）

该阶段指教师从教后的第 2~4 年。这一阶段教师对教学有了进一步的了解，他们开始了解学生的复杂性并寻找新的教学技术以满足更广泛的需要。教师与学生的相处变得和谐开放，教师比前一阶段更能满足学生的需求。

3. 成熟阶段（maturity stage）

该阶段指从教 5 年之后，教师们的经验更加丰富，对教学活动驾轻就熟，并且对教学环境已有充分的了解和熟悉，因此，这一阶段的教师在教学活动中感觉得心应手，能够理解教学环境，能够处理教学中发生的任何事情，不断尝试新的技能，关注学生需要的满足，重视与学生的关系。

虽然伯顿的研究有助于清晰认识教师的职业生涯阶段，但是其研究只将所有成熟期的教师归为一类，未能对成熟期教师作进一步的深入研究。

二、费斯勒的教师职业生涯阶段论

与伯顿等学者的研究不同，费斯勒（Ralph Fessler）采用社会学的研究方法，将教师的整个职业生涯发展视为一种动态的、变化的、回应各种影响因素的此消彼长且与之循环互动的历程，其理论模型如图 4-1 所示。[3]

基于这样的理论观点，费斯勒将教师职业生涯分为八个阶段。[4]

1. 职前阶段（pre-service stage）

这一阶段是教师特定角色的准备期。一般而言，该阶段是在师范学院或大学的初始培养阶段，也包括教师担任新角色或工作时的再培训。

2. 入职阶段（induction stage）

这是教师任教前几年，也是教师走向社会、进入学校系统和学习每日理性工作的时期。在此阶段的每一位教师，通常会努力得到学生、同事的认可，并设法在处理日常问题方面达到令人满意的程度。

3. 形成能力阶段（competence building stage）

处于这一阶段的教师努力提高教学技能和能力，他们积极寻找新资料、新方法和策略。这一阶段的教师渴望形成自己的技能，易于接受新观念，经常参加各种交流会和教师培训计划。

---

[1] Katherine K. Newman, Paul R. Burden, Jane H. Helping teachers examine their long-range development[J]. The Teacher Educator, 1980, 15（4）: 7-14.
[2] Ralph Fessler, Judith C. Christensen. 教师职业生涯周期：教师专业发展指导[M]. 董丽敏，高耀明，等译. 北京：中国轻工业出版社，2005：27.
[3] 饶从满，杨秀玉，邓涛. 教师专业发展[M]. 长春：东北师范大学出版社，2005：61.
[4] Ralph Fessler, Judith C. Christensen. 教师职业生涯周期：教师专业发展指导[M]. 董丽敏，高耀明，等译. 北京：中国轻工业出版社，2005：36-227.

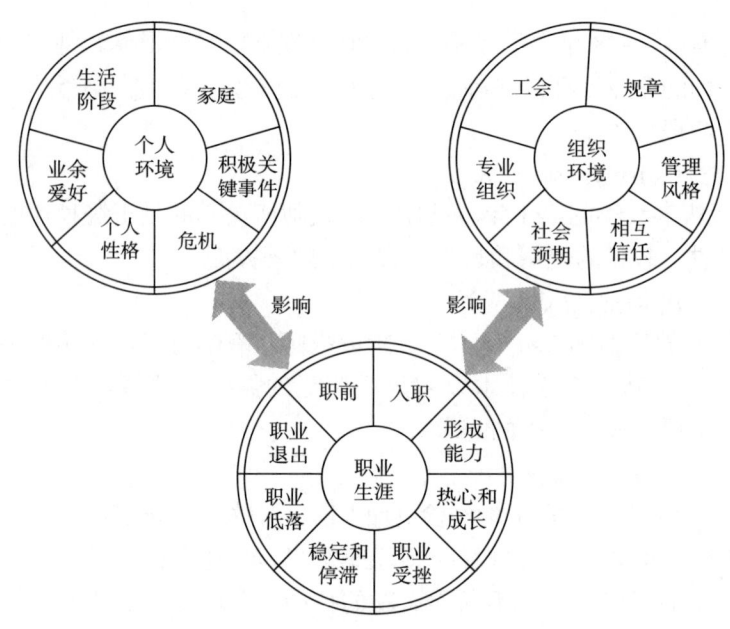

图 4-1　费斯勒提出的教师职业周期动态模式[1]

4. 热心和成长阶段（enthusiastic and growing stage）

处于热心和成长阶段的教师，即使已经达到了较高的能力水平，作为一个专业人员依然不断寻求进步。这一阶段的教师热爱自己的工作，他们不断创新，改进、丰富自己的教学。热心和高职业满意度是该阶段的核心内容。

5. 职业受挫阶段（career frustration stage）

在此阶段，教师可能会受到某种因素的影响，或产生教学上的挫折感，或工作满足程度逐渐下降，开始怀疑选择教师工作是否正确。所谓"教师疲倦"大多数会在这个阶段出现。

6. 稳定和停滞阶段（stable and stagnant stage）

这一阶段的教师除了分内的工作之外，不再想多做其他任何事情，他们的工作虽然可以接受，但不再追求优秀和成长，只是满足于做到对教师的基本要求。

7. 职业低落阶段（career wind down stage）

这一阶段展现了教师离开教学岗位前的状态。对某些教师来说，这可能是一个较为愉悦的时期，因为他们曾有过辉煌的教学成绩并在心中留下美好回忆；对另一部分教师来说，这可能是一个较为苦涩的时期，因为他们是被迫离职或迫不及待地离开教学岗位。

8. 职业退出阶段（career exit stage）

在这个阶段，教师正准备离开专业岗位。对离开教学岗位的教师来说，有的教师是因为年纪原因正式退休，有的教师可能是因为个人原因而自愿退职。

单从以上阶段的划分来看，费斯勒的理论似乎还是静态的、线性的。然而，费斯勒明确表示以上所有的阶段并非一位教师职业生涯中所必经阶段的描述，而是在个人和组织环境的

---

[1] Ralph Fessler, Judith C. Christensen. 教师职业生涯周期：教师专业发展指导 [M]. 董丽敏，高耀明，等译. 北京：中国轻工业出版社，2005：36.

作用下,教师不断进入或退出某一阶段的动态流变过程。费斯勒以四个场景为例,[1]更为准确地展现了其理论的动态性和灵活性。

> 场景一
> 假设有一位处于"热心和成长"阶段的教师非常热爱自己的工作,他不断寻求新的方法,力图营造活跃的课堂氛围。然而,就在他热心工作的巅峰时期,学校通知他不能再继续教学(组织影响——由于削减支出的原因)。在经历"职业受挫"阶段后,这位曾一度热心的教师将会直接进入"职业低落"阶段或"职业退出"阶段。
> 场景二
> 假设有一位处于"热心和成长"阶段的教师,发现自己的孩子吸毒(个人环境——家庭危机)。这一精神打击使他所有经历丧失殆尽,他可能会停留于"稳定和停滞"阶段,以便把更多的精力放在解决家庭问题上。
> 场景三
> 假设第三位是属于第六阶段混天度日的教师,该教师虽聪明,但把教学只看作是一种工作,而不是追求卓越的承诺。一位非常敏感而又善于助人的督学(组织环境)发现了这一情况,并重新唤起了这位教师的教学热情。于是,他又回到了"热心和成长"阶段。
> 场景四
> 假设第四位教师是一位处于"职业低落"阶段的教师。这时一件意外的事发生了,她的丈夫突然去世(个人环境——危机)。面对个人生活的骤然变化,她可能会对"职业低落"时期做出的决策重新进行评估,在不同性质的个人和组织环境的作用下,这位教师可能树立教学志向而进入"热心和成长"阶段,也可能退回到"稳定和停滞"阶段。

费斯勒弥补了前人研究的不足,认识到教师会在漫长的职业生涯中遭遇挫折甚至陷于停滞,其理论模型充分表现了教师职业阶段发展的动态过程。然而,其缺陷也是明显:第一,其理论在表现形式上以循环的形式来表达,似乎教师的发展路线只是循环和重复,没有其他教师专业发展的可能路径;第二,与其他多数教师发展阶段理论类似,对于影响教师专业发展的因素和关键事件的分析,多限于偶然、突发因素,而对那些相对稳定、具有持久作用的事件和因素却几乎没有涉及;第三,在教师职业周期轨迹的勾勒上,多关注并着力刻画关系教师去留的职业生涯的"转折点",而对在职业稳定阶段专业结构的改进过程所经历的"阶段"缺少描述。由此可见,这并非一个可以反映教师职业生涯发展的准确模式。

三、司德菲的教师职业生涯阶段论

1989年,美国学者司德菲依据人文心理学派的自我实现理论,建立了教师生涯发展模式,据此,其提倡的模式可称为人文发展模式。司德菲在吸收了费斯勒等人研究成果的基础上,将教师的职业生涯发展分为以下五个阶段。[2]

---

[1] 叶澜,白益民,王玥,等.教师角色与教师发展新探[M].北京:教育科学出版社,2001:246-247.
[2] 饶从满,杨秀玉,邓涛.教师专业发展[M].长春:东北师范大学出版社,2005:63-65.

1. 预备生涯阶段（anticipatory career stage）

这一阶段主要包括初任或重新任职的教师，初任教师通常需要三年时间才能进展到下一阶段，而重新任职的教师则很快就会超越此阶段。在此阶段的教师，具有以下几个特征：理想主义、有活力、有创意、易于接纳新观念、积极进取、努力向上。

2. 专家生涯阶段（expert master career stage）

这一阶段的教师已具有较高水平的教学能力与技巧，同时拥有多方面的信息来源。这些教师们都能进行有效的班级经营和时间管理，对学生都抱有高度的期望，也能在自己的工作中，激发自我潜能，达成自我实现的目的。同时，这时的教师具有一种内在的透视力，可随时掌握学生的一举一动。

3. 退缩阶段（withdrawal career stage）

司德菲认为，处于这一阶段的教师会遇到不同时期、不同程度的退缩。处于初期退缩阶段（initial withdrawal）的教师，表现平平，很少会参与教学革新，所用的教材内容年复一年，其所教学生也表现平平。这一阶段的教师多半沉默寡言，跟随别人，消极行事。但如果这时候教师能得到适时、恰当的鼓励和支持，这些教师又会恢复到专家生涯阶段。处于持续退缩阶段（persistent withdrawal）的教师，表现出倦怠感，经常批评学校、教师、家长、学生、教育行政部门，甚至抗拒变革。处于深度退缩阶段（deep withdrawal）的教师在教学上表现出无力感，甚至有时还会伤害到学生。但是，这些教师并不认为自己有这些缺点，并具有很强的防范心理。

4. 更新生涯阶段（renewal career stage）

这一阶段的教师在一开始出现厌恶的征兆时，他们可能获得了及时、恰当的帮助，或主动采取了较为积极的对应措施，如参加研讨会、进修课程，或加入教师组织等。因此，在此阶段的教师又会出现预备阶段朝气蓬勃的状态。但区别于预备生涯阶段教师对教学工作感到新奇振奋，吸收新的教学知识，这一阶段的教师则是致力于追求专业成长。

5. 退出职业生涯阶段（exit career stage）

这一阶段的教师或到了退休年龄，或出于其他原因而被迫离开教育岗位。这一阶段的教师有的选择安度晚年，有的继续追求职业生涯的第二次新发展。

司德菲继承和发展了费斯勒的观点，既承认教师会陷于发展的低潮期，也肯定教师会在发挥自己主观能动性或得到他们的帮助从而重新追求专业发展的可能性。相比起费斯勒认为教师专业发展只能是往复循环的无能为力，司德菲肯定了教师专业发展的可能和路径，使得教师职业发展阶段模型更符合教师实际职业发展的过程。

四、休伯曼的教师职业生涯阶段论

经过伯顿、费斯勒、司德菲等学者的研究和探索，教师职业生涯发展阶段理论不断完善发展。休伯曼对教师职业生涯发展模式的研究不再拘泥于前人普遍使用的心理学方法，而是将心理学和社会心理学的方法相结合，采用实证研究的方法，[1]形成颇具特色的理论模型（图4-2）。

---

[1] 胡惠闵，王建军. 教师专业发展 [M]. 上海：华东师范大学出版社，2014：58-59.

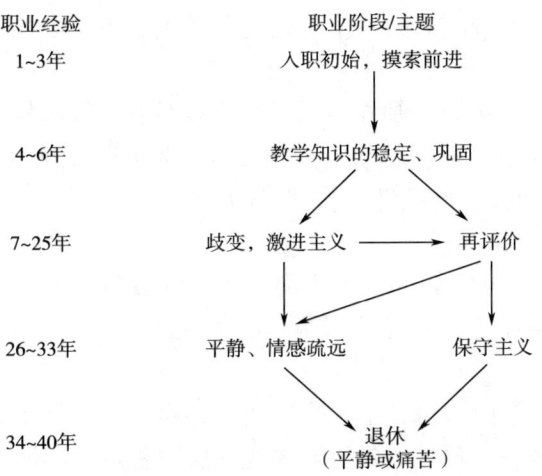

图 4-2　休伯曼等人提出的教师职业周期主题模式[1]

在休伯曼的理论模型中将教师职业生涯分为五个阶段。[1]

1. 入职期（career entry）

这一阶段是教师入职后的 1~3 年，可将这一阶段的特点概括为"求生和发现期"。"求生"与"现实的冲击"相联系，课堂环境的复杂性和不稳定性、连续的事物等，使得教师对能否胜任教学感到怀疑；同时，教师由于有了属于自己的班级、学生和教学方案，同时又成为专业协会中的一员，所以又表现出积极、热情的一面。

2. 稳定期（stabilization phase）

这一阶段是教师入职后的 4~6 年。这一时期教师决定投身于教学工作；教师初步掌握了教学法，由关注自己转向关注教学活动，不断改进教学基本技能，形成了自己的教学风格；表现出自信、愉悦和幽默。

3. 实验和歧变期（experimentation and diversification）

这一阶段是教师入职后的 7~25 年。从这一阶段开始，教师的发展路线表现出差异性。其原因在于随着教育知识的巩固和积累，教师试图增加对课堂的影响，在教学材料、评价方法等方面开展了不同的个性化的实验；教师改革的愿望强化了对阻碍改革因素的认识，激发了进一步改革的尝试，教师的职业动机强烈，职业志向水平高；对课堂的职责有初步的了解后，教师开始寻找新的思想和挑战。

在许多情况下，教师不经过实验和歧变阶段，而是代之以自我怀疑和重新评估（reassessment），严重者可表现为职业生涯道路中的一场"危机"。年复一年单调、乏味的课堂生活，或者连续不断的改革后令人失望的结果都会引发危机。

4. 平静和关系疏远期（serenity and relational distance）

这一阶段是教师入职后的 26~33 年。这一阶段在教师职业生涯中表现并不明显，主要是 40、50 岁教师的一种"心理状态"。许多教师在经历了怀疑和危机之后开始平静下来，能够较为轻松地完成课堂教学，也更有自信心。随着职业预期目标的逐渐实现，志向水平开始下

---

[1] 叶澜，白益民，王玥，等. 教师角色与教师发展新探[M]. 北京：教育科学出版社，2001：248.

降,对专业投入也减少。该阶段的另一个主题是与学生的关系更加疏远,教师对学生行为和作业更加严格。

当教师在50~60岁时,部分教师在经历了平静期后变得较为保守,这可能是自我怀疑的进一步发展,也可能是改革失败的结果。多数教师会抱怨学生变得纪律性更差、缺少动机,抱怨公众对教育的消极态度,抱怨年轻教师不够认真、投入。

5. 退休期(disengagement)

这一阶段是教师入职后的34~40年。其他专业人员在这一时期可能会逐渐退缩,为退休做准备,而教师迫于社会压力,其专业行为没有太大改变,只是更加关注自己喜欢的班级、做喜欢做的工作。

休伯曼对教师职业生涯阶段理论的一个突出的特点是,探索了教师职业周期中每一个时期的发展主题,并依照每一位教师对各阶段主题的解决程度的不同,又区分出不同的发展路线,与此前的教师职业周期路线相比,其研究具有一定的独创之处。

五、教师职业生涯阶段论的共性与不足

以上学者都是在人的生命周期的框架下对教师职业成长过程进行描述,在借鉴前人的理论的基础上建构、发展自己的理论。因此,不同的职业生涯发展阶段理论必然会呈现出共同的特点。与此同时,也应该看见教师职业生涯发展阶段理论中仍有待进一步探讨与完善之处。

(一)教师职业生涯发展阶段理论的共性

1. 不断完善的教师职业发展阶段理论

前述学者将教师职业生涯阶段放在教师职业生涯过程进行研究,在前人的基础上不断超越,其研究范畴也不断扩展,同时又能彰显各自研究的特色。例如,费斯勒的极具动态性和灵活性研究,昭示着教师职业生涯的发展是一个动态的过程,同时也需要关注影响教师职业发展的个人因素和环境因素。司德菲的研究突破了费斯勒教师职业生涯发展模式只能循环往复的局限,提议需要对处于特殊阶段的教师给予合适的帮助和支持,以便帮助他们走出困境。休伯曼的研究一改以往的研究方法,采用实证研究的方法,实现了研究方法的创新,相比较其他学者的研究,更深入地划分了教师职业生涯发展阶段。

2. 职业生涯发展阶段理论所涉及内容具有差异性

前述职业生涯发展阶段所涉及内容的差异主要表现在两个方面:第一,是否将"职前教育阶段"纳入教师职业发展阶段。费斯勒的职业生涯发展阶段理论将职前教育阶段作为教师职业生涯发展的一个阶段进行讨论,但伯顿、司德菲、休伯曼并未涉及职前教育阶段。第二,教师进入每一阶段的时间划分。如伯顿、休伯曼两位学者对于教师每一阶段所处的时间段做出了清楚的划分,但费斯勒和司德菲并没有进行精确的时间划分。

(二)教师职业生涯发展阶段理论的不足

1. 对教师的日常生活问题缺乏研究

这类研究多注重对教师人生发展的不同阶段所面临的问题和挑战及教师职业发展各阶段的特征,与教师的职业动机、职业志向和职业满意度等之间的联系的探讨。相对而言,对教师的日常生活作为其专业生活不可分割的一部分和基本背景,与教师专业观念、行为之间到底存在着什么样的联系,日常生活背景是通过何种途径进入教师专业领域的,其影响机制是

怎样的；专业生活又如何影响了教师对人生的思考、如何影响他作为一般人的生活的态度和质量等，缺乏深入的研究和讨论。

2. 对教师理想的发展情形缺乏关注

教师职业生涯发展阶段都偏向于对教师实际上所经历的发展情形或实际上所表现出来的发展情形的描述，而对教师理想的发展情形描述并未做出应有的关注。[1]理想的发展情形可以为教师每一阶段的发展提供参考，可以给予教师相应的帮助，进一步促进教师的专业发展。

第三节 教学专长阶段论

教师教学专长研究始于20世纪40年代，当时主要关注专家特长的探索，教育学界对其开展广泛研究大概在20世纪70年代及后。"教学专长"概念的提出，源于学者们对专家教师知识结构、认知机制以及专业地位提升等方面的好奇与社会诉求[2]。教学专长的理论研究主要包括教学专长的构成论、发展阶段论和评价理论。本节主要探讨教师教学专长形成过程中的发展阶段论。

一、富勒和鲍恩的教师教学专长发展三阶段论

20世纪70年代，富勒（Francis F. Fuller）和鲍恩（Oliver Bown）在美国《教师教育：全国教育研究会年鉴（74th）》(Teacher Education: The Seventy-fourth Yearbook of the National Society for the Study of Education)中，基于对处在不同发展阶段的教师所关注对象之不同的认识及教师学会教的经验（the experience of learning to teach）的描述，将教师教学专长的发展过程划分为以下三个阶段。[3,4]

1. 关注生存阶段（survival concerns）

该阶段的教师主要是师范生和新手教师。在此阶段，教师对自己生存和工作的适应性予以特别的关注，把大量的时间用于教学之外的事务（如处理人际关系、家庭关系等），教学专长的发展还十分有限。

2. 关注教学情境阶段（teaching situation concerns）

在此阶段，教师开始将他们的注意力转向学生的学习成绩，对自己的课堂教学内容和教学效果也给予特别的关注，教师的教学专长有所发展和提高。

3. 关注学生阶段（pupil concerns）

在此阶段，教师开始注意学生的个体差异以及如何在教学活动中根据这种差异因材施教。此阶段，教师教学专长得到了充分的发展。

富勒和鲍恩的教学专长阶段论的主要特点是，侧重于从经验的角度对教师教学专长的发展进行阶段划分，为职前和在职教师可能会面对的问题与挑战提供借鉴和参考。这一阶段论

---

[1] 饶从满，杨秀玉，邓涛.教师专业发展[M].长春：东北师范大学出版社，2005：63-65.
[2] 楚江亭.教师教学专长研究如何走出困境？——柯林斯与德雷弗斯专长研究比较及启示[J].北京师范大学学报（社会科学版），2020（3）：20.
[3] Francis F. Fuller, Oliver Bown. Becoming a Teacher.In K. Ryan（ed.）.Teacher Education: The 74th Yearbook of the National Society for the Study of Education[M]. Chicago: University of Chicago Press, 1975：37-38.
[4] 张学民，申继亮.国外教师教学专长及发展理论述评[J].比较教育研究，2001（3）：1-5.

的提出，既为之后教师教学专长的发展阶段论的研究奠定了基础，也为人们更加科学地认识教师教学专长的发展阶段指明了方向。当然，由于这一阶段论并未对处在不同发展阶段的教师的教学专长作出具体的描述和说明，从而暴露了其理论建构上的模糊性，这种模糊性体现在其侧重经验描述而忽视了知识、技能等更能体现教师教学专长发展的构成要素的分析之上。

二、伯林纳的教师教学专长发展五阶段论

在教师教学专长发展阶段论中，具有举足轻重地位的理论成果当属伯林纳（David C. Berliner）的教师教学专长发展五阶段论。1988年，美国亚利桑那州立大学的伯林纳在对教师教学专长发展的研究中，受人工智能研究领域中"专家系统"的启发，在德雷福斯（S. Dreyfus & H. Dreyfus）职业专长发展五阶段理论的基础上，提出了教师教学专长发展五阶段论。伯林纳认为，教师教学专长的发展可以划分为新手（novice）教师、熟练新手（advanced beginner）教师、胜任（competent）型教师、业务精干（proficient）型教师和专家（expert）型教师五个阶段。伯林纳基于大量的定性与定量研究成果，对教师教学专长不同发展阶段的特征进行了详细的论述。[1]

1. 新手教师阶段（novice stage）

新手教师是经过系统的师范教育与学习，刚刚从事教学工作的教师。新手教师教学专长的特征主要表现在三个方面：①新手教师是理性化的，在分析和思考的基础上处理问题。②新手教师处理问题缺乏灵活性。③新手教师处理问题时，刻板地依赖特定的原则、规范和计划。在这个阶段，他们需要了解与教学有关的一些实际情况和具体的教学情境，对于他们而言，经验积累比学习书本知识更为重要。

2. 熟练新手教师阶段（advanced beginner stage）

随着知识和经验的积累，经过2~3年，新手教师逐渐发展成为熟练新手教师，其特征主要表现在如下四个方面：①实践经验与书本知识逐渐整合，并逐步掌握了教学过程中的内在联系。②教学方法和教学策略方面的知识与经验有所提高，处理问题表现出一定的灵活性。③经验对教学行为的指导作用提高，但还不能很好地区分教学情境中的重要信息和无关信息。④对自己的教学行为还缺乏一定的责任感。

3. 胜任型教师阶段（competent stage）

大部分熟练新手教师经过教学实践和职业培训，经过3~4年，成为胜任型教师，这是教师教学专长发展的基本目标。胜任型教师具有如下四个特征：①他们的教学行为有明确的目的性。②能够区分出教学情境中的重要信息，并选择有效的方法或手段达到教学目标。③他们对自己的行为结果表现出更多的责任心，对于成功和失败表现出强烈的情绪情感反应。④胜任阶段教师的教学行为还没有达到快捷性、流畅性、灵活性的程度。

4. 业务精干型教师阶段（proficient stage）

此后，大约需要5年知识和经验的积累，有相当部分的胜任型教师成为业务精干型教师。该阶段教师的最突出特征表现为如下三个方面：①具有较强的直觉判断能力。由于在长期的教学实践中积累了丰富的经验，他们对教学中出现的与以往教学情境类似的情况能直觉地观察与判断，并做出相应的反应。②教学技能方面接近了认知自动化的水平。在教学活动中，业务精干型教师无需太多的意识努力便能对教学情境做出准确判断和有效处理，尽管如此，

---

[1] 张学民，申继亮. 国外教师教学专长及发展理论述评 [J]. 比较教育研究，2001（3）：1-5.

仍未达到完全的认知自动化水平。③业务精干型教师的教学行为已经达到了快捷、流畅和灵活的程度，这是他们在教学实践中积累了丰富知识和经验的结果。

5. 专家型教师阶段（expert stage）

从新手教师到胜任型教师阶段，教师处理问题都是理性化的，业务精干型教师则是直觉型的，而专家型教师处理问题则是非理性的（arational）。专家型教师对教学情境的观察与判断是直觉性的，不需要进行仔细的分析和思考，凭借他们的经验便能准确地发现问题，并采取适当的解决方法。他们对教学情境中的问题的解决不仅达到了快捷性、流畅性和灵活性的程度，而且已经达到了完全自动化的水平，在没有意外发生的情况下，不需要有意识的努力就可以处理遇到的各种教学问题。在一般情况下，他们很少表现出反省思维，一旦问题的结果与预期不一致，他们才会对问题进行反思和分析。在教学专长发展的过程中，只有业务精干型教师中的一部分发展成为专家型教师。

伯林纳的教学专长五阶段论清晰地划分了教学专长发展的各个阶段，并详细地论述了各阶段的特点和下一阶段可能的发展趋势，对教师教育具有重要的理论和实践价值。该阶段论分析了教师处在各个不同发展阶段上的知识和经验水平，可以较好地指导在职教师认清自己当前教学专长发展过程中可能存在的问题，以及要实现顺利进入下一阶段的目标所要达到的条件，在新手教师培训、教师知识与经验的整合和专家型教师的培养等方面有重要的指导意义和参考价值。其不足之处是，既未能对各个阶段教师的知识和经验的构成进行深层次的探讨，也未能就教师在教学专长的效率以及教师自身的洞察力方面做深入的分析。

三、舒尔的教师教学专长发展三阶段论

1990年，舒尔（Thomas J. Shuell）在《有意义学习的阶段论》（*Phases of Meaningful Learning*）一文中，从知识、经验和技能获得过程的角度，将教师教学专长的发展划分为三个阶段。[1,2]

1. 初始阶段（initial phase）

该阶段教师主要是熟悉所从事的学科教学活动，在教学过程中可能会经常犯一些小错误，缺乏实际教学经验。该阶段也就是伯林纳理论中的新手阶段。

2. 中间阶段（intermediate phase）

此阶段是教师学习的知识、教学经验和技能不断巩固和认知自动化过程发展阶段，主要表现为知识、经验与技能的不断整合，教师的教学效率有所提高。该阶段相当于伯林纳提出的熟练新手和胜任型教师阶段。

3. 高水平阶段（terminal phase）

教师个体的职业专长得到了充分的发展，积累了丰富的知识和经验，认知自动化过程得到了充分的发展。该阶段相当于伯林纳提出的业务精干型教师和专家型教师阶段。

舒尔的教学专长阶段论是从认知心理学技能获得的角度展开的，虽然在理论构成上相当于是伯林纳五阶段论的缩略版，但也是对伯林纳理论的一种发展。舒尔划分的依据更多地考虑了认知技能发展阶段理论对教师教学行为的影响，并从认知的角度对教师教学专长的形成与发展进行了科学的探讨与论证，对教学专长的形成和发展具有深远意义。该阶段论认为，

---

[1] Thomas J. Shuell. Phases of Meaningful Learning[J]. Review of Educational Research，1990，60（4）：541-543.
[2] 张学民，申继亮. 国外教师教学专长及发展理论述评[J]. 比较教育研究，2001（3）：1-5.

教学专长的发展是通过教师知识、经验与技能的发展，并最终实现认知自动化的过程。此阶段论存在的不足是，对教师在专长发展中的效率问题以及教师的洞察力问题缺乏深入的探讨，未能实现对教师教学专长发展的深度认识。

四、格拉泽的教师教学专长发展三阶段论

20世纪90年代，在对教学专长的实质或构成有较多研究后，研究者们将目光投向了教学专长获得方面。格拉泽（R. Glaser）在总结前人对专长获得之研究的基础上，提出了教学专长获得方式的专业发展阶段观。他将教师教学专长的发展分为三个阶段。[1]

1. 外在支持阶段（external supported stage）

该阶段主要指刚入职的新教师。初入职，新教师面临着诸多教学实践问题，因此在该阶段，他们初步地学习教学技能。影响新教师技能获得的因素有个人的参与意识、兴趣，此外，还有父母、指导教师、其他有影响的教师等环境因素，据此，学校应为新教师提供一个支架式的支持（scaffolding），如学习共同体。

2. 转变阶段（transitional stage）

该阶段指教龄为2~3年的教师。这些教师的特点是自我监控技能与自我调节技能逐渐发展，教学技能越来越符合标准化。他们的任务也主要是掌握更多的、恰当的教学技能；因此，学校要逐渐减少对此阶段教师的支架支持，代之以师徒制，为他们提供更多的指导性建议。

3. 自我调节阶段（self-regulatory stage）

该阶段指专家教师。格拉泽认为，专家教师不仅掌握娴熟的教学技能，而且还拥有高度发展的自我监控技能和自我调节技能，他们能够进行自我学习，如自主控制学习环境、选择他们应接收的教学反馈、自行决定自己的发展目标。因此，在促进专家教师的发展方面，学校应更多地为他们创设着意练习（deliberate practice）的条件。

与前面三种阶段论不同的是，格拉泽在分析了处在各发展阶段教师在教学专业知识、经验与技能之差异的同时，关注到教师教学专长的获得，并且在总结各阶段的知识、经验和技能等方面特点的基础之上，提出了不同的发展任务，较好地指明了处在不同阶段教师的培养方式。由于深受维果斯基观点的影响，格拉泽认为，教师的发展是一个从所处社会环境的外围逐渐深入到核心的过程，教师在这一过程中应当得到不同的环境支持，即教师的发展实际上经历了支持性学习—指导性学习——自我强化学习三个阶段。[1]

五、亚历山大的教师教学专长发展三阶段论

进入21世纪后，专注于教学专长的部分研究者对专长获得研究提出了挑战：①他们认为实验情境中的专长获得研究往往是失真的，因为个体所处的学习环境本身实际上是一个复杂的社会环境。②已有的专长获得研究无法很好地回答"具有相同工作经历的个体，有的能成为专家，而大多数却不能成为专家"这个问题。这些研究者认为，以往的专长获得研究往往将个体视作一个认知机器，而忽视了其是一个复杂构成的事实，因为人的兴趣、动机和情感等因素同样深刻地影响着个体自身的学习。质疑者纷纷提出了基于真实环境的专长获得的理论和模型，其中具有重要影响力的当属亚历山大（Patricia A. Alexander）的MDL模型（the

---

[1] 杨翠蓉. 教师专业发展：专长的视野[M]. 北京：教育科学出版社，2009：44-45.

Model of Domain Learning）。MDL模型包括三大主要成分和三个阶段。三大主要成分分别是专业知识、加工策略和兴趣。专业知识包括领域知识（domain knowledge）和主题知识（topic knowledge）；加工策略包括表层策略（surface-level strategies）和深度加工策略（deep processing strategies）；兴趣包括个人兴趣（individual interest）和情境兴趣（situational interest）。这三大成分彼此相互作用，共同影响着人们的学习，但是在不同的发展阶段，三者的相互作用又是不一样的。根据三者的相互作用，亚历山大把教学专长的发展过程分为三个阶段。[1]

1. 适应阶段（acclimation stage）

该阶段主要指新教师，是专长发展的最初阶段。新教师有着支离破碎的学科知识、教学知识，他们只能运用表层加工策略，如模仿，解决教学中存在的问题。为了促进新教师的发展，情境兴趣在这一阶段是非常重要的，相反，个人兴趣无能为力。

2. 胜任阶段（competence stage）

该阶段主要指胜任型教师，是专长的转变阶段。在这一阶段，教师的知识不仅表现出拥有更多的领域知识，而且有着更为紧凑的、更多联系性的主题知识。随着对本领域的熟悉，这一阶段的教师不仅运用表层加工策略，还运用深层加工策略解决教学问题。在这一阶段的教师发展上，情境兴趣的影响逐渐减弱，而个人兴趣的影响逐渐增强。

3. 专长阶段（proficient/expertise stage）

亚历山大认为，在前两阶段，任何一个影响因素都能促进教师的发展，但是在专长阶段，必须这三种因素协同作用，共同促进专长的发展。在此阶段，教师不仅有着渊博的教学领域知识、深厚的教学主题知识，而且还能够提出新的知识。为提出新知识，专家教师往往运用深层加工策略积极地从事问题发现，思考教学中存在的各种问题。此阶段，个人兴趣对专家教师在教学领域内的探究产生重大影响，而不再是情境兴趣。

兴趣在亚历山大的MDL模型中扮演了重要的角色，也正因为如此，亚历山大认为绝大多数教师只能达到胜任阶段的原因是兴趣的不足，唯有少数兴趣充分的教师可以达到专长阶段最终成为专家型教师。重视非认知因素在教师专长获得研究的地位是亚历山大对教师教学专长发展研究的一大贡献，但同时他又忽视了外部环境对教师专长发展的作用。他仅在适应阶段提到了学校对于教师专长发展的重要性，到了胜任阶段和专长阶段教师的兴趣则成为其阶段论的重心，学校沦为了教师兴趣产生的环境而已，这必然导致学校在教师教学专长形成过程中地位的下降。

六、教师教学专长发展阶段论的共性与不足

上述五种阶段论分别基于教师教学专长研究的时间演化和空间推进而展开，通过借鉴和吸收已有的理论成果并融入学者们自身创见的基础上建构而成，总体而言，具有如下两方面的共性。同时，教师教学专长发展阶段研究仍有深化的空间。

（一）教师教学专长发展阶段论的共性

1. 不断丰富和完善的教师教学专长发展阶段论

教师的教学专长是教师职业生涯中最能体现教师职业特殊性和专业性的一种表征，上述五种教师教学专长阶段论也印证了这一点。上述学者从教师职业生涯发展过程中开展教师教

---

[1] 杨翠蓉. 教师专业发展：专长的视野[M]. 北京：教育科学出版社，2009：46.

学专长发展的研究，且在已有研究基础不断推进和深化。例如，富勒等在探讨教师关注发展阶段论的同时，依据教师职业发展过程中经验的变化和关注对象的转变，巧妙地将教师教学专长定格为经验性知识的增长。伯林纳则吸纳了人工智能领域的研究成果，细化了教师教学专长的发展阶段，具体描述了各发展阶段过程中教师相关知识的变化。格拉泽在众学者对教学专长的实质达成共识的基础上，将研究目光投向了教师教学专长获得方式上，这可以视作富勒等关注性质的教师教学专长阶段论在20世纪末的重要发展。亚历山大则将研究的方向进一步具体化为教师对教学的兴趣，一种随着教师教学专长方面知识的增加而不断发展的内在动力。通过对上述教师教学专长发展阶段论的分析，可以看出教师教学专长发展阶段的划分处在不断进步和超越之中，同时也为关注教师教学专长发展的人们提供了新的思考和丰富的视域。

2. 教师教学专长发展阶段论的研究都关注教师知识

富勒等关注的是教师教学专长知识中外显的实践性知识或经验性知识，伯林纳对教师教学专长的教师知识的研究是这五种阶段论中相对较为透彻的，在其研究中，教师教学专长研究几乎涵盖了教师知识中的内容知识、教学法知识和实践性知识。舒尔的阶段论相当于伯林纳阶段论的缩略版，可视为继承了伯林纳对教学专长关于教师知识内涵的延续。格拉泽的研究重点是教学专长的获取方式，主要聚焦于教师的教学法知识和实践性知识，相对忽视了教师的学科知识。亚历山大的阶段论同时关注了教师的学科知识和教学法知识。

（二）教师教学专长发展阶段论的不足

1. 教师教学专长发展阶段划分需要进一步完善

前述教师教学专长发展阶段论是已有研究中较有代表性的五种论点，尽管这些论点为理解教师教学专长发展提供了不同的思考框架，但也不难发现，这五种论点存在着阶段划分的不足。比如，在这五种阶段中影响最大的伯林纳的五阶段，虽然看起来该理论在阶段划分上比较充实，但是，查阅其参照的原始理论不难发现，这种五阶段的划分省略了存在于专家阶段之上的大师阶段和实践智慧阶段，而这两个阶段可能是突破新手——专家这一基本模式的立足点。对此，有学者在讨论教师教学专长研究当前所面临的困境时，重新引入了人工智能领域德雷弗斯的"技能获取模型"，德雷弗斯认为，这个模型的适用范围是普遍的，其目的是根据涉及熟练操作的所有领域的使用说明书，对成年人如何获得某种技能提供一种现象学的解释，不管是智力型的熟练操作，抑或是运动型的熟练操作。[1] 技能获取模型的七个阶段分别为新手阶段、高级初学者阶段、胜任阶段、熟练阶段、专家阶段、大师阶段和实践智慧阶段。[2]

2. 教师教学专长发展阶段的研究缺少整合

从前述的阶段论看，学者们基本上基于各自的理论假设和关注点开展教师教学专长发展阶段的研究，很少考虑彼此之间的整合。为此，有学者指出，"有必要对各种争议进行澄清，并寻找各种观点的融合之路，以便促进该领域研究的聚焦和理论的深化。教学专长的研究，需要以更包容的态度来对教学专长进行基本假设与研究范式、专长概念、实践表现特征以及

---

[1] H. Dreyfus, S. Dreyfus. Mind over Machine: The Power of Human Intuition and Expertise in the Era of the Computer[M]. New York: Free Press, 1986: 2-6.

[2] 楚江亭. 教师教学专长研究如何走出困境？——柯林斯与德雷弗斯专长研究比较及启示[J]. 北京师范大学学报（社会科学版），2020（3）：19-28.

操作策略四方面的整合。"[1]

【思考与练习】

1. 比较分析三类教师专业成长阶段理论。
2. 根据自身特点设计一个适合自己的教师专业成长方案。
3. 任选一个中小学教师，设计一个教师专业成长方案。
4. 任选一个教师专业成长阶段理论进行评析。

【深入阅读】

[1] 叶澜，白益民，王玥，等. 教师角色与教师发展新探[M]. 北京：教育科学出版社，2001.

[2] Ralph Fessler, Judith C. Christensen. 教师职业生涯周期：教师专业发展指导[M]. 董丽敏，高耀明，等译. 北京：中国轻工业出版社，2005.

[3] 杨翠蓉. 教师专业发展：专长的视野[M]. 北京：教育科学出版社，2009.

[4] 楚江亭. 教师教学专长研究如何走出困境？——柯林斯与德雷弗斯专长研究比较及启示[J]. 北京师范大学学报（社会科学版），2020（3）.

[5] Paul F. Conway. The journey inward and outward: a re-examination of Fuller's concerns-based model of teacher development[J]. Teaching and Teacher Education, 2003, 19（5）.

---

[1] 蔡永红，申晓月. 教师的教学专长——研究缘起、争议与整合[J]. 北京师范大学学报（社会科学版），2014（2）：20-23.

下篇

实践篇

第五章 基于"教历"的教师专业成长

【学习目标】
★ 了解教历的构成、特点与功能。
★ 熟悉教历研究的基本程序,并能运用于某一学科。
★ 明确教历研究中的主讲教师与合作教育的工作职责,并能运用于实践。
★ 了解教历研究的前提条件,并能善加利用进而促进教师专业成长。

医生看病有病历,病历是对医生诊断过程的一个记录。病历有两种功能,一是对病员治疗过程的描述;二是作为科学研究的文本。同样,教师教学也应有一个教历,教历是对教师教学过程的一个记录。既可以作为教师本人对教学反思的材料,也可以作为教学研究的文本。教历研究是教师发展的一种现实而有效的途径,可以在不增加或少量增加教师工作量的前提下实现教师专业发展。本章从教历研究的概念入手,分析其特征,进而讨论教历研究的内容与具体的操作程序,最后提出教历研究的三个实现条件。

第一节 概念界定

在教历研究中，教师所进行的研究是对教师自己的教育教学实践活动进行反思与探究，因此是一种自我研究、实践研究和反思研究。从教案分析走向教历研究，不仅是一种教育理论的改变，更是教师专业发展的现实选择。

一、教历与教历研究

教案是课堂教学的活动方案，是教师以课时为单位编写的教学实施方案，是课堂活动的重要依据，也是教学有条不紊地开展的必要保障。事实上，教案的价值不应该仅仅在于它是课堂教学的准备，教案作为教师思想轨迹的记录，是教师认识自己教学实践从而认识自己的重要资料。如果能够记录教师在实际课堂教学中对原有教案的变更、遇到的突发事件及处理情况、自己通过施教所获感悟等，则能成为教师总结与积累经验、发现问题的凭依。

教历是指教师教学的经历或历程，是在教案基础上发展起来的更全面、更真实记录教师教学行踪的一种研究教学、总结经验、提升理论的动态生成材料。具体而言，教历由课前计划、过程描述、课后反思三部分组成。教历研究就是教师通过对个人资料的收集，对自己思想轨迹的记录，来认识自己、认识自己的教学实践，并对自身实践进行有意识地、系统地、持续不断地探究反思，并在反思的基础上提高自己的实践能力以改进教学实践的过程。它的目的不是为了某种固定的"理论"成果，而在于在教师现有的教学基础上提高教学效率，为提高教师专业发展水平创造可能。

教历研究要求教师对自己从事的教学工作进行关注和反思，使中小学教师作为研究人员参与研究完全成为可能。在教学之前，教师对自己的教学计划进行思考；在教学之中，尽量体察实践活动背景以及有关现象的种种变化，通过实践检验理论、方案、计划的有效性和现实性；在教学之后，要求教师对自己的教学实践积极反思，参与研究，将实践与研究融为一体。因此，教历研究是建立在教师教学实践的基础上，运用教育教学理论，认识自己的教学行为并进行调整，再将其应用到实践中，如此循环往复地进行的一种教师专业发展路径。

二、教历研究的特征

教历研究是教师对教师自己的教育教学活动进行系统的反思与探究，具有三大特征。

（一）教历研究是自我研究

教历研究要求教师自身运用自己所拥有的知识对自己的教学实践中的问题（自身的实践经验）进行多层次、多角度、多学科的分析，以便对自己的实践有一个理论上的理解或解释，并发现其中的长处与不足，为以后的教学工作的改进做好准备。研究的时间是原有的教学时间，研究的对象是教师自身的工作现实，研究的过程就是教师的工作过程，即在教学过程中发现问题与解决问题。

（二）教历研究是实践研究

教历研究的环境就是教师工作的实际环境，一线教师对实际问题具有局外人——专业研究者——难以替代的认知与理解。一线教师的研究是对自身教育行为的有效性、合理性的探究并不断加以改进的过程。一线教师的研究，重要的不是坐而论道，而是起而行之，在教育活动中研究教育。作为教育过程的当事人，研究应与行动融为一体，而不是置身于教育过程之外。教历研究建立在对教师自身的实践基础上，特别是借助教育理论启发下的教学案例解读，从而逐渐获得富有个性的实践性知识。当教师从研究中发现更为有效的教学策略，就可以娴熟地解决教学上的种种难题，减少不必要的无效劳动，进而产生良好的教学效果。

（三）教历研究是反思研究

反思是立足于自我之外的批判地考察自己行动及情境的活动。从某种意义上说，教师在实践过程中形成的并起作用的实践性知识，具有同研究者所提供的理论知识相对的性质。而这种实践性知识乃是教师所固有的实践性话语与思维方式的产物。教师的反思能力决定着其在工作中开展研究的能力。在教历研究中，"反思"的现实意义是让教师理解对自己的教学实践存在内在关联的各种要素的含义，从而使自己的实践具有一种"理性"的特征，这是一种始自现实的"反思"。这意味着，教师的研究工作没有一个凝固的"成果"，而必将是一个不间断的持续的过程，其目的在于"实践改进"。也就是说，教师以自己的实践过程为思考对象，来对自己所做出的行动、决策以及由此产生的结果进行审视和分析。它是一种通过提高参与者的自我觉察水平来促进能力发展的途径，有助于教师向专家型发展。

三、教历研究的功能

与传统教案与教案分析相比，教历及教历研究具有下述四种功能。

（一）从"单一化"走向"多样化"

教学本身是一个充满个性色彩的活动，每个教师呈现的课堂都是唯一而不可复制的，因而教案设计与教学活动不应该程式化、工艺化。世上没有完全相同的学生，世上也没有完全相同的教师。教历研究凝聚着教师对教学的理解和感悟，体现出教师的创造力。不同的教师在教学中，每节课的具体情况和经历的过程都是不相同的，每一次都是不可重复的、丰富而具体的。于是在教历中，有自己精心设计的个人简介，有本学期的教学计划、教材分析、教学进度，有本班的学生情况分析和"捣蛋鬼"档案，有自己收集的教学名言、格言警句，有课堂里鼓励性语言范例、教学经验荟萃，有下载的名人授课实录，还有和教学相关的资料，有根据自己的喜好在教案中点缀一些花草鱼虫等，还有和教学内容相符的构图，教师的作品、学生的作文等，一切是教师个人自己所特别拥有的东西。于是，便有了读书笔记，有了教学反思，有了教学日记，有了教学资料，所有这一切就组成了教历。在写教历时，笔端会流淌出自己对教学、人生的许多思考，他们感觉做教师辛苦着也快乐着。在辛苦与快乐中发展着自我的专业情意，这是对传统教案的超越。

（二）从"单向传递"走向"多向沟通"

教案非常重视教师"教"的构思，有些教师备课只认教参，成为教参的"虔诚的崇拜者""忠实的执行者"。他们依据教参制定教学目标，定位教学重点难点，构思教学方法，设计教学流程。教案往往是线形的，教程细繁，掩盖矛盾，没有随机诱导、弹性处理的机制。教案所描述的只是从师到生的单一流向，没有师生、生生的多向沟通；所记录的流程仅仅是教师的意愿与设想，没有学生的选择、理解、质疑，只有被动地接受，不可能有主动发展地记录，是一种教师的单边作用。

教历，不仅体现教师与教参之间的单向沟通，预设学生与教师之间可能的交流，而且记录下了教学活动的过程，或是精彩的片段，或是疑惑的地方，抑或是失败之处；同时还全程记录教师自我的反思，教师与教师的合作反思以及教师与专家的交流反思等。人不是单一因果关系的对象，而是自己综合意识的对象。[1]通过这样的"多向沟通"，教师将实现自己教学上的一个飞跃。

（三）从"专业个人主义"走向"合作共同体"

教师职业的一个重大特点是"专业个人主义"（professional individualism）。在一般情况下，教师的工作具有"个体户"的性质，在日常教学活动中，教师要靠自己一个人的智慧去处理课堂教学中产生的所有问题而不太可能有他人的援助，而且教师的课堂教学活动往往是"自给自足"的，"孤单/孤立"是大多数的日常教学工作状态。教师们已经习惯了这样的生活模式，长期的"孤立"和教师们之间的相互隔离，使教师们缺乏合作的愿望，也不愿意将自己的实践智慧与他人分享。

在教历研究中，教师们通过与其他教师研讨交流来反思自己的教学行为，可以使自己清楚地意识到隐藏在教学行为背后的教学理念，进而提高自己教学监控能力。反思是一种依赖群体支持的集体性活动，在教师与教师合作的共同体中，可以更好地发挥集体的力量，教师个体一方面向集体贡献自己的资源；另一方面也可以获得更多的"他山之石"。教师与教学专家的交流中，也将会受益匪浅。教学专家拥有深厚的理论知识，他们通常站在理论的高度为教师指点迷津；教师又将教学专家的理论付诸实践，从中也不断地对教学专家的理论进行检验。

（四）从"教学和研究分离"走向"在教学中研究"

很长时间以来，在教育研究发展史上教育研究者和教育实践者是分离的。前者的任务是"发展理论，追求科学理想"；后者的任务是"践行实践，追求职业理想"，往往是研究者的研究对象。从而出现了教育实践需要理论的指导，但教育理论却指导不了教育实践的可悲现实。而"教历研究"实现了教师"在教学中研究""对教学进行研究""为了教学的研究"，从而实现了教师从"授受型"向"研究型"的转变。

在教历研究中，教学和研究是共生互补的。教历研究的环境就是教师工作之中的实际环境，教师的研究是对自身教育行动的有效性、合理性的探究并不断加以改进。教历研究促使教师积极反思，参与研究，将行动与研究融为一体，从事研究的人员就是要应用研究结果的人，研究结果的应用者也是研究结果的产出者。因为教师是从事具体教育、教学工作的，最了解需要解决的教育、教学问题，对实际工作中面临的困境或疑惑有最深切的感受，进行合理、科学和有效的教育、教学以提高教育质量的愿望最为强烈。他们的工作性质和特点最适合他们在从事实际工作的过程中，将行动（教育教学的实践工作）与研究（探寻解决问题的方法）结合起来，发现并解决日常教育、教学实践中出现的问题，使实践工作逐步接近合理、科学、有效的目标。

第二节　案例诠释

教历的全过程记录是一种成功经验、失败教训与自我反思的集结，它涵盖的内容相当丰富，可以是自己的成长经历、研究经历、教学经历，也可以是对研究过程的所见所闻、对教

---

[1] 张楚廷. 新世纪：教育与人[J]. 高等教育研究，2001，22（1）：6.

育问题所思所想、对研究某个领域的所感所悟；还可以通过记录的文本，"讲述"教师自己在教育教学研究中遇到的教育问题，怎样解决这些问题，为什么这样解决教育问题，现在有什么教育信仰或教育信条等。下面是一份教历研究的全程记录。[1]

一、教案1："福楼拜家的星期天"——原始的教学设计

【教学目标】
①培养学生自主阅读的能力。
②抓住关键词语厘清全文脉络。
③学习本文抓住特征运用语言、行动、外貌描写，刻画人物性格的写法。
④了解在叙述描写中插入抒情、议论的写法。

【教学重点】
学习运用语言、行动、外貌描写到刻画人物性格的写法。

【教学思路】
全文教学围绕"整体感知—品读欣赏—拓展延伸"的顺序展开。教师以问题为中心组织学生深入探究作者是怎样抓住每个人的特点，并把特点描述出来的；也可以适当补充介绍文中提到的著名的作家及其代表作，鼓励学生课外阅读，以拓展学生的文学常识。同时把这课的学习与作文训练结合起来，真正达成"语文学习的目的在于运用"这个大目标。

【课前准备】
①查字典、看注释、熟读课文。②生字、生词读一读，写一写。③查找福楼拜、屠格涅夫、都德、左拉、莫泊桑的有关资料。

【课时安排】
1课时。

【教学步骤】
1. 故事导入

莫泊桑是福楼拜的学生。自从拜师后，他每逢星期日就带着新习作，从巴黎长途奔波到鲁昂近郊的福楼拜的住处去，聆听他的点评。有一次，莫泊桑看到福楼拜桌上放着一叠文稿，翻开一看，只见每页上都只写了一行，其余是空白。莫泊桑不解地问："先生，您这样写，不是太浪费稿纸了吗？"福楼拜笑了笑，说："亲爱的，我早已养成这种习惯，一张10行的稿纸，只写第一行，其他9行是留着修改用的。"莫泊桑听了，恍然大悟，于是立即告辞，回家修改自己的小说去了。

听了这个故事，你是否跟我一样被福楼拜的精神所打动呢？俗话说"名师出高徒"，今天让我们一起走近莫泊桑，来领略一下他的文采吧。看看他是怎样精彩逼真地记录四位大作家的。（板书课题与作者）

2. 资料分享

由学生根据已查资料来介绍福楼拜、屠格涅夫、左拉、都德四位大作家。

3. 整体感知课文

①听老师范读课文，思考本文写什么？运用什么方法来引出栩栩如生的人物形象？

---
[1] 该案例由浙江省瑞安市飞云镇中学提供，该校是笔者项目合作研究的基地之一。

②默读课文，找出你认为写得好的词或句子。

4. 品读欣赏

（1）人物肖像描写

①激趣——出示四幅人物画像，不指名道姓，让学生猜猜看，并说出依据（对照课文边读、边找、边议）。

②激疑——同样是肖像描写，所花的笔墨却不尽相同，"厚此薄彼"，这是为什么呢？你能区分开来吗？

讨论明确：最详的是左拉，其次是都德，因为人物描写方法是为表现人物性格特点而服务的。人物描写要抓住人物特征来写，不是描写得越具体越好，而应做到以形传神。

（2）人物语言动作描写

①福楼拜家每到星期天从中午一点到下午七点一直都有客人来，以至于使新来的人只好到餐厅里去，是什么原因吸引着众多客人前往呢？（找出原句读一读，说出哪些词语用得好。）

学生同桌或四人小组展开讨论。全班讨论明确：

● **人物性格**：好客——"一……就……""总是亲自去开门""他分别送到前庭，单独讲一会话，紧紧握住对方的手，再热情地大笑着用手拍打几下对方的肩头……"；博学睿智——"他可以用一句很明了得很深刻的话结束一场辩论""……就像两块同样的石头碰到一起一样，一束启蒙的火花，从他的话语里迸发出来。"；热情奔放——"做着大幅度的动作，从这个人面前一步跨到那个人面前，带动得他的衣裤鼓起来，像一条渔船上的风帆。""他时而……时而……有时……有时……"。

● **语言特色**：概括性很强的整句。如"他时而……时而……有时……有时……"。有的比喻生动传神。如"……像一条渔船上的风帆""像两块同样的石头碰到一起一样，一束启蒙的火花，从他的话语里迸发出来"。

②中国有句俗话，叫"物以类聚，人以群分"，你们想知道左拉等人的个性特点吗？一起来找找看。注意，你们可以通过比较，找出这三位作家的不同点。要比较就要找到比较点，比如外貌、语言、行动等。比较、讨论、明确：屠格涅夫——怀有狂热的理想，醉心于文学事业，博学多识；都德——生性活跃、健谈、厌恶腐朽的生活方式；左拉——温和、寡言、坚毅、聪慧。

③描写中穿插抒情和议论

问：在这一群逼真的人物描写中，有客观的描写，也有作者主观的渗透，你能发现吗？

讨论、明确。

④小结：请学生自我小结，想想读了这篇文章，在人物描写方面有什么收获，侧重总结一条（大声地自由地朗读精彩语句）。

5. 拓展延伸

①写一段话，写出你周围最关心的人的语言、行动、外貌（除客观描写外，加上自己的主观感受）。

②学生点评（学生之间个性比较了解，因此学生是最好的评委）。

6. 课后反思

①教学内容作了哪些调整？为什么调整？

②调整的效果如何？同时分析产生这种效果的原因。

③对此后教学设计的启发。
7. 作业
①摘抄精彩语句，读一读，记一记。
②从网上下载莫泊桑在线作品一篇或课外阅读五位作家中任何一位的作品。（设计者：张薇）

二、记录1：如果我来设计——参与式分析记录

《福楼拜家的星期天》这篇文章和前面三篇的不同之处在于：前三篇描写的是单个的人物，这一篇描写的是人物群像。作者莫泊桑用细腻的笔触描写了四位作家的形象。作者善于抓住四位作家在肖像和性格上的特点，各有侧重地描写他们的肖像、行动和语言。哪个作家在哪一方面最有特点，就着重写哪一方面。因此教学中引导学生体会这种抓住了人物突出特点刻画人物的方法是关键。

1. **备课过程的感想**

（1）精选导语

我曾考虑过三种导入方式：①同学们，你们认识19世纪欧洲的几大文豪吗？今天老师带你去福楼拜家走一走，去结识一下他家的客人吧。②同学们，你们喜欢去做客吗？今天老师带你们去福楼拜家瞧一瞧，看看他的星期天是怎么过的。③介绍福楼拜导入。以上三种方式各有各的用处，导入①可直接引入文中牵涉的四位主人公，开门见山，引出人物描写。导入②缩短学生与文本的距离，轻松、愉快，蕴含着生活气息。导入③可提升人物形象，氛围严谨。但考虑再三，总觉失之偏颇，要么过于松散，要么过于严肃，偶然间的一个简短名人故事，于是怦然心动，觉得拿它作导语是再合适不过了，既可增添趣味性又不失庄重严谨，同时为学生理解福楼拜与莫泊桑的师生之情打下感情基调。

（2）"资料读演"的取舍

曾经也考虑过这一环节的费时，但新教材教学是非常重视学生的资料搜集能力、自主学习能力的，因此为了突出新课程的特点，还是保留了这个环节。

（3）教学环节的设计

"品读欣赏"这个环节，是教学成败的关键，为了突破难点，体现新课程的特点，设计问题力求少而精，化难为易，如"描写中穿插抒情和议论"，单从表达方式上来提问会显得呆板又难以理解，因此我想，不如换作："客观的描写中也有作者主观的渗透"，把抒情议论合并在一块效果应该会好些。"课堂小结"也改变常规，请学生自我小结，检查一下学生实际掌握情况，又突出学生学习的主动性。"拓展延伸"部分原来的设计是投影莫泊桑的画像，请大家为这位可敬的作家作个描绘，除客观描写外，加上自己的主观感受，但考虑到万一学生对莫泊桑课前了解不多的话，就会给这个练习增加难度，因此舍去。

2. **对于教案1的若干修改意见**

优点：①"故事导入"这个环节设计好、新颖、合时。②"人物肖像描写"中"激趣"一步趣味性强。③"学生自我小结"这步设计新颖。

建议：①反思可不用，因为每节课后都需要反思的。②感知部分不要太理智，"本文写什么"可改为"找出你喜欢的句子，读一读"，一开始要运用求异思维，注重学生体验性的阅读，不要一开始就求同，以免造成思维凝固。③"描写中穿插议论和抒情"，此环节是难

点，教师有必要点拨，可运用改写来突破难点。④"作业"可由老师自己网上下载一篇莫泊桑的作品。⑤"人物语言动作描写"这一环节几步思路不够清晰，几小步安排有点混乱，可都以之前的思路，再进一步比较动作、语言描写。

3. 我的思考

由于这教案还纯粹是书面文字，没有在实践中得到检验，再加上本人经验不足，一下子对自己的教案还不能看出所以然来。因此，经过与初一段同事们的讨论，尤其是两位组长的交流，发现存在不少的问题，如上所述的②③④⑤点，经过再三思考，决定作出纠正。例如第⑤点，事后想想的确觉得有些不够清晰。如："语言特色"的归纳放在此处，整个环节均被搞乱，不如放到最后放手让学生自己去品味，说说哪些词语句子用得好，好在哪里。"描写中穿插议论和抒情"，如果轻描淡写，以"客观描写中渗透主观描写"一言以蔽之的话，恐怕是高估了初一学生的理解能力，不如落到实处，加以传统的改写方式或其他举例说明，加以点拨。"作业"让学生上网下载这的确是理想化的，也许一小部分学生能完成，因此也宜改。至于第①点建议，我是这么认为的，反思是课后发给学生回去自我评价用的，让学生对自己一节课所学做到心中有数，以求改正或精益求精。对于老师来讲，也是一个不错的原始资料，及时了解自己的学生到底学得怎么样，自己教学中哪个方面还得精益求精，为日后的工作作良好的借鉴，如能积累的话，既是学生成长记录袋里的一项生动的内容，也可为自己今后在教育论文方面作数据积累。不过可不放进教案里面。

三、教案2："福楼拜家的星期天"——修改后的教学设计

【教学目标】

①自主阅读能力的养成。

②抓住关键词语厘清全文脉络。

③学习本文抓住特征运用语言、行动、外貌描写，刻画人物性格的写法。

④了解在叙述描写中插入抒情、议论的写法。

【教学重点】

学习运用语言、行动、外貌描写到刻画人物性格的写法。

【教学思路】

全文教学本着自主、合作、探究的精神，分四个步骤："整体感知—研读与探究—品味与赏析—拓展延伸"。扣住课文中的插图，让学生去辨认人物，在找找、读读、议议中完成人物教学。同时进行一次想象训练来填补书中的空白，来锻炼学生的想象能力，并用事实来检验想象的合理性，把作家与作家笔下的人物融合在一起，提升对人物的整体认识。通过再一次的品味与赏析，完成本课的词语教学，领会莫泊桑创作的非凡笔力，并学以致用，当堂进行写作训练，以便达成"语文学习的目的在于运用"这个大目标。

【学生课前准备】

①查字典、看注释、熟读课文。②生字、生词读一读，写一写。③分组查找福楼拜、屠格涅夫、都德、左拉、莫泊桑的有关资料。④预习练习一，完成表格。

【课时安排】

1课时。

【教学步骤】

1. 故事导入

莫泊桑是福楼拜的学生。自从拜师后，他每逢星期日就带着新习作，从巴黎长途奔波到鲁昂近郊的福楼拜的住处去，聆听他的点评。有一次，莫泊桑看到福楼拜桌上放着一叠文稿，翻开一看，只见每页上都只写了一行，其余是空白。莫泊桑不解地问："先生，您这样写，不是太浪费稿纸了吗？"福楼拜笑了笑，说："亲爱的，我早已养成这种习惯，一张10行的稿纸，只写第一行，其他9行是留着修改用的。"莫泊桑听了，恍然大悟，于是立即告辞，回家修改自己的小说去了。

听了这个故事，你是否跟我一样被福楼拜的精神所打动呢？俗话说，"名师出高徒"，今天让我们一起走近莫泊桑，来领略一下他的文采吧。看看他是怎样精彩逼真地记录四位大作家的（板书课题与作者）。

2. 资料读演，资源共享

学生展示课前收集的有关福楼拜、莫泊桑、左拉、屠格涅夫、都德这五位作家的相关资料，图文交老师用实物投影显示，资料可自行朗读或显示。

3. 整体感知

①听老师范读课文，注意字音。

②学生自由发言，漫谈阅读课文的感受。

③整理归纳，明确学习方向。

4. 研读与探究

（1）肖像、行动描写（人物投影）

同学们，你能辨认图中五个人分别是谁吗？请结合课文内容，猜猜看。

①默读课文，自我思考。

②小组讨论，交流意见。

③有争议的全班讨论。

老师小结：课文描写了19世纪欧洲几大文豪聚会福楼拜家的情景，将作者见的一些珍贵的历史"镜头"留给世人欣赏，作者抓住人物的主要特点，描写得细致精彩，显示了高超的观察力和写作能力。

（2）性格分析

"言为心声"，语言是思想的表现，在大师们的交谈中，你能看出他们各自的性格特征吗？

①跳读课文，筛选有关人物语言描写的句子。

②用几个短语来归纳性格特征。

投影显示：

福楼拜——热情奔放、容易激动、和蔼可亲、博学睿智。

屠格涅夫——怀有狂热的理想、醉心于文学事业、博学多识。

都德——生性活跃、健谈、厌恶腐朽的生活方式。

左拉——温和、寡言、坚毅、聪慧。

（3）想象训练（投影显示）

假设你也是一个文学爱好者，现在就在福楼拜家拥挤的小客厅里，你会看到一个怎样的莫泊桑呢？试从人物的肖像、动作、语言方面展开合理的想象。

①学生独立思考，口头作文。

②引用左拉的一段话来检验想象的合理性。

投影显示：

"……我是在居斯塔夫·福楼拜家中认识莫泊桑的，他那时已在十八岁到二十岁之间。此刻他又重现在我的眼前，血气方刚，眼睛明亮，面含笑，沉默不语，在老师面前像儿子对待父亲一样谦恭，他往往整整一个下午洗耳恭听我们的谈话，老半天才斗胆插上片言只语；但这个表情开朗、坦率的棒小伙子焕发出欢快的朝气，我们大家都喜欢他，因为他给我们带来健康的气息……"——左拉《莫泊桑葬礼上的演说》

5. 品味与赏析

投影显示：

> 福楼拜是莫泊桑文学创作的启蒙老师。他曾对莫泊桑说，"你所要说的事物，都只有一个词来表达，只有一个动词来表示它的行动，只有一个形容词来形容它。因此就应该去寻找，直到发现这个词，这个动词和这个形容词，而决不应满足于'差不多'……"试从课文中找出准确而生动的词或句子，以验证福楼拜对莫泊桑创作的影响。品味此语句，并用"我发现_____用得好，好在_____"的句式说话。

学生仔细品读，并自由发言。教师参与引导，并评议。

6. 拓展延伸

学生当堂练习人物描写，描写对象是同班同学，请其他同学猜猜他（她）是谁？

7. 布置作业

①整理课堂上练笔，再配上人物素描，把它放入初中生活珍藏册中。

②利用课余时间读一读莫泊桑、福楼拜、屠格涅夫、左拉、都德的作品，并做好读书笔记。

③阅读发下的资料，进一步了解作家。

四、记录2：博采众长——心路历程记录

基于前面第一份教案的修改意见，经过反复思考，终于拟出了第二份教案。第二份教案相对于第一份教案来说有了很大的变化。如"整体感知"部分，让学生在听了老师的朗读之后漫谈阅读课文的感受，学生与文本实现第一次亲密接触，获得感性认识，然后根据学生的发言，教师整理归纳，确定本节课学习的方向。

其次，在"研读与探究"方面，对人物的肖像、行动、语言描写，采取一分为二的观点，结合课文插图来分析人物肖像、行动描写；让学生跳读课文，筛选有关人物语言描写的句子读一读、评一评，并结合肖像、行动描写，用几个短语或词语来归纳人物性格，在读读、猜猜、议议中，由感性上升到理性，完成人物形象教学。同时为了加强对语言的品味，验证福楼拜对莫泊桑的创作影响，特设置了"品味与赏析"这个环节，运用发现法来学习文中描写生动、精当的语句，并把一个最难讲的问题：描写中的抒情和议论，有机地融合进"语言品味"这个环节中。

最后，"拓展延伸"部分的要求也变了，描写对象是同班同学，这样既可激发学生的写

作兴趣,又直观地反映出学生们的写作水平。为了提高课堂学习效率,特制作了多媒体课件,这也是前教案所没有的。

若干修改意见:

① "语言品味"一节可以去掉,因为前面分析的过程,就是品味语言的过程。

② 让学生漫谈阅读课文的感受,这个问题有可能会让人感觉漫无边际,甚至有可能放得开收不拢。

经过一次试教以后,发现本课容量设计挺大,因此决定舍去"语言品味"一节,而把人物分析与语言特色合并在人物分析中随机进行语言品味分析,但仍然保留了"漫谈阅读课文的感受"这个提法,因为一下子找不到合适的词来代替,换了觉得很小家子气,再加上习惯使然学生也听惯了。在试教时,学生对这个问题的提出还是言之成理、不枝不蔓的,因此上课时就保留了这个提法。

五、教案3:"福楼拜家的星期天"——课堂实录

1. 故事导入,创设情境

师:同学们,你们喜欢听故事吗?

生:喜欢。

师:今天,老师给你们讲一个故事:莫泊桑是福楼拜的学生。自从拜师后,他每逢星期日就带着新习作,从巴黎长途奔波到鲁昂近郊的福楼拜的住处去,聆听他的点评。有一次,莫泊桑看到福楼拜桌上放着一叠文稿,翻开一看,只见每页上都只写了一行,其余是空白。莫泊桑不解地问:"先生,您这样写,不是太浪费稿纸了吗?"福楼拜笑了笑说:"亲爱的,我早已养成这种习惯,一张10行的稿纸,只写第一行,其他9行是留着修改用的。"莫泊桑听了,恍然大悟,于是立即告辞,回家修改自己的小说去了。——听了这个故事,你是否跟我一样被福楼拜的精神所打动呢?俗话说,"名师出高徒",今天让我们一起走近莫泊桑,来领略一下他的文采吧。看看他是怎样精彩逼真地记录四位大作家的。我们今天所学的课文题目是《福楼拜家的星期天》,作者莫泊桑。(投影显示课题及作者)

2. 资料读演,资源共享

师:昨天,同学们都已经回去预习了这篇课文,那么这四位大作家到底是谁呢?谁来给大家简介一下?

生1:屠格涅夫,1818年10月28日出身于俄国奥勒尔省城的一个贵族家庭。他是19世纪中叶,俄国优秀现实主义作家。凭借其独特的敏锐观察力和杰出的现实主义艺术才能,屠格涅夫的作品成为记载19世纪40年代—80年代俄国社会生活的艺术性编年史。屠格涅夫于1827年迁居莫斯科。他于1833年进莫斯科大学,1834年进彼得堡大学,1836年毕业,1838年去柏林大学留学,先后旅行过荷兰、法国、奥地利、瑞士、澳大利亚等国。屠格涅夫的主要成就在于长篇小说。他从50年代到70年代先后写过6部长篇小说,有《罗亭》《贵族之家》《前夜》《父与子》《烟》《处女地》等。

师:搜集得很认真,俄国作家,其代表作是《父与子》《前夜》。好,继续介绍,还有谁?

生2:亚方斯·都德(1840—1897年)19世纪法国著名现实主义小说家。出身于法国南部尼姆的一个丝绸商家庭。1857年到巴黎,开始创作生涯。1870年普法战争爆发,都德被征

入伍，战争生活给他提供了新题材，他创作了不少普法战争的小说。

师：都德，法国小说家，他的代表作是我们曾经学过的哪一篇短篇小说？

生（齐答）：《最后一课》。

师：好，接下来还有谁？

生3：莫泊桑（1850—1893年），19世纪后半期优秀的批判现实主义作家，出身于没落贵族家庭，曾参加普法战争。创作上受福楼拜、左拉、屠格涅夫的影响，一生写了近300篇短篇小说和6部长篇小说。其中短篇小说的成就最大，被誉为"小说之王"，对后世产生极大影响。他以《羊脂球》入选《梅塘晚会》，一跃登上法国文坛，其创作鼎盛期是19世纪80年代。10年间他创作了6部长篇小说：《一生》《俊友》《温泉》《比埃尔和若望》《像死一般坚强》《我们的心》，这些作品揭露了第三共和国的黑暗内幕，抨击了统治集团的腐朽、贪婪、尔虞我诈和荒淫无耻。莫泊桑还创作了350多部中短篇小说，在揭露上层统治者及其毒化下的社会风气的同时，对被污辱被损坏的小说人物给予深切同情。其短篇小说的主题大致可归纳为三个方面，第一是讽刺虚荣心和拜金主义，如《我的叔叔于勒》；第二是描写劳动人民的悲惨遭遇，赞颂其正直、淳朴、宽厚的品格，如《归来》；第三是描写普法战争，反映法国人民爱国之情，如《羊脂球》。

师：很具体，不过有一个字读错了，pēng（抨）击，不是píng击。莫泊桑的代表作是《项链》《羊脂球》，法国作家。还有没有？

生4：左拉（1840—1902年）是19世纪后期法国著名作家，也是自然主义流派的倡导人和奠基人，在欧洲文学史上占有重要地位。他的自然主义理论和创作曾对法国和世界文学发生过巨大影响。左拉一生创作了大量作品，其中最重要的有《小酒吧》《娜娜》《妇女乐园》《萌芽》《金钱》等。

师：左拉也是法国作家，代表作是《小酒店》。还剩一位，是谁呢？

（生窃窃私语）

生4：福楼拜（1821—1880年），法国作家，出生于法国北部诺曼底省的鲁昂。父亲是当地著名的外科医生，作家早年受浪漫主义文学影响写过弥漫着神秘色调的《圣安东尼的诱惑》，1848年之后逐渐转向现实主义，陆续发表了《包法利夫人》（1856年），《萨朗波》（1862年），《感情的教育》（1869年），《三故事》（1877年）等批判现实主义作品。

师：嗯，他的代表作是《包法利夫人》，他也是法国作家。

3. 整体感知，明确学习方向

师：刚才同学们所介绍的这几位都是19世纪欧洲的文豪，享有盛名。那么，想不想知道莫泊桑眼中的他们又是怎样的呢？我们来听听莫泊桑是怎么说的吧，请大家打开课文，听老师朗读一下。

（师朗读全文约6分钟）

师：好，听老师朗读了这篇课文后，请同学们来谈一谈，阅读这篇课文之后，你有什么感受？请畅所欲言（怎么想的就怎么说）。

（生认真思考约半分钟）

生2：我觉得这篇文章人物细节描写得非常具体。比如说左拉，他就写得篇幅特别长，"左拉中等身材，微微发胖，有一副朴实但很固执的面庞。他的头像古代意大利版画中人物的头颅一样，虽然不漂亮，但表现出他的聪慧和坚强的性格。"你看，就是简简单单的几句话就把左拉这整个人的性格给描述出来，说明莫泊桑的写作能力非常强。

师：这是给你留下的第一个印象：非凡的笔力——细节描写。还有吗？

（生沉默）

师：她讲得非常好，而且观察非常细致，还有吗？平时大家挺活跃的，今天怎么就？不要紧，虽然有这么多老师，但更能看出我们的聪明才智。

生5：人物的外貌描写得非常细致又很流畅，更能深刻了解出这些人物的特点。

生6：文中出现了五个人物，可是他们的各种肖像、动作、语言描写都不同，作者注意到了这个细节，说明他对这些细节非常侧重，心思缜密。

生7："他可以用一句很明了很深刻的话结束一场辩论"。我从这句话明白了福楼拜超人的博学多识，也说明了他平时性格的严谨性。

师：从刚才同学们的发言中，老师发现了一个问题，这篇文章很有美感，美在形象，美在语言，尤其是在人物的描写上。那么今天我们这节课就重点来学习人物描写。

4. 研读与探究

师：首先我们一起来欣赏一幅画（投影课文插图），这是19世纪欧洲几大文豪聚会福楼拜家中的情景。你能猜出画中的这几个人物分别是谁吗？请结合课文来猜猜看。

（生观察思考）

师：小组讨论，交流意见，看谁的眼光最敏锐，发现得又快又准。

（师巡视、点拨）

（生举手）

师：请听我们班的班长杨××同学是怎么说的，你上来指给大家看一下，并说出依据，大家来听听，他说得对不对。

生3（上台演示）：首先，我找的是都德。第6段说，"乌木色的浓密卷发从头上一直披到肩上，和卷曲的胡须连成一片"，这位拿着烟斗，从他的头发与胡须长成一片的可以看出这是都德（左1）。接着是左拉。第7段："他很少讲话，总是歪坐着，压着一条腿，用手抓着自己的脚踝，很细心地听大家讲。"我猜出这个就是左拉（左3）。接着，这里"屠格涅夫坐在一个沙发上"，这里只有三个沙发，剩下一个没有坐，所以我认为这个是屠格涅夫（左2）。接着，从第9段的"带动得他的衣裤鼓起来，像一条渔船上的风帆。"以这里可以看出这就是福楼拜（右1）。

生（嚷着）：还剩一个！

生3：（指着右2）我觉得这个是莫泊桑。

师：请坐，大家同意他的说法吗？

生：不同意。

师：好，桦×你来。

生7（上台）：我认为这个是伊万·屠格涅夫（左1），因为他仰坐在沙发上。而这个是都德（左2），从他的"乌木色的浓密卷发从头上一直披到肩上"我猜出这个是都德，其他的都一样。

师：还有没有不同意见？

生2：我觉得这个是福楼拜（右1），因为他做着大幅度的动作。这个是屠格涅夫（左1），因为他仰坐在沙发上。这个是左拉（左3），"他的坚毅的脸的下半部覆盖着修得很短的胡须。"我觉得这个是都德（右2），（大家发出惊讶声）不，这个是都德（左2），因为他的眼睛像切开的长缝眯缝着。我猜那是后来的人在那里旁观（右2）。

师：是后来的人在那里旁观？好，还有没有要说的呢？那好，看来该是揭晓谜底的时候了。我们先来找主人福楼拜（右1），"做着大幅度的动作"，通过他的动作，"带动他的衣裤鼓起来，像一条渔船上的风帆。"然后，我们按照人物的出场的先后顺序。第一个是伊万·屠格涅夫（左1）。屠格涅夫的动作描写在课文上只有一句话，那就是"仰坐在沙发上"（学生齐读这句话），从他坐姿的倾斜角度、坐的位置，正如同杨××同学所讲的"沙发上"。第二个人物是都德（左2），从他的外貌描写可以看到，"他的头很小，乌木色的浓密卷发从头上一直披到肩上，与卷曲的胡须连成一片。"还有一个特点，他的眼睛是近视眼，"很模糊，却从中射出一道墨一样的黑光。"还有一个最有代表性的与其他人不同的，那就是"他生性活跃"，手势生动。这里特别夸大了他的手势（投影局部放大）。第三位，同学们大多数是认同的，那就是左拉。"左拉歪坐在沙发上，而且压着一条腿，用手抓着自己的脚踝。"但是这里画画的人有一处败笔，你发现了没有？哪一处画得不对？

生（齐答）：他抓着自己的脚踝。

师：他抓住的是自己的脚踝，可是他的手是按在大腿上或者说是膝盖上。那么脚踝应在哪一个部位？你来给他纠正一下吧！

生（齐答）：应是小腿与脚之间左右两侧突起的部位。

师：因此他画得并不正确，是画中的一个败笔。那么站着的这一个，两个同学说是莫泊桑，一个同学说是旁观者，到底是谁呢？先留一个悬念在这里吧。

师：从刚才同学们的发言中可以看出，我们是通过动作，还有肖像描写来判定这些人物的，尽管这画中也有一处败笔，但是从这处败笔中却正好可以看出莫泊桑的观察怎么样？

生（小声说）：细微。

师：很细微，刻画得也很细微。

师：那么大家猜猜看，这些大师们坐在一起的时候，他们会说些什么呢？从他们的语言中，可以看出他们怎样的性格特征呢？请大家跳读课文，筛选有关人物的语言描写的句子，读一读，议一议，并且在旁边做好旁注——从这些语言描写中看出人物的什么性格特点呢？这是第一步。然后再结合我们刚才所讲的人物的动作语言描写来用几个短语归纳一下人物的性格特点。

（生先独立思考，后四人小组边读边议）

师：可以一个一个地来，首先我们来看一下福楼拜，谁来介绍一下福楼拜，然后按人物的出场先后顺序来找一下，还需要几分钟？

生（小声说）：再等几分钟。

师：好，加油，看今天谁的表现最出色，我们给他一个最出色奖。

生8：福楼拜。第3段："他像亲兄弟一样地拥抱着这位比他略高的俄国小说家。屠格涅夫对他有一种强烈并且很浓厚的爱。"这里说明他热情奔放。

师：他是热情的人，奔放的人，"像亲兄弟一样拥抱"，通过什么描写表现？

生8：动作描写。

生2："屠格涅夫仰坐在沙发上，用一种轻轻的并有点犹豫的声调，慢慢地讲着。"从这里我看出他是一个做事很谨慎的人。

师：从什么描写中看出？

生2：语言描写。

师：对，而且是通过他的语调表现！

生2（点头）：还有，都德，"他的眼睛像切开的长缝，眯缝看，却从中射出一道墨一样的黑光""他用他那独特的、具有南方风味和吸引人的讽刺口吻谈论着一切事物和一切人"，我觉得他是一个充满智慧，非常有主见的，会看待自己周围的人和事，然后做出结论的人。

师：哦，一个很有主见的人，而且是一个很健谈的人，他"一来……就……"，这里有人物的动作描写还有语言描写。

生2：左拉，"他不慌不忙地说话，声音很平静，句子也很温和"和"中等身材，微微发胖，有一副朴实但很固执的面庞"，说明他是一个温和寡言的、聪慧的、坚毅的人。

师：温和的、寡言的、聪慧的、坚毅的人，你怎么知道他是坚毅的？

生2：因为从他"不慌不忙地说话"这种说话的速度可看出。

师：从他的语速语调看。

生2：还有外貌："在他那发达的脑门上竖立着很短的头发，直挺挺的鼻子像被人很突然地在那长满浓密胡子的嘴上一刀切断了。"

生2：还有"黑色眼睛，虽然近视，但透着十分尖锐的探求的目光"，从他的眼神看。

师：嗯，他的目光非常深刻。

生2：还有福楼拜，"做着大幅度的动作""他可以用一句很明了很深刻的话结束一场辩论""于是就像两块同样的石头碰到一起一样，一束启蒙的火花，从他的话语里迸发出来。"这里可看出福楼拜是一个容易激动、和蔼可亲、博学多才的人。

师：这里有他的什么描写？

生2：动作、语言描写。

师：她分析得非常认真，而且逐一地讲了这四个人物，还有没有需要补充的地方？

生9：第1段说"他很讨厌用一些没有实用价值的古董来装饰屋子"。说明了他的生活很俭朴。

师：生活俭朴，通过细节描写表现。

生7："屠格涅夫也常常带来一些外文书籍，并非常流利地翻译一些歌德和普希金的诗句。"从这里可以看出他对文学的热爱，他的知识面广。

师：知识面广，对文学的热爱，博学多识，能流利地翻译，而且他与福楼拜的交谈中很少涉及什么？

生（齐答）：家庭琐事。

师：这说明他是一个醉心于什么的人？

生（齐答）：醉心于文学事业。

生6：都德的语言。他"谈起巴黎的事情……一切事物和一切人。"从这些语言描写中可以看出都德非常活泼健谈，对任何事物都有自己独特的见解。

生10：同时对这句，我还能知道都德是一个口头表达能力特别强的人，而且在文学方面有很大的造诣。

生11："他的办公桌上总是散乱地铺着写满密密麻麻的字的稿纸"说明他热爱工作，沉迷于工作的精神态度。

师：很值得我们学习，对吧？他勤于工作，而且还用一块大红毯盖到上面，有一种随时可以投入工作的精神，值得学习，还有吗？

生：（摇头）

师：同学们的分析都很到位，老师把它归纳一下，请看大屏（出示人物及文字投影）。

> 福楼拜——热情奔放、容易激动、和蔼可亲、博学睿智。
> 屠格涅夫——怀有狂热的理想、醉心于文学事业、博学多识。
> 都德——生性活跃、健谈、厌恶腐朽的生活方式。
> 左拉——温和、寡言、坚毅、聪慧。

5. 拓展延伸

师：正当莫泊桑细致地刻画四个人物，把他们当作一道风景的时候，殊不知他自己也成了一道亮丽的风景线。那么还记得插图中剩下来的一个人吗？

生（齐答）：莫泊桑。

师：我们来进行一个想象训练：假如你是一个文学爱好者，现在就在福楼拜家拥挤的小客厅里的时候，你会看到一个怎样的莫泊桑呢？试从人物的肖像、语言、动作方面来展开合理的想象。

（学生动笔写作约4分钟）

生2：老师，我可不可以以莫泊桑本人来写？写自己的性格？

师：你应该是一个旁观者对吧，你眼中的莫泊桑。

生2：我眼中的莫泊桑他不是一个多余的人，但是当他碰上了优秀的文学作品或者十分精彩的语言，他就会不紧不慢，毫不激动地抒发出自己的见解，他真的十分爱好文学，文学的清泉永永远远在他的心中涤荡，他有时候会十分地激动，但是他在抒发自己的见解时，总会添上一两句精彩的语言。

师：是一个说话很稳重的人。

生7：他静静地站在一旁，默默地听清楚各文豪的对话，他总是静静地，好像从来没说话，只是偶尔记录他们谈话中经典的句子，他似乎忘了时间，完完全全沉浸在他们对话中那壮丽的景色。

师：对话中"壮丽的景色"想象得很美，还有吗？

生12：莫泊桑站在客厅的一角，静静地用他那锐利的眼睛观察着他们，用他那发达的大脑记录他们的言谈举止，不放过任何一个细节。

师：非常认真的一个莫泊桑，还有吗？

生6：莫泊桑站在一旁，他的头发短而整齐，嘴巴上修着很独特的八字胡须。他的个子高高的，两手交错在一起，显得既温和又虔诚，认真地注视着眼前这几位比他更有文学造诣经验的老师，乌黑的眼睛因出神而绽放光芒。他善于从他们的语言深入思考，他无时无刻不对这些侃侃而谈的文豪带着钦佩的青睐。

师：大家的发言真的是很积极而且想象力非常丰富，那么我们来看看左拉是怎么说的吧。（出示投影）

> "……我是在居斯塔夫·福楼拜家中认识莫泊桑的，他那时已在十八岁到二十岁之间。此刻他又重现在我的眼前，血气方刚，眼睛明亮，面含笑，沉默不语，在老师面前像儿子对待父亲一样谦恭，他往往整整一个下午洗耳恭听我们的谈话，老半天才斗胆插上片言只语；但这个表情开朗、坦率的棒小伙子焕发出欢快的朝气，我们大家都喜欢他，因为他给我们带来健康的气息……"——左拉《莫泊桑葬礼上的演说》

师：同学们，你们猜对了吗？对于同学们刚才的发言应该是认同的，正如同开始所讲的，这篇文章的形象很美，语言也很美。在刚才的动作描写还有肖像描写、语言描写中我们可以得到体会。

6. 布置作业

师：正所谓学以致用，那么今天请同学们回去，也练练笔，写一下你眼中的同学或老师，来进行人物的肖像、动作、语言的描写，明天带给老师，让我们看一下同学们精彩的文笔，并且把自己所写的记录在自己初中生活的珍藏册中。第二个作业请同学们回去读一读这五位作家中任何一位的文章，并做好读书笔记，接下来老师还要发下一份资料，是关于屠格涅夫、左拉在文学创作方面的经验之说，可以提供给大家写作方面的借鉴，请大家回去看一下。今天的课就上到这里，谢谢大家的共同参与，下课！

附：下发资料一张。

六、记录3：更上一层楼——集体评判记录

《福楼拜家的星期天》上了以后，语文组的课题组成员提出了很多宝贵的意见，现整理如下。

1. 优点

设计新颖，能充分结合插图，直观又形象，分析灵活，更能调动学生的积极性；最后一个"想象训练"别出心裁，很有创意。从教师本身来看，教态亲切，过渡自然，朗读、范读能抑扬顿挫。

2. 建议

①某些提法不够准确、鲜明，如"美在形象，美在语言"，让人觉得不够真实；"谈谈你的阅读感受"，可换为"哪一点给你印象最深"。

②还有朗读文本太少，人物性格挖掘得不够深。

③课容量大。

④练笔时可以再放一些。

⑤材料搜集学生预习得不好，很费时，要有要求。

听取意见之后，我对教案③进行了修改。把畅谈阅读课文的感受，给明确化、通俗化，就提"读了本文，哪一点给你印象最深。""美在形象，美在语言"，改为"这篇文章的语言很生动，尤其是在人物描写上"，从而引出学习目标，直接切入主题。至于"朗读文本太少""人物性格挖掘得不够深"，我觉得这两个问题是连带的，因此在有关环节上我进行了小范围的调整，如分析完人物肖像、动作描写之后，让学生自由朗读一下自己最欣赏的语句，2分钟左右。分析语言描写时，先让学生找，然后讨论明确，再齐读一下，增加朗读文本的机会。同时在分析人物性格时，渗透语言品味，学生没有提到的词语，老师或在旁边旁敲侧击，或正面提出让学生去品味莫泊桑用词的精确与生动。词语加朗读，这样一来，人物性格就不会显得空洞了。同时，我也认为分析句子，学生朗读句子，这也是一种文本的朗读。至于"容量大"这个问题，其实一点儿都不大，本文的一切教学只围绕一个话题，一个中心来进行，那就是人物描写。对于"练笔时可以再放一些"这个建议，如果后面没有左拉的一段话，可以放开让学生写，但有了后面这珍贵的引人注目的史实，放开就显得无意义，两者是相辅相成的。关于学生的材料搜集，其实事先已有要求，要求100字的简介，包括作家、作

品或遗闻轶事，不知是学生不在意，还是觉得越详细越好，故出了这个茬子。因此改为学生简介作者国籍及代表作，其余由老师补充（投影显示），这样做能节约时间，内容又明确。

七、教案4："福楼拜家的星期天"——修订后的教学设计

【教学目标】

①通过学生的学习交流，养成自主阅读的习惯与能力。

②在师生平等对话中，学生能理解记叙、描写中插入抒情议论的写法。

③学习本文抓住特征运用语言、行动、外貌描写，刻画人物的写法，并学以致用。

【教学重点】

学习本文抓住特征运用语言、行动、外貌描写，刻画人物的写法，并学以致用。

【教学设想】

《福楼拜家的星期天》是自读篇目，和前面三篇的不同之处在于：前三篇描写的是单个的人物，这一篇描写的是人物群像。作者莫泊桑用细腻的笔触描写了四位作家的形象，作者善于抓住四位作家在肖像和性格上的特点，各有侧重地进行描写。哪个作家在哪一方面最有特点，就侧重写哪一方面，并在记叙描写中插入抒情和议论。基于教材的以上特点，本文教学的重点就是引导学生体会这种抓住人物突出特点，运用语言、动作、肖像描写来刻画人物性格的方法。同时了解在记叙描写中怎样穿插议论抒情的写法。教学过程分五步："故事导入—资料读演—整体感知—研读与探究—拓展延伸"。尊重学生个体的阅读感受，从而确定学习目标。扣住课文中的插图，结合课文内容，让学生去辨认图中的五个人物，在找找、读读、议议中轻松完成人物形象分析，了解莫泊桑刻画人物的细腻文笔。同时进行一次想象训练来填补书中的空白，来锻炼学生的想象能力。并用史实来检验想象的合理性，把作家与作家笔下的人物融合在一起，提升对人物的整体认识。并学以致用，通过课外练笔，把教学目标落到实处，以便达成"语文学习的目的在于运用"这个大目标。

【学生课前准备】

（略）

【课时安排】

1课时。

【教学步骤】

1. 故事导入

莫泊桑是福楼拜的学生。自从拜师后，他每逢星期日就带着新习作，从巴黎长途奔波到鲁昂近郊的福楼拜的住处去，聆听他的点评。有一次，莫泊桑看到福楼拜桌上放着一叠文稿，翻开一看，只见每页上都只写了一行，其余是空白。莫泊桑不解地问："先生，您这样写，不是太浪费稿纸了吗？"福楼拜笑了笑，说："亲爱的，我早已养成这种习惯，一张10行的稿纸，只写第一行，其他9行是留着修改用的。"莫泊桑听了，恍然大悟，于是立即告辞，回家修改自己的小说去了。

听了这个故事，你是否跟我一样被福楼拜的精神所打动呢？俗话说，"名师出高徒"，今天让我们一起走近莫泊桑，来领略一下他的文采吧。看看他是怎样精彩逼真地记录四位大作家的。（板书课题与作者）

2. 资料分享

学生介绍福楼拜、莫泊桑、左拉、屠格涅夫、都德这五位作家及其代表作，教师补充有关资料后投影显示。

为了节省时间，提高效率，也为了更直观。

3. 整体感知

①听老师范读课文，注意字音。

②学生自由发言，漫谈阅读课文的感受：读了本文，哪一点给你印象最深。

③整理归纳，明确学习方向。归纳：文章语言很生动，尤其是在人物描写上。

直接切入主题。

4. 研读与探究

（1）肖像、行动描写（人物投影）

同学们，你能辨认图中五个人分别是谁吗？请结合课文内容，猜猜看。

①默读课文，自我思考。②小组讨论，交流意见。③有争议的全班讨论。

师小结：课文描写了19世纪欧洲几大文豪聚会福楼拜家的情景，将作者亲见的一些珍贵的历史"镜头"留给世人欣赏，作者抓住人物的主要特点，描写得细致精彩，显示了高超的观察力和写作能力。

（2）四人小组分角色朗读人物的肖像、动作描写。

（3）性格分析

"言为心声"，语言是思想的表现，在大师们的交谈中，你能看出他们各自的性格特征吗？

①跳读课文，筛选有关人物语言描写的句子。

②齐读语言描写的句子。

③合作探究：从人物动作、肖像、语言描写中分析人物性格特点，并用几个短语来归纳。

讨论明确（投影显示）：

福楼拜——热情奔放、容易激动、和蔼可亲、博学睿智。

屠格涅夫——怀有狂热的理想、醉心于文学事业、博学多识。

都德——生性活跃、健谈、厌恶腐朽的生活方式。

左拉——温和、寡言、坚毅、聪慧。

5. 想象训练（投影显示）

假设你也是一个文学爱好者，现在就在福楼拜家拥挤的小客厅里，你会看到一个怎样的莫泊桑呢？试从人物的肖像、动作、语言方面展开合理的想象。

为了使问题更明确，更通俗化，所以把漫谈感受改了。

加强对语言的品味。

增加朗读文本的机会，为分析人物性格作铺垫，把直观的文字上升为自己理性的东西。

在分析人物性格时，为了渗透语言品味，要抓关键句、词，随机而问，如"启蒙的火花""迸发""聪慧和坚毅""尖锐探求"等，并指导学生注意本文从语速、语调来刻画语言特征的写法，并用自己的切身说法来使之更生动、更明确，可增问："从我现在说话的语气语调，你觉得老师是个什么性格类型的人？"把赏析与实践融为一体。

①学生独立思考，口头作文。②引用左拉的一段话来检验想象的合理性。

投影显示：

"……我是在居斯塔夫·福楼拜家中认识莫泊桑的，他那时已在十八岁到二十岁之间。此刻他又重现在我的眼前，血气方刚，眼睛明亮，面含笑，沉默不语，在老师面前像儿子对待父亲一样谦恭，他往往整整一个下午洗耳恭听我们的谈话，老半天才斗胆插上片言只语；但这个表情开朗、坦率的棒小伙子焕发出欢快的朝气，我们大家都喜欢他，因为他给我们带来健康的气息……"——左拉《莫泊桑葬礼上的演说》

6. 布置作业

①练笔：描写对象是同班同学，用上人物的肖像、动作、语言描写，请其他同学猜猜他（她）是谁？再配上人物素描，把它放入初中生活珍藏册中。

②利用课余时间读一读莫泊桑、福楼拜、屠格涅夫、左拉、都德的作品，并做好读书笔记。

③阅读发下的资料，进一步了解作家。

第三节　实施流程

为了能够更好地运用基于"教历"的教师专业发展，使基于"教历"的教师发展理念更具有操作性，这节首先对教历构成要素进行分析，然后根据对教师教学研究的理解和上述实例的分析，建构基于"教历"的教师专业发展的一般操作程序。

一、教历的基本构成要素

教历研究特别强调研究要根据每一个客体的具体情境来设定，没有统一明确的模式和步骤。对教历的构成，我们可以在大致上做一个勾勒：它是一个螺旋式加深的发展过程，每一个螺旋发展圈大体上包括三个相互联系、相互依赖的环节：课前计划、过程描述、课后反思。

"课前计划"是教师进行课堂教学之前的所有准备工作，是在对学生、教材及教学资源等分析的基础上作出的教学设计。课前计划主要是教案编写的内容，包括目标、材料与设备、内容和方法等。

"过程描述"是教案所没有的。这一环节是对合作备课与课堂教学的全程记录，包括教师的呈现方式、学生的反映、特别是与教案的预设不一致的地方、教师对特殊情况的处理与教学计划的变更等，以便教师对自己的课堂教学实践进行分析和反思，或提供给其他参与教师进行分析和反思。

"课后反思"是指教师在教学之后，通过自己的反思，把已完成的教学过程当作对象，作出初步的分析，或通过某些途径获取来自他人的评价信息。通过多层面的反思，以使教师发现"教师问题、学生问题、其他问题"，意识到教学的成功与不足，从实践中悟出道理，使这些切身体验与更为广泛的教学理论联系起来。

课后反思不是完结，而是教师在反思的基础上，重新审视自己教学活动，积极主动地吸取新的信息，制订出新的实施方案，旨在改进课堂实践，同时实现教师的专业学习，掌握新的技能。而且所有反思的内容都将成为教师下一阶段教学的开始，融入于教案的编写、课堂教学的实施等环节之中。如此反复，实现教师在自身的教学实践中从"经验型教师"向"研究型教师"的攀升。完整的一份教历，记载的就是一位教师从教的心路历程。完整的教历构成如图5-1所示。

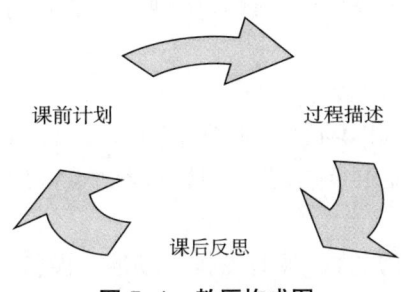

图 5-1　教历构成图

二、教历研究的操作流程

教历研究可以分为三个层次，即某教师通过单独记录反思对该班某学科的教学施行新方法，或将自己的新观点转化为行动；学校组织若干教师组成研究小组，自行开展研究，或在外来研究者指导下进行的研究；由专业研究人员、教师、学校管理者、教育行政部门等组成较为成熟的研究队伍，支持从事的研究。这里仅以浙江省瑞安市飞云中学为例，介绍以第二层次为主的教历研究的基本操作流程。

（一）成立合作小组

根据个人愿望、需要，可根据不同的分类标准成立合作小组。如根据学科不同，可设立语文、数学、英语、理化教研组等；根据年龄不同，可设立青年教师组、中年教师组等。

（二）制订行动计划

计划的制订涉及教研组和教师个体，包括：①教研组工作计划——确定操作规范。教研组负责人在专家的指导下以及与组员的协商中，制定出完整可操作的方案，以便教研工作开展得更有条理、更有效率。②个体行动计划——确定自我发展方向。每个教师都有自己的特点与追求，有自己的长处与弱点，因而需要教师自身根据实际条件做出一个周详的、适合自身的自我发展计划，以便使自己永远处于发展之中。

（三）教师的全程记录

教师的全程记录分为主讲教师，即某一课时的教学计划设计者（一般一个学期每个教师设计1~2个教案）的参与教师的记录两大类。具体要求如下。

1. 主讲教师的记录

根据记录最终形成四个教案三份记录。

教案1　教师个人提供的原始教案

课前计划应该包括以下内容。

（1）基本分析（含学习者分析、教师资源分析、教材分析、现有课程资源分析等）。

（2）教学目标分析（含知识与技能、过程与方法、情感态度价值观，以及现有条件下实现的可能性分析）。

（3）教案及其编写过程（包括个人的和集体的工作，要求有时间、地点、过程、各位教师的见解等，特别强调对其依据的记录，即为什么要提出这个意见。要客观而不是仅停留在文字上）。

教案格式以课程纲要的形式呈现。

①一般项目：主讲教师、教学材料、课程类型、授课时间、授课对象、学生资源背景分析等。

②具体内容如下。

·课程目标或意图陈述（写出4~6点，必须全面、适当、清晰，涉及目标的三大领域）。

·课程内容或活动安排（要求重点明确、按从易到难排列；选择哪些内容，并如何安排这些内容）。

·课程实施与建议（方法、形式、课时安排、场地、设备、班级规模等）。

·课程评价建议。

记录1　参与式集体分析记录

教研组对该教案进行参与式分析，提出各自的意见，并说明原因，即为什么要这样做。主讲教师对这些意见进行整理备案，并融进自己的新教案。

教案2　修改后的教案

在教案1的基础上，根据记录1中所提的意见进行修改的教案，使记录1中的集体评判和自我反思在教案2中得以体现。

记录2　心路历程记录

为什么吸收这些意见，记录自己的心理过程。

教案3　实施的教案

课堂中实施的教案，即课堂教学活动的过程描述。过程描述主要包括以下内容。

①过程实录。课堂教学的全程记录，包括教师的呈现方式、学生的反映、特别是与教案的预设不一致的地方、教师对特殊情况的处理与教学计划的变更等。由其他教师或研究人员记录的课堂教学过程、录音、录像等；保存相关的纸质材料与音像材料。

②时间分配记录。各个教学环节实际所用时间。

③调整记录。教师根据教学进展情况，临时改变计划，对教学内容、教学方法、教学步骤等所作的调整及其原因。

④课堂管理与辅助教学行为记录。课堂管理（课堂规划的制定与执行、问题行为管理等）与辅助教学行为（动机的激发、师生交流、强化、教师期望的表达等）对教学效果影响很大，但这些行为往往很难在准备时做出确切的计划，采取什么措施很大程度上取决于课堂教学的情境。

记录3　合作小组对教学活动的分析记录

记录3大约包括下述四个方面的内容。

①各类反思。教学过程的自我反思、教师间的合作反思以及与专家的交流反思（主要讨论成功与失败的地方，有何建议，对这些建议的态度与具体落实措施，对自己有何帮助，哪些地方可以供自己以后上课时借鉴等）。

②活动记录。记录整个活动（上课、听课、教研组活动）过程在哪些方面对自己有启发，并在以后的教学活动中加以避免和实施。

③困惑或有待解决的问题。
④感想。

教案4　重新修订的教案

综合各方面的意见，修订教案，并提交公共资源库供相关教师选用。

2. 参与教师的记录

参与者必须提供自己参与过程中的感悟与思考。每个参与者记录在项目进行过程中的所想所思，这是最为重要的，所以要求真实记录。这样可以根据这些材料建构每个教师的发展规划，并针对性地提出进一步发展的建议，让每个参与者都能得到某种程度的发展，这是基于"教历"的教师专业成长方案的最终目的。因为教师除了自我反思之外，也可以通过吸取其他教师的成功经验和失败教训，进而改进自己的教育教学工作。

以上所有的记录要求有具体时间、地点与参与人，个人的反思可以例外。

（四）每位教师发展的心路历程

对于教师的心路历程的记录可以是散漫的、随意的。这类似于课后反思，但不一定局限于教学事务，也可以是涉及其他方面，因为制约教师专业发展的因素是多方面的，唯有对自己的发展历程有个全面的认识，教师才能更快地、更有针对性地实现专业成长。

综上所述，教历研究的基本操作流程如图5-2所示。

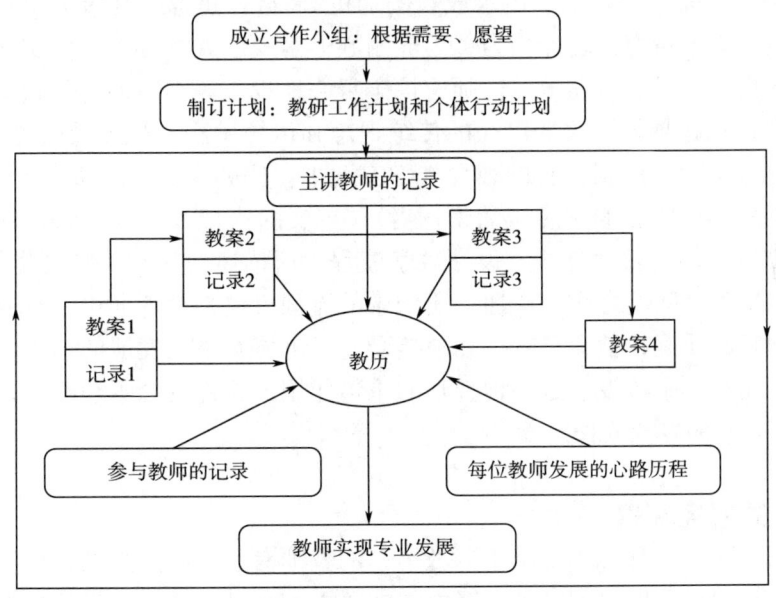

图 5-2　教历研究的基本操作流程示意图

第四节　支持条件

要使教历研究在实践中真正付诸实施并有力促进教师的专业发展，需要在观念上、法规上、制度上的认同和支持。

一、实现教师的自我超越

传统教育思想中以"学而不厌、诲人不倦"为内核的教师人格与专业精神的长期延续和积淀是教师专业发展的历史舆论基础。"学而不厌、诲人不倦"阐明了为人师者应具备的人格和专业精神。"学而不厌"阐明了教师要不断地自我学习,自我更新,这是"诲人不倦"的前提和能力基础,这一思想可以视为现代终身教育思想的雏形。这种思想在我国源远流长。如孔子在自我表现评价中说:"默而识之,学而不厌。诲人不倦,何有于我哉?"(《论语·述而》)他的学生子贡赞美他说:"学不厌,智也;教不倦,仁也。仁且智,夫子既圣矣。"(《孟子·公孙丑上》)可见,孔子在毕生的教育生涯始终实践着"学而不厌"这一品格,这是令人最为熟悉和津津乐道的孔子精神品格,孔子之为"万事师表"便贵在这种品格和精神。随着后世对孔子的尊崇,这一精神被长期延续和积淀下来,成为后世教师效法和学习"至圣先师"及评价教师人格素养的重要内容,成为中华民族教师美德的核心。又如我国的第一部教育专著《学记》中说:"学然后知不足,教然后知困,知不足,然后能自反也,知困,然后能自强也,故曰:教学相长也。"明确阐述了教者须先学后教,知困而学,教人而学,教中又学,以提高自己的思想。因此,教师在终身学习中获得自我超越与我国的师道传统精神契合,符合历史形成的对教师的价值准则,因而可以获得教师个人及社会公众的心理认同与支持,成为教师专业发展的传统渊源。

更深入地说,人有肯定自我、追求成长的动机。"自我超越"是指个体不断理清并加深个人的真正愿望,集中精力,培养精力,培养耐心,客观地观察现实,以实现个人心中最想达成的愿望。在教学实践的研究中,教师应该全身心地投入、不断创造和超越自己的教学实践。教师要实现自我超越就要改变以往的传统观念和传统做法,积极吸收先进的教学理念,结合科学的研究方法,运用到自身的教育教学实践中。比如说,在"教案时代",教师非常重视"教"的构思,成为教参"虔诚的崇拜者""忠实的执行者",依据教参确定教学目标,定位教学重点难点,构思教学方法,设计教学流程。所描述的只是从师到生的单一向传播,没有师生之间、生生之间的合作与沟通;所记录的流程仅仅是教师的单一意愿与设想,没有学生的选择、理解与质疑,学生只有被动地接受,不可能有主动发展的契机。教案所反映的是教师的单向传递和经验传授,是一种教师的单边作用。这种观念亟须改变,才能使教师在多向沟通中实现自身的专业成长。

二、培育良好的研究环境

任何事物都处于一定环境中,基于"教历"的教师专业发展的实现,首先有赖于良好研究环境的培育。教师的发展除了自己的努力之外还需要有一个适宜的学校环境,或者说是一种学校文化,但这个环境并不是天然存在的,而是需要学校予以创造,需要一系列的学校政策来完善它。首先,要建立起以校长为第一责任人的校本科研制度,校长要把科研当作分内事,学校的全体教师才会参与到研究的行列中来,牢固树立科研兴校的理念,将有力地促进校本科研风气的形成。其次,学校要建立积极地参与机制和激励机制,尊重和保护教师从事科研的积极性、创造性,增强教师的科研自信心。同时,开拓教师参与学习、培训、学术交流的校内外畅通的渠道,使教师能从多种渠道获得教育资源、信息,促进教师专业化水平的提高。

譬如,培育教师个人的良好研究环境可以从下列几方面入手:①全面认知教师专业发展，强化教师心理认同感。教历的记录、反思由教师操作完成，而人的行为受思想的极大影响，因此，要使教历研究顺利有效地实施，就必须使教师全面认知教历研究与教师专业发展的密切关系，强化其心理认同感。②培养主体意识。主体意识涵盖主体职业道德意识、情感、思想开放性与主体反思意识等。一般地，主体意识越强，越容易进入状态；主体职业道德水平越高，越有执着性与责任心，越会自觉反思；缺乏情感，就缺乏反思内驱力；缺乏开放意识，就缺乏深刻全面的反思；缺乏反思意识，一切热情都是空话。培养主体意识，重要的是加强教师职业道德修养，增强其平等、合作、开放与反思意识。③增强研究的效能感。社会学习理论[1]告诉我们：自我效能感越强，越容易坚持某项活动，自觉克服困难，越容易成功。增强教师进行教历研究的效能感，可通过增加教师反思成功体验、培养教师对反思成败的正确归因、观察他人替代经验等途径实现。④培养个人反思能力。教历研究最重要的是教师群体或个人的反思活动，这是"授人以渔"的活动，可从知识、技能、方法三个角度入手：知识是基础，方法是突破口，即通过教师（具备了一定的反思知识）实际参与反思方法的探索来培养反思技能，丰富反思知识。

三、构建"研究共同体"

传统教育的形式化、刻板化、精细化和条文化，使教师的教育生活囿于某种既定的模式或格局之中，使教师生活陷于个人单调的重复和简单的循环之中，从而丧失了生命的升级、活力和创造性，失去了人的自觉自由的向度。[2]教历研究是对"教育行动"的研究。"教育行动是在特定时间、地点、条件下，由特定的教师对其学生采取的行动，又要使作为行为者的教师在行动过程中有获得理性的自觉，故这种研究不能不以参与研究的教师为主体。"但单个教师受认识水平与价值观念等的局限，对教育实践的理解也有限，教师个体的研究一般较难取得成功。而反思是一种依赖群体支持的集体性活动，在教师与教师合作的共同体中，可以更好地发挥集体的力量；而且在教历研究中，教师们需要通过与其他教师研讨交流来反思自己的教学行为，使自己清楚地意识到隐藏在教学行为背后的教学理念，进而提高自己教学监控能力。因此，教师集体应当是一个教育教学研究的共同体。在这一研究共同体中，必须建立科研平等对话、合作切磋、经验交流的平台，能够让教师经常进行研讨，交流信息，分享经验，共同提高。教师个体一方面向集体贡献自己的资源；另一方面也可以获得更多的"他山之石"，对教师专业发展的社会化、教学工作的专业化与教师专业成长均有极大的贡献。

四、建立全新的评价机制

发展性教师评价制度是在教历研究过程中促进教师专业发展的保障和动力。建立全新的评价机制，改变以往仅仅关注学生成绩的教师评价，要本着有利于教师发展的要求，要依据不同教师的特点制定科学的评价标准，并把教师从事校本科研的工作和业绩与教育教学工作一并列入教师评价的内容。

倘若教师人人能备好课，学校自然不会去检查教师教案，学校检查评比教案的动机无疑是为了督促教师备好课，从而提高教学质量。当然，教案作为教师备课成果的部分体现而不

---

[1] 陈琦，刘儒德.当代教育心理学[M].3版.北京：北京师范大学出版社，2019.
[2] 李润洲，张良才.论"教师即研究者"[J].教育研究，2004（12）：60–64.

是全部，无疑不能作为学校检查教师备课状况的唯一凭据，即使某些教师不能备好课，单靠检查他们教案的做法仍是值得质疑的。写教案是一个提高教学水平的过程，尤其对促进年轻教师尽快适应教学、提高教学质量很有好处。教案检查也很有必要，好的教案可以启发年轻教师，同时也可促进教学。课堂教学对促进学生发展发挥关键作用，而学生在校学习又主要在课堂上。但规范不是教条，不是千篇一律，更不能抑制教师个性化的发展，教案也应写出特色，真正有利于推动教学改革，提高教学质量。

教师评价制度正在由奖惩性教师评价逐步转向发展性教师评价制度。传统的奖惩性教师评价制度，通过对教师表现的评价结果，作出续聘、解聘、晋级、降级、加薪等决定，它是一种面向过去的教师评价制度，它所注重的是教师是否履行了应有的工作职责、他们的工作表现是否符合校方的期待，从而判断他们是否具备奖励或处罚的条件。而发展性教师评价制度是一种新型的、面向未来的教师评价制度。它不仅注重教师的个人的工作表现，而且更加注重教师的自我价值的实现，强调教师在继续教育中获得良好的个人发展，使自己逐渐步入骨干教师、明星教师、教育专家的行列，让学生受益、学校获益，从而将继续教育变成学校、学生、教师个人的共同需要。因此，在这种评价制度中，教师是否接受继续教育就成为一个重要的评价指标，使评价对继续教育的驱动和保障作用得到充分发挥。

【思考与练习】

1. 简要比较"病历"与"教历"。
2. 任选一门学科，设计一份基于"教历"的教师专业成长方案。
3. 评析教历研究的优点与缺点，并提出改进方案。

【深入阅读】

[1] 王陆，张敏霞.教学反思方法与技术[M].北京：北京师范大学出版社，2012.

[2] 郑金洲.教师如何做研究[M].上海：华东师范大学出版社，2005.

[3] 柳夕浪.教师参与教育研究：理念、方式与局限[J].华东师范大学学报（教育科学版），2002（2）.

第六章 基于"研究"的教师专业成长

【学习目标】
★理解教学研究对中小学教师专业成长的作用。
★了解中小学教师如何进行教学研究。
★能够根据自身条件选择适合的研究项目。
★了解教师从事研究的一般模型。

"反思和研究是通向'解放'、实现教师专业自主的有效途径"[1]"教育研究成了教师作为专业人员的一种专业生活方式"[2]。由此教师进行教学研究是教师发展的必然趋势，是教师发展的必然途径，就像斯腾豪斯所言："如果大多数教师而不是少数教师掌握了研究技巧，那么教师的自我形象和社会地位就会得到改善。"[3]那么研究是如何促进教师发展的呢？研究表明，研究可以提高教师的实践智慧[4]，不断积累实践知识[5]，能够培养教师"探究的态度、反思的态度、理论自觉的态度"，能够使教师"对教育的意义有清醒的认识"[6]，可以不断提升教师的自我更新能力和可持续性发展的能力，增强教师职业的乐趣和价值感、尊严感[5]，等等。那么，什么是研究？

对于"什么是研究"的问题，很难用一个统一的、固定的说法或者定义去规范它，但归根结底研究是一种自觉的探究活动或过程，它是科学的、经验的、系统的、有效可靠的、有多种形式的。由此我们这样来理解教育研究：教育研究是参与教育者对教育领域的现象和规律的一种自觉的多样化的探究活动和过程。用"参与教育者"一词，意在使教育研究的主体更加普遍化，使人们能够认识到教育研究不仅仅是教育理论者的工作，更是奋斗在教育第一线的广大教师、对孩子抱有极大希望的家长等的工作；同时也明确不同的参与教育者对教育理解掌握的层面不一样，因此不同的研究主体探究不同的教育分支领域，当然在更多时候他们是相互交叉融合的。"自觉的多样化的"主要强调教育研究是一种态度、一种热情，同时在这种不断探索追求和敬业精神的推动下运用多种不同形式的研究方法来进行研究，这也就为传统的研究者与教育者之间的鸿沟上架起了一座桥梁，使理论诉诸技术进而指导实践的假

---

[1] 刘捷. 专业化：挑战21世纪的教师 [M]. 北京：教育科学出版社，2002：254.
[2] 叶澜，白益民，王玥，等. 教师角色与教师发展新探 [M]. 北京：教育科学出版社，2001：26.
[3] 傅建明. 校本课程开发中的教师与校长 [M]. 广州：广东教育出版社，2003：158.
[4] 顾泠沅，王洁. 以课例为载体引领教师发展 [J]. 人民教育，2003（6）：24-26.
[5] 李瑾瑜. 论教师的教育研究 [J]. 沈阳教育学院学报，2002（3）：16.
[6] 宁虹. 教师成为研究者：国际运动、理论、路径、实践 [M]. 北京：首都师范大学出版社，2002：85.

设获得成立,也使实践重新理解实践进而改进理论的假设也行得通。"探究活动和过程"其实表明的是教育研究突出活动性和过程性,这一活动和过程往往是通过行为展现、探究、反思这一系列循环往复的"建构性试验"[1]来实现的,研究可以始于行为展现,也可以始于探究,当然更可以始于反思,因此研究的历程是灵活的,根据不同的研究内容探究的过程也是不一样的。"在教育研究中,真理不是一个僵固在那里、现成拿来可供享用的东西,而需要参与教育者的主动参与,全身心'体验',对教育活动的意义、价值、运作方式等不断'解读'、选择和创造。教育的真理与其说是被'发现'的,不如说是被创造、建构出来的。"[1]

一线教师的研究不同于科学家的研究。一般而言,教师的研究指的是教学研究。那么,什么是教学研究?根据以上对研究和教育研究的界定,教师所进行的教育研究的内涵也初见端倪。教师作为研究的主体,不可能研究教育领域的方方面面,其进行研究的优势在于"教师是教室的负责人,而从实验主义者的角度来看,教室正好是检验教育理论的理想的实验室。对那些钟情于自然观察的研究者而言,教师是当之无愧的有效的实际观察者。无论从何种角度来理解教育研究,都不得不承认教师充满了丰富的研究机会。"[2]因此理解一个课堂有助于更好地理解所有的课堂,教师所拥有的最佳研究位置和最丰富的研究机会使他们有机会长期地在各种学习和社会场所观察学生,常常对社区、学校和课堂有多年的了解,而且他们经历着关涉到他们具体角色和责任的各种教学事务。如此这些方面均将使教师的观点有别于其他的研究者的观点,同时教师研究往往能解决问题,难道还有什么比这更重要。因而更精确地说,教师的教育研究应该是教师教学研究或教师课堂研究,它主要是针对教师的日常教学生活所进行的研究,"日常教学生活"是教师课堂内外所涉及的方方面面,往往都是教师意欲弄清的一些教学问题,就是在复杂的文化、社会背景中产生的旨在实践性问题之解决的过程,是要求高层次的思考、持续不断地判断与选择的过程。由此教师教学研究的含义可以作如下界定:教师教学研究是指教师对日常教学生活的一种自觉的多样化的探究活动和过程。它突出强调教师的主动参与和全身心体验,强调对教学活动的意义、价值、运作方式等不断解读、选择和创造。

---

[1] 柳夕浪. 教师参与教育研究:理念、方式与局限 [J]. 华东师范大学学报(教育科学版),2002(2):44-48.
[2] 高慎英. 教师成为研究者"教师专业化"问题探讨 [J]. 教育理论与实践,1998(3):32-35.

第一节 案例诠释

教师教学研究的心路历程是一种研究经验、失败教训与自我反思的集结。一个教师的"心路历程"就是他一串串人生故事和教育故事的结晶，深刻地反映着教师的世界观、人生观、教育观和研究观，能清晰地看到教师在研究中成长的点滴。本研究的任务之一就是透过教师研究历程的全过程寻找教师教学研究的成长点，探寻教师教学研究的实践价值，以便更深入地解析基于研究的教师发展模型。

一、一位教龄1~5年教师的心路历程

项老师是2017年入职的年轻教师，目前已经有4年的教龄了。她是一位地地道道的学院派老师，高考填报志愿时就选择了省内师范大学的师范专业，并顺利地被录取，在经过了本科4年的学习之后，掌握了扎实的理论知识和教学能力，投身于小学教学的第一线，现在是一名小学英语老师。以下是项老师在2020年7月期末总结时，结合自己的经验与感悟写下的一篇教育研究随感。

⊙ 把握当下，点滴研究

回想成为教师的这几年，是忙碌而充实的。刚走入教学岗位的我，进步了许多，能更加深刻理解之前学习的理论，又能发现很多书本之外的教学技巧，闲暇时再阅读一些教学理论，温故知新，能更好地提高我的教学水平。但是很明显，仅仅专注于教学能力的发展是不够的，作为教师，也不能忽略研究这方面。学校要求入职三年内的年轻教师每个学年都要设立课题，也鼓励我们教师之间自主搭建团队。科研对我来说，并不是一件很困难的事情，在学校时，我就参与过学校组织的国家级课题的申报，并且也写过几篇课程论文，获得学校前辈较高的评价。但是想要做出有价值的课题，产出优秀的研究成果，就一定不是一件简单的事情。可能再过两年，我就要面临评职称中科研这一版块的硬性要求，所以相对比较着急，心想不如从现在就开始累积。

但说着容易做到难，日常需要备课、上课、听课，作为班主任，还要进行班级管理，关注学生身心健康发展、和家长沟通，等等；想要静下心来、留出时间撰写论文太难了；同时，找到一个方向进行研究也不简单，课题申请书怎么才能脱颖而出，从而能够申请下来，是否要和其他老师合作，这些都是问题。我现在更倾向于独立研究，毕竟每个人的教育理念都是有差异的，想研究的方向也是大不相同，一个人的效率也更高。我目前关注的领域是关于自我领导力教育的，这也契合我们学校的教学理念，相信每一位孩子都可以成为领导者，从而激发每个学生的内在最大潜能，为他们提供必要的领导力技能，使他们能在面对未来的生活中做好准备。在对这方面的研究中，我发现领导力不是简单的教与学，领导力方面的研究不是粗浅地掌握概念就能实现的。这个概念要落实到位，需要更加扎实的理论基础和实践经验。所以在通过多种手段促进学生感悟领导力概念的同时，我自己也在不断地丰富自己的阅读量，提高自身知识的广度和深度，阅读其他人的研究成果，努力学习更加贴合主题的研究方法，架构良好的研究框架。

除此之外，现在我有自己运营的公众号，以此为平台，发布一些微课视频和作业，完成线上线下的互动，在这个平台上，可以直接地获得一些反馈。并且，我经常在公众号上发布一些小文章，分享我自己的教育感悟，取材于我的教学实际、生活经历、教育新闻等。在不断地书写这样的小日志的过程中，其实也是在对自己的一个教学反思，回顾我的教学经历，反思的同时总是能诞生一些新想法，作为新的研究点。其实这个公众号在2018年底就创建了，那时候希望把它做好，但是因为教学任务繁重，一直没有时间和精力去运营，但是因为2020年初"新冠肺炎疫情"的关系，微课等线上课程受到重视，与学生的交流不再止步于校内课堂，在这个特殊时期，公众号发挥了作用。有时候我并不把这看作是教育科研的素材，而是作为促进学生学习的手段，我和学生交流的信息方式，作为我促进自身教与学的实践。

　　虽然对于现在的我来说，我研究出的成果还不够成熟，但我相信，把握当下，从身边的点滴进行研究，我一定会创作出更好的内容，并以此带给学生更好的课堂体验。[1]

1. 教学背景：基础扎实

项老师的师范生学习经历为她习得了扎实的教育学专业基础知识，在真正进入教师的职业生涯之后，从课本上学到的知识得以运用，"回想刚走入教学岗位的我，进步了许多，能更加深刻理解之前学习的理论，又能发现很多书本之外的教学技巧，闲暇时再阅读一些教学理论，温故知新，能更好地提高我的教学水平。"不仅如此，在读书时期积极参与教育研究活动的她具有较为丰富的课题申报与写作经验。"在学校时，我就参与过学校组织的国家级课题的申报，并且也写过几篇课程论文，获得了学校前辈较高的评价。"

2. 专业信念：理想但不实际

从项老师积极参与学校组织的课题申报等行为来看，项老师的专业信念感强，在教好书、带好学生的同时，她也非常重视提升教师个人素质，提高教学水平这一块，并且具备一定的研究意识，她认为"科研对我来说，并不是一件很困难的事情"。但是这个观点无疑是十分理想化的，"但是想要做出有价值的课题，产出优秀的研究成果，就一定不是一件简单的事情。"毕竟离开了大学校园，成为一个小学教师，平常有许多事务要处理，专心从事科研似乎并不是一件太容易的事。"日常需要备课、上课、听课，作为班主任，还要进行班级管理，关注学生身心健康发展、和家长沟通，等等；想要静下心来、留出时间撰写论文太难了；同时，找到一个方向进行研究也不简单，课题申请书怎么才能脱颖而出，从而能够申请下来，是否要和其他老师合作，这些都是问题。"在忙碌的日常工作中，需要思虑的事务太多了，花费大量时间和精力投入做科研中并不是一件现实的事情。这也充分说明处于生存关注阶段的教师，适应和熟悉学校的日常工作流程、工作技巧是其关注的重点，因而很多理想与现实的冲突也显得尤为突出。

3. 研究意识：实践大于理论

项老师虽然是年轻教师，但是她具备一定研究意识。她认识到"仅仅专注于教学能力的发展是不够的，作为教师，也不能忽略研究这方面"，并且，她对"研究"的认识带有实践

---

[1] 根据Z省J小学英语教师项老师的2020年7月期末写的一篇教育研究随感改编。

性特点,"把握当下,从身边的点滴进行研究,我一定会创作出更好的内容,并以此带给学生更好地课堂体验""我经常在公众号上发布一些小文章,分享我自己的教育感悟,取材于我的教学实际、生活经历、教育新闻等""有时候我并不把这看作是教育科研的素材,而是作为促进学生学习的手段,我和学生交流的信息方式,作为我促进自身教与学的实践。"不仅研究的内容来自身边的点滴小事,研究的目的也在于创作出更好的内容以提高自身教学水平,带给学生更好地课堂体验,促进自身的教与学。她在研究中关注的"自我领导力教育"这一领域,这也来源于契合学校的教学理念。同时项老师对于生活中的变化带来的教学上的变化是比较敏感的,并且也非常熟练地使用新媒体的手段,"现在我有自己运营的公众号,以此为平台,发布一些微课视频和作业,完成线上线下的互动,在这个平台上,可以直接地获得一些反馈""因为2020年初'新冠肺炎疫情'的关系,微课等线上课程受到重视,与学生的交流不再止步于校内课堂,在这个特殊时期,公众号发挥了作用。虽然现在学生已经开始陆陆续续回到校园,但是我想微课这一块我还是会继续做下去,做出成果"。可见,教学实践对项老师的影响是巨大的,实践对她研究意识的影响大于理论学习,也正是在教学过程中的不断思考,让项老师能够从日常的教学经验和临时的教学变化中发现细致的研究要点,并且在教学一线岗位能够很快地将其付诸实践,获得教学反馈。

4. 研究知识:处于摸索状

研究知识在整个教师知识领域中是属于一种条件性知识,但这种条件性知识在实际教育教学研究中又存在一定的本体性和实践性。项老师从师范毕业,在本科期间学过教育学的相关课程,具有一定的教育科研的理论知识,同时在工作之余也听过一些科研方法的报告,但是对于如何开展一项研究停留于简单的理论阅读,"所以在通过多种手段促进学生感悟领导力概念的同时,我自己也在不断地丰富自己的阅读量,提高自身知识的广度和深度,阅读其他人的研究成果进行学习,努力学习更加贴合主题的研究方法,架构良好的研究框架。"在进行研究时,不知道如何将理论知识运用于实际,在实际操作中采取的研究方法还是有一定局限性的,并且在捕捉到"疫情防控期间微课教学"这一热点问题的同时,没有很好的方法将其转化为研究成果,由此可见她所具备的研究知识往往是本体性的,还缺乏一定的实践性,她对于研究知识这方面仍然在摸索中前进。

5. 研究能力:逐步形成

由于项老师本身具有较为强烈的专业信念和研究意识,她虽然对自身的研究能力较为自信,但仍然有针对性地不断发展自身的研究能力,"有时候闲暇时再阅读一些教学理论,温故知新""我自己也在不断地丰富自己的阅读量,提高自身知识的广度和深度,阅读其他人的研究成果进行学习,努力学习更加贴合主题的研究方法,架构良好的研究框架。"虽然项老师积累了许多的教育感悟,也有所创新,但是事实上,并没有对课题进行完整的研究,可见项老师在研究的操作能力上还是比较薄弱的,毕竟一个新教师任何东西都是需要慢慢积累经验,项老师就是通过阅读、写作逐步地提高自己的研究能力。

6. 影响因素:外在刺激

从理论上讲影响教师教学研究的因素有很多,比如教师个人因素、工作因素、工作环境因素等,而对于项老师来说,外在的影响因素可能更为主要。"学校要求入职三年内的年轻教师每个学年都要设立课题",这样的硬性要求促使教师不得不参与到课题研究中去。与此同时,还存在职位晋升与科研挂钩这样的生存压力。但是外在因素的影响不仅仅只带来压力，也能够转化为一种激励。项老师对于这些硬性要求采取的是积极应对的态度，"可能再过两年，我就要面临评职称中科研这一版块的硬性要求，所以相比临了着急，不如从现在开始累积"。项老师将这种外在的硬性要求看作是促进自身发展的手段，这就形成了良性循环，使教师在需要与满足的平衡中不断求得发展。可见，学校对于科研的要求是促进教师从事教学研究的一个重要因素。

7. 研究途径：自主性

虽然驱动着项老师进行科研的很大一部分原因是来自学校的硬性要求，但项老师的研究途径更多地表现出自主的性质。她所用心运营的公众号平台也是由她一人自主运营的，从收集资料、整理资料、录制、编辑、发布、收取反馈等，皆为独立作业，同时她的一些研究感悟也具有非常强的个人特征。但项老师并不热心合作研究，"我现在更倾向于独立研究，毕竟每个人的教育理念都是有差异的，想研究的方向也是大不相同，一个人的效率也更高。"但项老师并不拒绝及时地获取外界的信息，特别是信息网络带给她的资源。

8. 研究行为与策略：基础性

项老师的研究行为与策略都带有一定的基础性，她最熟悉也最经常使用的研究行为与策略是阅读、写教学感悟、教学反思、生活经历、教育新闻等。"我自己也在不断地丰富自己的阅读量，提高自身知识的广度和深度，阅读其他人的研究成果进行学习"，通过阅读提升自己的研究能力，推进自己的研究进度。可以说，她的很多研究行为都是在其完成基本的教学工作的基础上，由于多观察、多思考而诞生的，她几乎不会进行超出自己日常工作的研究行为。很显然，如果按照项老师现在的研究行为与策略一直走下去，她会一直觉得没有时间进行研究，原因就在于项老师所采用的研究行为和策略并没有真正地与教学紧密结合，还存在一定的盲目性，没有找到适合自己研究的方法和策略。当然这个阶段是必经的，只有不断地多做、多写、多想，才能找到适合自己教学、较为固定有效的研究行为和策略。

9. 研究结果：与实践和思考相连

研究结果是衡量教师教学研究水平的一个重要指标，教师往往选择以"论文"的形式来作为自己研究的成果。项老师在以论文作为自己的研究成果的同时，注重通过多种形式呈现自己的研究成果，包括公众号平台、教育感悟、心得笔记等，"在不断地书写这样的小日志的过程中，其实也是在对自己的一个教学反思，回顾我的教学经历，反思的同时总是能诞生一些新想法，作为新的研究点。"可以看出她的研究成果与她的日常教学实践、教学反思相连，并没有拘泥于单一的形式，从很多规范的束缚中解脱出来，个人的实践理解、实践经验得以跃然纸上，不仅项老师自身，其他教师都能从中受到启发。

二、两位教龄5~10年教师的心路历程

王老师是一位硕士研究生，她从中师走入小学从教，又从小学走入大学深造，本来有很好发展前景的她为什么选择放弃小学教师的工作？为什么要到大学继续深造呢？这就成为吸引我去探究的一个课题，主要从教学背景和专业信念来分析。由于王老师的教学生涯因就读研究生而停止，为了更客观更真实地反映教师教学研究的情况，丁老师的心路历程又成为我研究的对象，丁老师也同样有着6年的教龄，目前就职于杭州某所幼儿园。丁老师的加入在一定程度上弥补了王老师所无法提供的素材，所以从"研究意识"开始分析丁老师的心路历程。

⊙ 学习改变命运

师范学习的几年，我喜欢上了教师这一职业，每次的见习实习都令我感受到身为教师的快乐。走上工作岗位后，我暗暗发誓：一定要在这一年的岗位上做出一点成绩来。

毕业后我接手的第一个班是一年级的孩子，学生是住校的。七八岁的孩子第一次离开温暖的家，第一次离开悉心呵护他们的父母，哭的、闹的，有些幼儿园的感觉。作为班主任，我一天九个小时陪伴着他们，早出晚归，在学生没有起床的时候到校，在学生睡下的时候回家。一个月里，真正地体验到教师的艰辛。回到家里，我总质疑：这就是自己要干一番事业的教师职业吗？这与保姆有何差异？我的雄心壮志有些动摇，但有几件事却令我坚定了信心。我是一个感性的人，首先是新教师培训中一位优秀教师的经验介绍，她的深情介绍深深地吸引着我，我羡慕她获得的骄人成绩，更嫉妒她与学生之间的那种深厚感情。同时一个月的教学中，虽然苦些、累些，但其中也不乏许多乐趣，我喜欢孩子的纯真无瑕。于是我把这最初的感受写成了文章，没想到，报纸上还真刊登了我的那篇处女作《初为人师》，最后一句，我写道："我无悔自己的这一选择。"

工作之余，阅读是我的最大乐趣，我喜欢买书，每次逛书店总喜欢带一大堆书回来，一天到晚地读。除了看些文学书，还看教育理论的书、杂志等。也许是自己的努力，一年后，我得到了学校的认可。学校开始给我机会在各种"场合"露面，开公开课，参加优质课评，被选为"教学能手""教坛新秀"，我获得了丰厚的成绩。但我深知自己的理论功底是相当缺乏的，是我最薄弱的一个环节。

很幸运，在我入职的第三年，我加入了第13届省教坛新秀培训班的行列。放下教学任务，丢下学生，进行了为期2个月的学习。聆听教授、专家的授课，特级教师的宝贵经验，充实的2个月很快就过去了。而这2个月在我的教师生涯中的重要性是它所无法比拟的。在大学校园里，我第一次接触了、理解了教育中的很多理论。回到学校，我用理论来考察自己的实践，我把学到的知识与教师一起分享，与学生一起运用，在课余时间，写点心得，同时也开了几堂汇报课，得到了同事、专家的一致好评。

我很高兴，因为学习理论，把理论运用于实践而得到了很快的成长。但是渐渐地我也发现，小学教师的忙碌，逼得教师不得不花大部分时间在学生身上，而自己的成长无法顾及。即使在同龄人中，在同事的眼中我属于勤奋好学的一类，但较少的属于自己的时间和空间，无法满足我的学习渴望，于是我开始梦想暂时放下教师这一工作，重新回到校园，在大学里我想会拥有一个自由的空间，还有教授专家的悉心指导。

经过长达2个月的内心激烈的矛盾，我做出了抉择，一边工作一边考研。备战考研的日子是艰辛的，尤其是像我这样没有英语基础，没有专业理论基础的人来说，更是难上加难了。但是在那段日子里，我所阅读的大量专业理论资料对我的教学同样有着巨大的促进作用，我更加领悟到理论的魅力，这一切都坚定了我前进的脚步。一年之后，我顺利地通过了考研大关，成了课程与教学论专业的研究生，我想经过3年的系统理论学习，我的思想还会有另一次巨大的飞跃，我想，我还会走回小学教师的队伍，用我的所学解决实践中面临的诸种难题。[1]

1. 教学背景：不满足于现状

王老师工作将近有6年了，对于这个教龄的教师，往往更注重的是如何将教学进一步提高，而不仅仅满足于"我会教"的状态，而她工作这几年来，各种让她露脸的机会她都一一抓住了，上公开课，参加优质课评，被选为"教学能手""教坛新秀"，一切荣誉一切成果都足以说明王老师在工作头几年的努力没有白费，其间她还不忘给自己充电，开始踏上自考、函授大专、本科的进修之路，而当她去杭州参加完"省教坛新秀"培训进修后，似乎想法有些改变，"到了这个时候，心里就特别再想更进一步，但是现实中教师职称等的评定都是有规定的，不到年限是不可以晋升的，而这一等就是5年，5年后我会成为怎样的老师呢？拿更多的奖、上更多的公开课，这能提高多少呢？最多也只是从新手到熟练手的程度，我该怎么办呢？这个问题一直困扰着我"，可见王老师对自己成长的关注、对自己发展前景的忧虑让我们真切地感受到她在寻找成长之路的矛盾与冲突，"假如我继续现在的教学生活，继续和孩子打交道，我就很可能按部就班似的，从小一到小高，再到特级，这样子我能学到多少呢？假如我放弃教学，换种活法，继续学习深造，我又会提高多少呢？那段时间我就在这两个天平之间，左掂量右掂量，无法做出抉择"，最终王老师经过两个多月内心激烈的矛盾，做出了边工作边考研的决定。这其间的艰辛不用说，但结果却让她感到由衷的欣慰，因为她终于如愿以偿，暂别讲台，重回大学校园，"拥有一个自由的空间，还有教授专家的悉心指导"，去找寻更有利的前进道路。

2. 专业信念：现实与知性结合

从"没有选择的选择—喜欢做教师—无悔这一选择"，王老师的专业信念转变是非常明显的。也许一开始并不是很喜欢做老师，但是师范生涯让她在与孩子、与学校的接触中逐渐融入了这个角色，慢慢地喜欢上了，从喜欢到无悔，这又是一次更深刻的肯定，这种肯定是发自于王老师内心，是在实际教学中所获得的，"现在当我回过头去看看这六年，与学生一齐笑过，一齐哭过，一齐奋斗，一齐收获，一齐成长的六年，从刚开始对教师这一职业的茫然无知，到现在我觉得自己真该珍爱这份育人工作，虽然做好它很苦，很累，甚至时常觉得没有成就感，但我想同时我也拥有很多，拥有世上最珍贵的财富——孩子们真诚的感情；拥有世上最夺目的色彩——孩子们灿烂的笑容；拥有世上最可爱的礼物——孩子们的心！这些听起来似乎是那么遥不可及，虚无缥缈，但我感觉自己却真正拥有着"。从王老师不经意的言语中让我们体会到作为一位老师她不仅仅只关注自己的教学，更重要的是她把更多的关注给了学生。不再是纸上谈兵式的"要做好老师"，而是实践式的"要做好老师"，是在一次次的感动中更加坚定了这个信念，"记得那天是星期五，上完那天的课我将前往杭州，心里很激动又有些放不下，四年没离开过我的孩子们学习、生活能依旧吗？我相信他们，但前一天晚上，还是坐下来给学生写了一封很长很长的信，叮嘱了很多，准备让学生可以传阅着看。没想到，为给我送行，孩子们准备得更多。教室的前后黑板都做了精心的布置，一走进教室，还没等我站定，几个学生就捧着一束鲜花为我祝福，虽然每次收到他们的鲜花都觉得破费了些，但说实话，每次我又都会为之深深感动。最后，吕××同学走上来，手里拿着一盘磁

---

[1] 出于研究的需要，研究者约请王老师撰写了这则案例。文中的引用部分均出自研究者与王老师的采访。

带，这一份我会珍藏一辈子的珍贵礼物。她说：'王老师，这是我们昨晚一起录的，我们想让您带上我们的声音去杭州学习，想我们的时候可以拿出来听听。'那时我心里涌上了一阵温暖，没想到我的孩子们如此有心。磁带里录的是学生给我的一个个真挚的祝福与心愿，以及他们合唱的那首《每当走过老师窗前》，没有伴奏，没有任何润色，但我觉得那是一段最美、最感人的音乐，是值得我一生珍藏的最珍贵的祝福。我是很容易受感动的人，那时我和我的学生都流泪了。我不是拥有世上最珍贵的财富了吗？"

3. 研究意识：清晰明朗化

由于王老师已经就读硕士研究生，故对于研究意识、能力等方面的一些素材较难获取，同时她又离开工作岗位，为了更客观更真实地反映教师教学研究的情况，研究者又选取了一位有6年教龄的丁老师作为研究对象。丁老师目前就职于杭州的某幼儿园，其间她已完成了大专和本科的进修。

在丁老师眼中，"教学是一项主要的大工程，而研究则是这一工程中促使施工更好、更快完成的一些捷径或尝试。研究完全是为了更好地实施教学而进行的，6年的教学研究体会使我在平时的教学观察和记录，以及教学实施更加认真仔细了。当然我觉得教师最大的责任就是搞好教学，这才是真正有利于学生的事情。那些连自己教学都搞不好的教师还是不要把心思过多地放在研究上，有些只会纸上谈兵的教师对教学是没有用的"。可见，丁老师对研究与教学的关系、研究与教师自身发展的关系的认识还是比较清晰的。但是丁老师对研究问题的看法却另有见解，"在教学中教师研究自己我觉得不太合适。因为人毕竟都有主观性，特别是自己研究自己总有自己内心主观的想法，难免缺少客观性。当然自己的一些想法和感悟也是可以参考的""我觉得教师在教学过程中的研究可以有对自己教学方式的研究、对学生情况的研究、对教学环境的研究等。根据我的经验，我觉得教师能够针对自己喜欢的点，实际进行探索研究，对自己的教学确实有帮助的，这样的教学研究比较可以接受"。换句话说，丁老师对于研究问题的敏感性主要是考虑从自身的兴趣点出发，从而避免了研究的盲目性，这是一个较为实际的看法。但她同时又看到了教师研究自己的教学的致命弱点，这是难能可贵的，充分说明丁老师的研究经验与理论能够在一定程度上结合，并且对研究看得更为透彻。在这样的研究意识指引下，丁老师对自身所进行的研究也就更加积极了。

4. 研究知识：熟练于教学

在对研究知识的看法上，丁老师如是说，"读中专的时候教育研究方法之类的课基本上是没有的，函授的课你也知道，老师考什么我们记什么，所以基本上是不懂的，有些时候我们也经常出去听讲座、报告，老实说这样的效果并不好。反倒是我自己进行了6年的美术教学研究，对我帮助很大，因为在研究中经常会碰到很多问题，有时候问别人也并不一定懂，只有自己找书看，再慢慢消化。"可以想象，当一位老师面对一个研究情境，她明知问题存在，但又不知道用何种方法去解决，那时会有多揪心！不过可喜的是，我们也看到了丁老师的一些研究成果——《关于在小班开展"水粉画"教学的研究报告》。看了丁老师的研究报告，真佩服她扎实的美术教学功底，在实际教学中很多东西是很难量化的，但丁老师从小班幼儿的实际情况出发，设计了一个教学实验，从这个实验中得出相关结论，虽然理论上肯定还存在问题，但是她用实证的研究方法来研究教学，这种思路、这种研究的设想足以说明丁老师的研究知识不仅是理论性的，更是实践性的，并且她能够比较合理地使用一些研究方法，清楚每一种研究方法之间的差异，从而根据研究对象选取合适的方法。虽然当问及丁老师"什么是调查法"时,她不能一字一句很理论化地说清楚,但她能用例子告诉我,这也从另一个角度说明丁老师对研究知识的灵活运用。

5. 研究能力:创新与反思结合

丁老师的研究报告是其研究能力的集中反映,在报告中体现了丁老师严密的分析能力,利用各种有效工具对现有材料进行量化和定性分析的能力。在美术教学中运用实证研究方法,充分展现了丁老师对幼儿的了解以及对教学和研究的了然于心。从研究结果的呈现可以看到她在正确使用各种研究方法的同时能够兼顾在研究过程中的不断反思、不断调整。丁老师自己在谈到这个研究时说:"刚开始的研究设计并非这样的,还要更加复杂,我做了第一次观察后就把原先的设计推翻了。因为小班幼儿的特殊性,决定了我们观察的有效性、持续性都不是最好,因此过于繁复的步骤幼儿根本不理解也做不到,所以出于这样的考虑这个研究才设计成现在这个样子。"根据实际教学、幼儿的情况不断调整自己的研究,灵活应对各种突发的问题,这是丁老师比较擅长的,也说明经过多年教学的磨炼,她的研究能力越来越成熟,在正确理解研究的基础上又上了一个台阶。

6. 影响因素:从外在转向内在

丁老师现在研究的是幼儿美术教学,她觉得影响其进行研究的最主要因素是"工作中需要教师出成绩,这个成绩是可以多种多样的,但一般都默认那么几种,要么是论文、要么是上课,科研其实大家都差不多"。当然丁老师觉得影响因素还有很多,比如学校环境、班情,"这些年来的教学研究,我觉得最主要的是由于班情缘故,班里孩子的人数比较多,进行一些教学研究不太可行""我们幼儿园给每个教师的研究空间还是比较大的,只要你觉得在哪方面存在疑惑,都可以根据自己的实际情况进行研究,所以我们幼儿园进行的研究项目是比较多的,如蒙氏教学法、奥尔夫教学法、活动区教学、美术教学、感统训练等,大家都有自己的特色。"但是从丁老师的言谈中可以看出,她很注意自身因素对研究的影响,如"在工作中觉得自己的能力实在有限,我们自身的教学研究素质还有待提高,知识的更新又那么快,所以加强自己的学习和研究水平也是很重要的。希望能够有人进行指导和帮助,特别在进行一些教学实施过程中,还是需要有一些专职的教学研究者予以帮助。我参加的一些教学研究都是希望能够通过这些研究对自己的工作教学有好处,对促进班里孩子的美术能力是有好处。当时是因为觉得自己在这方面有一定的兴趣才开始研究的。"与前文的项老师相比,丁老师更关注的是自己如何从兴趣出发去寻找研究点,而项老师则更多是依据学校的要求来进行。这两者之间有较大的差异,同时在影响因素的认定上丁老师已经从外在影响因素转移到内在影响因素,从自身出发去找原因,这又是一个进步。

7. 研究途径:与教学紧密联系

"在经过了三年一轮的教学之后,我总结了一系列教学经验,有了自己的一些想法。同时班里幼儿在美术方面表现出的能力也比较强,我觉得自己的教学是比较成功的,而我的这些教学研究也是有意义的。特别在第三年进行小结的时候,我觉得比较顺利,自我感觉也非常好。对于我在教学生活中的感受,我们往往是通过教养笔记的形式进行记录反思,有一段时间还通过教案整理的形式进行反思。"丁老师的研究很明显的一个特点——与美术教学相联系,因为在她看来"我要做研究,我不可能是像研究生那样写长篇大论,一是我没这能力,二是我没这基础。我有的优势或者说基础就是我的教学,因此很自然我的研究途径肯定与我的教学脱不了干系,而且研究也不可能是我一个人的单打独斗,肯定是需要很多教师共同努力，所以教研组是我们交流的一个很好平台"。这番肺腑之言让人深深感到一位教师对教学的热爱，对学生的负责，因为"只有在研究，你的教学才能提高，才能使每一个孩子得到最好的发展，你自己也才能在这个过程中有所收获。"研究只有与教学相连才能焕发生命力，只有与教学相连教师才有话可说、有话能说、有话敢说。

8. 研究行为与策略：以研究价值、意义为导向

研究过程应该如何发现问题，这些都是关于教师研究行为与策略的表现。丁老师这样描述她的研究过程，"刚开始研究的时候，我觉得首先教师应该了解研究对象的实际情况，了解学生实际需要哪一方面的帮助，在哪些方面确实需要进行研究。然后设计出一系列适合学生的教学研究过程，先预设一下这一研究可能达到的程度。当时在设计研究程序的时候遇到一些困惑，就怕自己的研究没有意义，不适合班里的孩子，同时在设计的时候在理论和实际上都存在不自信。当然后来在幼儿园教研组邀请的辅导老师的指导下终于克服了。一开始研究的时候，研究出来的东西我会拿出来，更重要的是和大家交流，以免自己孤陋寡闻，徒劳无功"。在谈到对6年教学研究的感受时，丁老师不无感慨地说："希望以后的研究能够更加集中，大家的目标一致，互相帮助，取长补短，相信这样的教学研究才是有价值的。"从学生、班级实际情况出发，以研究价值为导向，这是丁老师在研究过程中使用的一个最为普通的策略，即研究意义与价值作为首要考虑因素；研究的成果愿意拿出来分享，这又是一种研究策略，这种行为能够帮助刚处于摸索阶段的教师认清自己研究的方向，对于进入下一步研究是很有帮助的；研究遇到困难及时求助，这是任何一位研究者都会使用的策略，但对于中小学及幼儿园教师来说是非常不易的，这些领域的教师工作往往都是在班里，各班都有一本难念的经，教师往往只管自己很少与他人合作和寻求帮助，这是解决问题的一个捷径，也是教师走向合作的起步。

9. 研究结果：现实性

"研究结果对于评奖什么的很重要，目前认可的形式只有那么几种，所以大家挤破头也会拿出像样的成果来，我也不例外。但是我觉得很多时候研究结果的认定应该多样化，并不仅仅局限于这些，像我们的教养笔记、教案里面都有我们平时思考的痕迹，那才是最真实的！况且研究结果有了，并不代表研究就此结束了，研究应该是一个持续的过程，成果就是我们思考的产物！"可以看出丁老师的些许无奈，在研究结果单一化、功利化导向下的科研结果认定在某种程度上是对教师的一种打击，在更多时候将成为教师成长的绊脚石，但是现实如此，作为一个普通教师的上进与无能为力之间有堵不可逾越的墙，只有适应现实才是最佳的选择。

三、一位教龄10~20年教师的心路历程[1,2]

鱼利明是一位小学语文老师，作为杰出青年教师代表，不到40岁就已经成果斐然，任教于新疆农业大学附属小学，同时也是新疆师范大学研究生实践导师，新疆教育学院、市职业大学特聘教师；市小学语文名师工作室主持人。2016年获评年度全国小学语文"十大青年名师"。鱼老师自1998年师范学校毕业后，在研究型教师的道路上孜孜不倦地求索，致力于

---

[1] 韩光明，张爱琴. 天山上的来客——青年名师鱼利明的成长之路 [J]. 小学教学（语文版），2016（11）：48-50.
[2] 韩光明. 新疆小学语文教学的领跑者——记鱼利明及"乌鲁木齐市小学语文名师工作室"[J]. 小学语文教学，2017（33）：54-57.

"理想语文"及"课程架构与教材重组"的探索研究。鱼老师的成长经历充分说明教学研究在教师专业成长中的价值。

1. 教学背景：夯实与良机

鱼老师是一位土生土长的新疆人，师范毕业后进入小学开始了他的教师生涯，他工作前的学习经历为他未来的发展奠定了坚实的基础。"小学和初中，他的成绩都是班里比较拔尖的，中考时顺利被当地一所重点高中录取。他既高兴又忧愁，高兴的是重点高中是每个同学都期盼的，忧愁的是家里要负担更高的学费。这对于原本就不富裕的家庭，将会更加艰难。一向懂事体贴的鱼利明犹豫了，最终他选择了师范，因为师范可以早点就业。"基于现实的原因，他选择了教师之路，几年的师范学习让他打下了坚实的基础，凭借优异的成绩再加上学校的推荐，鱼老师很快入职了新疆农业大学附属小学。正如鱼老师自己所说："你除了有能力，还得有伯乐"。在几次全国大赛上，鱼老师把握住了良机脱颖而出，先后获得了谢志新校长、前乌鲁木齐市小学语文教研员宁学慧老师的赏识与看重，拜师全国名师于永正老师、全国著名特级教师孙双金校长。在几位前辈老师的指点下，鱼老师在教学研究的道路上越走越稳妥。2011年，经过公招，鱼利明从新疆农业大学附属小学教研室主任成为乌鲁木齐市教研中心的一名语文教研员，有更多的时间和精力打磨经典教学案例和进行深入研究。

2. 专业信念：创新而实效

纵观鱼老师的教学经历，会发现他的拼搏精神非常强，他有着创新的专业信念，同时也注重实效。"2001年，厦门举行'多思'课题教学活动，全国有将近二十个省市老师参会，会上只能展示6节课，所有参赛者要进行两次选拔。鱼老师一个环节又一个环节地抠，一个细节又一个细节地磨，课文中的每一句话都不放过。最后，鱼老师脱颖而出。"在前辈的带领下，鱼老师养成了良好的教学习惯和认真负责的态度，在后续不断的参赛中继续反复思考、琢磨，"在孙老师的指点下，鱼老师对《老人与海鸥》一课做了无数遍的设计，最后以'给你留下印象最深刻的画面'切入课堂，指导学生概括全文写了什么。这样，一篇1200多字的故事，学生用'喂''唤''谈''念'四个字就概括了。紧接着，鱼老师帮助学生从整体上快速把握课文。"历经几次大赛，鱼老师推出了《巨人的花园》《老人与海鸥》等经典语文课程的新设计，独辟蹊径，设计巧妙，同时鱼老师浑厚并且具有磁性的声音让课堂充满吸引力。如此，鱼老师形成了创新而实效的专业信念，深入"追逐理想语文"的教学实践与探索，在新疆的天山南北引起了一定的反响。

3. 研究意识：自觉、成熟、新颖

鱼老师的研究意识，也是随着教龄的增长而逐步发展。"虽然大赛获得了一等奖，但他仍感不足，尤其是名师的课深深地震撼了年轻气盛的鱼老师，原来语文课可以这么上，他有了新的榜样和目标，开始埋下身来精耕细作。"走出新疆，走向全国的几次参赛经历奠定了鱼老师向着打造"理想语文课堂"这一方向进行研究的基础。从他积极主动地参加各类全国大赛、拜访名师等行为来看，鱼老师的研究意识非常自觉，主动自发地吸收着他人的教育理念和研究成果。同时，课堂教学对鱼老师的影响是巨大的，他认为，"每个人都要突破自己的固有思想，必须不断学习，我们要在继承的基础上有所创新！与内地名师同台，多去揣摩其教学艺术，更重要的是学习他们的教学思想！""反复研磨，争执讨论，每次的课堂教学交锋中，我们碰出了思想的智慧，撞出了课堂教学的热情，感受到的是语文教学的无穷魅力。"课堂教学为鱼老师培植了研究意识成长的土壤，多年的教学经历和研究经验让他的研究意识

越发成熟,"理想语文"的研究化于现实。但他不满足于此,在做好本职工作的同时,根据自己的能力、关注点与实际情况,又投入了"课程架构与教材重组"这方面的研究,力图为教师专业成长提供新的视角。他进行的探索研究也得到了社会的认可,公开发表了《教材的系统化重组》《部编本教材编写理念下的多视角教学尝试》等文章。由此可见,鱼老师的研究意识是自觉的、成熟的,同时也是新颖的,正是这样的研究意识能够使他真正意义上去理解教师的教学研究。

4. 研究知识:统整于实践

鱼老师多年的教学经验、研究经验,使他所具备的研究知识不仅仅停留于表面,不是零碎的,而是深入的、整体的,最重要的特点是来源于实践,并作用于实践。鱼老师带有统整于实践这一特点的研究知识可以透过他对其他教师、团队中的同伴的一些态度体现出来,"学习新理念,研究新教法,大量的信息需要不断充电,大家感到自己的头脑不够用了。鱼老师要求大家再读书、再实践""一次又一次地将教学策略、教学思考落实在磨课中:那是一节节文本解读的智慧整合、一堂堂课内外阅读指导课的策略落实、借助教材进行多视角教学关注学生习得的实践。"在成为教研员以后,给学生上课的时间减少了,但他仍然认为教学与研究是不可分割的,十分重视课堂教学:"'教而不研则浅,研而不教则虚',教学与研究是不可分割的。教研员应当把理论转化为实际,多去研究课堂,感受课堂的生命力。为此,他给自己立下了一个规矩:先上课,再说课堂教学的事;不上课,不说语文教学的事。"并且,他从未停止过上课,几乎每一年,他都要推出新的经典教学案例,并且获得新的感悟。"2006年在南京执教《巨人的花园》,收获的是情智语文的智慧,学生学会了课文与原著的对比阅读;2007年在广州'现代阅读经典'活动上执教《伯牙绝弦》,收获的是传统语文的丰厚,学生学会了经典的诵读;2008年在南昌全国大赛执教《老人与海鸥》,收获的是人文语文的情意,学生学会了感动敬畏;2012年在重庆执教《走进神话》,收获的是文学的深远,学生学会了中外文化的比较阅读;2013年在东莞执教《鲸》,收获的是说明文组文教学,学生学会了语文生活中的表达运用;2014年在昆明执教《晏子使楚》,收获的是厚重鲜活的历史,学生学会了与历史人物对话;2016年在杭州执教《地震中的父与子》,收获的除了感动,还有使学生学会了文体的风格阅读。"一次又一次地登上公开课的舞台,一遍又一遍地思索语文教学的归宿,上课越多,打磨越细,思考越深,钻研越多,不断的实践中带给鱼老师的是更多的思考、更贴合实践的研究知识,鱼老师也就能走得越远。

5. 研究能力:综合贯通

能者多为,鱼老师担任着新疆维吾尔自治区小语会常务理事,同时也是新疆师范大学研究生实践导师,新疆教育学院、市职业大学特聘教师,还是市小学语文名师工作室主持人。诸多职务下,彰显着鱼老师出色的研究能力。我们说当一个普通教师在教学中"做研究"的时候,往往更注重的是个体的具体的研究行为,因此其能力的体现往往是通过个体具体的教学研究项目来体现,而鱼老师作为研究带头人,他在分析、创造、实践、反思、认知和操作等方面的能力已经远远超出个体范围,而是达到了一个综合贯通、统整全局的层面。鱼老师"带领着团队的成员一直在阅读教学、写字教学、习作教学中从牛刀小试到大显身手,只要是站在讲台上,那就是'毫不客气'地去实践自己的教学追求。"从鱼老师不断创新的教学方法、推出的经典教学案例、发表的文章等,都能清晰地看到鱼老师研究的每一步脚印,这些都是他多年研究的磨炼下积累起来的,是不断发现问题、尝试解决问题、反思、学习、行为展现的不断循环过程,也是不断创新的过程,这都是鱼老师综合贯通的研究能力的体现。

6. 影响因素:聚焦于研究本身

从鱼老师的成长经历可以看出,早年间他对研究产生兴趣是由于其他名师的名课带给他的感染与震撼,之后影响他研究的是来自内心的"打造理想语文"的理想。但在研究道路上不断钻研的过程中,鱼老师越来越聚焦于研究本身,"纵观语文教学的热闹景象,鱼老师冷静地思考着语文教学的走向。语文教学除了走向运用、走向综合,更应该走向智慧、走向生活。理想的语文是少一些急功近利,少一些分数的高低得失。教孩子三年,想着孩子的三十年;教孩子六年,想着孩子的六十年。语文教师必须敬畏儿童,尤其敬畏儿童的生命,只有让儿童感受到生命的存在及价值,才能唤醒儿童在课堂上对生命的敬畏。"不可否认的,鱼老师自身的工作、工作环境以及个人发展的要求都会影响他对研究的看法、做法,但现在鱼老师不仅仅是把研究当作工作,他将研究作为教学不可缺少的一部分来看了,他更多的关注点聚焦在研究本身。只有注重过程的研究,才会给广大教师厚实的土壤;只有注重过程的研究,才会使我们拥有更多施展拳脚的空间。

7. 研究途径:团队化

"一花独放不是春,百花齐放春满园。"为了更好地进行教研工作,鱼老师接手了乌鲁木齐市小学语文名师工作室,并且在鱼老师的悉心建设下,名师工作室的影响力越来越大,"几年间,活跃在全国各地的小语界的精英纷纷来到乌鲁木齐,将自己的优秀课例一一呈现在新疆老师们的面前。维吾尔族、哈萨克族、塔吉克族、柯尔克孜族、蒙古族……众多少数民族的孩子们感受到了语文学习的无穷魅力。工作室的老师们在除了零距离地欣赏全国特级教师高超的教学艺术的同时,还被鱼老师'逼'着与他们同台竞技,压力之大,可想而知。正是名师的引领,工作室的老师们打开了语文教学一扇又一扇的大门,思考语文教学的内涵和本真,打磨出了一节又一节的代表课例。他们开始走出了乌鲁木齐,走向哈密、伊犁、博乐、和田、喀什……工作室的成员开始被天山南北的小学语文教师认识和熟悉。"名师工作室这一团队不仅拓宽了鱼老师个人的研究途径,也为新疆培育出了更多优秀的教研工作者。正是在一次次的碰撞,一次次地研讨,一次次地实践过程中,工作室的老师积累了大量的实际经验,总结了许多操作性强的经验与相关个案,磨出更多的经典案例,做出更多优秀的研究成果。

8. 研究行为和策略:专业化

基于多年的教研经验,鱼老师的研究行为和策略有着专业化的特点。首先,扎根课堂是必不可少的,由此发现教学问题,累积实践素材,作为名师的鱼老师"他上课的足迹遍布新疆辽阔的天山南北,伊犁、塔城、阿勒泰、和田、喀什、阿克苏……作为新疆小学语文教学的一面旗帜,他还走到了全国的大江南北,兰州、西安、郑州、济南、南昌、杭州、上海、广州、深圳、太原……"其次,"众人拾柴火焰高",教育研究要充分发挥团队的优势,"2016年,乌鲁木齐市乃至新疆唯一的小学语文教学研究公众号'书鱼者'诞生了。鱼老师和工作室的成员们带着乌鲁木齐骨干研修班的 50 名学员一道发文,优秀获奖案例、读书札记、好书分享、教学故事、名师观点、系列报道等稿件先后登载。"最后,明晰的研究方向,经过多年"摸着石头过河"般地在小学语文教研领域的探索,鱼老师确定了"理想语文"及"课程架构与教材重组"两个研究方向,清晰明了的目标和方向为研究少走了弯路。从以上几点可以看出,鱼老师专业化的研究行为和策略为他研究的开展保驾护航。

9. 研究结果：多元化

从研究结果的呈现方式来看，有不断打磨的经典范例公开课，也有记录翔实的创新课堂实录，也有在公众号上的优秀获奖案例、读书札记、好书分享、教学故事、名师观点、系列报道等，也有公开发表的文章。也许鱼老师的研究成果并未达到样样俱全，但是他对研究结果的呈现方式不仅仅局限于单一的形式，而是多元化的呈现方式，体现了他对教师教学研究的深层次理解。

四、一位教龄20年以上教师的心路历程[1,2]

孙明霞是一位教龄20年以上的教师，她是泰山学院附属中学正高级教师，山东省教学能手、2013年度"十大创新教师"，"明霞教师成长联盟"发起人，"为中国而教"等公益项目指导教师，出版了《用生命润泽生命》《只为做一个良师》等6部专著，在各级各类报刊发表文章400多篇。下面就孙老师的成长经历和文章著作，分别从9个方面来分析孙老师教学研究的心路历程。

1. 教学背景：扎实与深厚

孙老师的求学经历是坎坷的，在信息流通相对闭塞的年代，获取知识并非易事，想要从事教研工作更是阻碍重重。"在网络并不普及的世纪之交，读报摘抄和复印剪报成为积累资料的主要方式；走到任何一个城市，逛书店买书成为行程中最重要的事情；听报告必坐前排，听完一场醍醐灌顶的报告就追着讲课老师去请教，这成为我外出学习获取更多知识和思想的法宝。我却发现，当一个人真的想要改变自己、提升自己的时候，可以为自己创造很多机会——我利用两个暑假自费参加了华东师范大学生命科学学院研究生课程班的学习；看到哪里有我想参加的教师培训班，只要是在周末节假日，坐上火车就去；学校图书不足就自己买书读……在不断地学习中，不仅获得了丰富的知识，更开阔了视野，让我对教育有了越来越清晰的思考，并应用到我的课堂中。"在艰难刻苦的条件下，孕育了孙老师坚韧的个性，执着的追求和脚踏实地的精神，可以很明显地感受到孙老师充分利用一切可以利用的资源，为自己将奋斗终生的教育事业而求知若渴地学习着，几十年如一日地刻苦钻研让她拥有了扎实的功底与深厚的修养。

2. 专业信念：激情与执着

孙老师这样描绘自己的教育生命觉醒过程："我探索如何让知识富有生命活力，激发学生的学习热情，并对未知充满好奇；探索如何在课堂教学中真正让学生参与学习、主动学习，探索如何在生物教学中培养学生敬畏生命、热爱生命、敬畏大自然的情感；探索如何通过课堂教学关注、尊重每个生命个体。这样的探索，让我逐渐形成了对生命课堂的理解，并逐渐形成了我的生命课堂观，也让我从生物知识教学开始走向生命教育。"这感情丰沛的语句真实地映射了她对教师专业的激情、对教学工作的执着以及对自身发展的严要求，正是在这样的信念下，推动着孙老师对教育的理解越来越深刻，创造出了越来越丰富的研究成果。

3. 研究意识：持续而强烈

孙老师已经在讲台上站了30多年，也秉持着成为一名好教师这样的梦想30多年。孙老师并没有在刚入职时就拥有了强烈的研究意识，而是兢兢业业地做着教师的本职工作，"老师

---

[1] 孙明霞. 教师的理想信念源自哪里[J]. 福建教育，2019（19）：15-17.
[2] 孙明霞. 从生命觉醒到生命自觉：我与明霞教师成长联盟[J]. 今日教育，2020（3）：44-48.

是知识的拥有者、传递者，学生是知识的接受者，年复一年，教材基本可以倒背如流了，教育生活也越来越枯燥乏味。这样的生活竟然持续了十几年！"2000年，孙老师有幸被选为国家级骨干教师进入北京师范大学接受为期三个月的培训。这次培训给孙老师带来了极大的震撼，冲击着她关于教育教学的旧有认知，"我重新审视自己的教育教学工作，重新审视课堂，把课堂的目标放在'生命'上，给自己摘掉了'生物老师'的帽子，强调'我不是生物老师，我只是老师，是用生物知识进行教育教学的老师'。我希望学生通过对生物知识的学习，真正认识生命、敬畏生命、珍爱生命；我希望学生不仅学到知识，更要对未知产生强烈的求知欲和浓厚的学习兴趣，爱上学习并主动学习，将来离开课堂、离开学校，依然保持探索的欲望、求知的热情……方向明确了，成为好老师的行动就不再盲目。就这样，我开始了对生命化课堂的探索和研究，而这一做，就是20年。"在开始关注教学研究之后，孙老师就不断地针对自己的课堂授课和教学生活提出问题，并为了解决疑问持续不断地付诸行动。从孙老师这种持续而强烈的研究意识中，能够让人欣慰地看到教师的楷模所具有的奉献及无私的精神，更让人体会到理念、意识对于行为的感召力。

4. 研究知识：实践与理论的升华

研究知识的习得并不仅仅是一朝一夕的事，往往是从外显到内隐再到外显，这样不断循环的过程。从刚入职到成为名师，孙老师对研究知识的学习从来没有间断过，"我更加用心地阅读各类教育教学书籍，从中获得理论支撑，从中汲取行动的力量。我读杜威的《民主主义与教育》、苏霍姆林斯基的《给教师的建议》、亚米契斯的《爱的教育》、马斯洛的需要层次理论、皮亚杰的建构主义、陶行知的'教学做合一'、李政涛的《教育常识》、朱永新的《新教育之梦》、张文质的《生命化教育的责任与梦想》、林崇德的《教育的智慧》、刘铁芳的《守望教育》、吴非的《不跪着教书》……"不仅于此，孙老师时常结合教育理论进行教学实践，进行深刻的教育反思，"我更加用心地研究课堂、研究学生，希望学生在课堂上既能获得扎实的基础知识，又能得到能力素质的提升，还有身心的健康成长。在不断地阅读与实践中，我重新审视课堂、审视教育，更加坚定自己对生命化课堂的探索，坚定心中做好老师的信念。"在日复一日地对知识的探索中，理论支撑实践，实践反哺理论，有了知识的积累孙老师在教学上就更加得心应手，对教材的研究更加深入，对课堂的理解更加准确，对教师的透析更加有见地……可见，孙老师的研究知识在实践中发挥出了巨大作用，她所取得的各种形式的教育成果，让我们清清楚楚地看到了一位名师所蕴含的内在知识。

5. 研究能力：自我超越

孙老师出版了6部专著，各级各类报刊发表了400多篇文章，但她仍然在不断地进行对自我的超越，通过他人的观点中确立研究的新视角，获得跨学科的教学智慧，丰富自己的教学能力。"老师们要参加活动介绍自己的教学经验，或者写了教学随笔，拿着文稿来找我指导，我也会从读者的角度认真阅读后给出修改建议；学校安排我负责教科研工作，老师不会申报课题，也不知怎么做研究，我就先找资料学习之后和老师们一起做研究，面对面指导如何撰写开题报告，积累研究资料，梳理研究过程，让很多老师学会了做课题。仅'十二五'期间我校就有28项省市级课题立项并顺利结题，进入'十三五'后又有23项课题先后在省市级立项开展研究，我校也由此被评为省级十大教科研名校。遇到外地或外校的老师请假来听我的课，和我探讨教学问题，我也从不拒绝，总是倾囊相授。很多老师由衷感谢我，但我发现，我帮助他们的同时，他们也在帮助我——因为和不同学科的老师分析教材，设计教学，走进他们的课堂听课，课后又要提出改进建议，不知不觉间，我获得了跨学科的教学智慧，也看到了不同学科课堂教学的共性，探寻了教学的规律和学生成长的规律，丰富了自己的教育智慧。"可以看出，孙老师在取得一番成就之后并未止步于自己原有的熟悉领域，而是不断追求自我超越。孙老师就是这样一步步对自己的教学从认识走向熟练，从熟练走向超越，在不断超越过程中锻炼了自己运筹帷幄的能力，使得研究能够在不同的层面上不断深入，以此更加深刻地理解研究，理解教育。

6. 影响因素：直指教师自己

"我时常想，不是我的能力有多强，而是我走对了一条路：不再是为了生存而工作，而是在生命历程中，从被唤醒、被激发，到主动成长，让我找到了人生的意义所在。因为追寻有意义的人生，我遇到众多一路同行的老师、朋友、伙伴，为了每个生命的健康成长，成为一路同行者的价值追求和生命自觉。"在几十年的教学沉淀后，孙老师走在这条研究的路上，是为了找寻自身人生的意义，影响她继续在这条路上走下去的，是直指她内心为祖国的教育事业添砖加瓦的抱负。秉持着这样的抱负，她认为"要想培养具有远大理想和坚定信念的学生，教师自己首先要有理想信念。唯有如此，才能激活学生成长成才的内在动力，唤醒他们去努力追求和实现自身的更高价值。"也就是说，只有影响教师进行研究的因素不再局限于外部强制，并且深刻地认识到教师本身拥有坚定的理想信念的重要性的时候，才能更好地发挥教师在教研工作中的作用，在自己的岗位上发光发热。

7. 研究途径：教学相长

孙老师教学研究的途径是团队化的，但在此基础上，她更加注重扎根于课堂、充实于课本。孙老师的"明霞教师成长联盟"已经发展为拥有40多个工作室、500多名成员的纯民间教师发展公益团队。"读书学习、写作研究、分享交流，成为我们共同的成长课程，每学期一次的高峰论坛成为老师们特别期待的节日，其生命力之强大、影响之深远，有些出乎意料。全国知名校长、教授、学者、名师等陆续受邀参加联盟活动，从不同角度、不同方式给老师们带来精神的洗礼，推动教师的成长。"在给工作室的老师布置任务，帮助青年教师成长的同时，孙老师的收获越来越多。助力青年教师成长的过程，让孙老师汲取更多新思想，反思更多新问题，对于教育的理解也更加深入。加入工作室的不同地域、不同学科、不同学段的老师共同阅读、行动、研究、写作、经验交流为孙老师带来了跨学科的视角。在相互扶持、相互鼓励中，越来越多的老师成才，获得了可喜的成果，让孙老师的理想信念更加坚定，前进方向也越发明晰。

8. 研究行为和策略：思考与反思结合

基于从生命觉醒到生命自觉的理念，孙老师的研究行为和策略是思考与反思的结合。"这种互助式成长，让我逐渐扩大了自己的教育视野，对教育教学有了更多的思考，也遇到了很多有教育情怀的好校长，他们透过我的语言和文字，欣赏我的课堂，欣赏我的教育观点，希望我能助力他们培养更多的教师。借此，我开始总结自己的经验做法，整理自己的成长经历，提炼自己对教育的思考，利用周末和节假日走到一些偏僻落后的乡村学校去和老师们做分享。我把每一次的分享都当作一次学习提升的机会，并在不断地分享中，形成了自己的系列教育思考。"孙老师通过对自身经验的总结，对自己教学理念的反思，对数年教学研究的回顾，找寻进一步发展的切入点，这种反思是行之有效的。

9. 研究结果：作品化

"我探索如何让知识富有生命活力，激发学生的学习热情，并对未知充满好奇；探索如何在课堂教学中真正让学生参与学习、主动学习；探索如何在生物教学中培养学生敬畏生命、热爱生命、敬畏大自然的情感；探索如何通过课堂教学关注、尊重每个生命个体。这样的探索，让我逐渐形成了对生命课堂的理解，并逐渐形成了我的生命课堂观，也让我从生物知识教学开始走向生命教育。这是我的教育生命觉醒的过程，也是我作为教师专业成长的过程。"孙老师在探索生命课堂的过程中，不断地用不同的研究成果来对自己的实践、反思进行总结，并通过作品的形式呈现。《用生命润泽生命》《只为做一个良师》《怎样当个好老师——答一线教师36问》《心与心的约会——孙明霞的生命化课堂》等6部专著，还有发表在各种期刊报纸上的论文，还有关于"明霞教师成长联盟"理念的介绍和相关的研讨会论文，都是她的研究结果，如此种种让我们眼前一亮，原来老师也可以这样有成就的。

第二节　模型建构

上文介绍了5位不同教龄的老师的教学研究的心中历程，其中有一点是明确的：教学研究对不同教龄的教师的专业成长都具有促进作用。下面试图通过对5位老师教学研究的心路历程的分析建构出基于研究的教师专业成长的一般模型。

一、5位教师教学研究心路历程的系统分析

处于各个不同成长阶段的教师通过教学研究分别在不同的层面、不同的领域发生着重大的变化，项老师、王老师、丁老师、鱼老师、孙老师的教学研究心路历程清晰地再现了教师从对研究的懵懂到成熟的一个完整的过程，充分展现了研究对于教师个人成长的必要性。现将5位老师的心路历程从4个维度9个类目进行概括，如表6-1所示。

表6-1　教师教学研究心路历程汇总表

领域	分析类目	教龄1~5年	教龄5~10年	教龄10~20年	教龄20年以上
个人领域	教学背景	基础扎实	不满足于现状	夯实与良机	扎实与深厚
	专业信念	理想但不实际	现实与知性结合	创新而实效	激情与执着
	研究意识	实践大于理论	清晰明朗化	自觉、成熟、新颖	持续而强烈
	研究知识	处于摸索状	熟练于教学	统整于实践	实践与理论的升华
	研究能力	逐步形成	创新与反思结合	综合贯通	自我超越
外在领域	影响因素	外在刺激	从外在转向内在	聚焦于研究本身	直指教师自己
实践领域	研究途径	自主性	与教学紧密联系	团队化	教学相长
	研究行为和策略	基础性	以研究价值、意义为导向	专业化	思考与反思结合
结果领域	研究结果	与实践和思考相连	现实性	多元化	作品化

从表 6-1 中能够清晰地看到处于不同发展阶段教师教学研究的脉络，这个脉络的基本趋势在于教师的教学研究都是从"混沌—实践—理论—实践—提高—成熟"的一个螺旋式渐进的过程。"混沌"是教师由于刚刚走上工作岗位，对在教学中如何进行研究不清楚如何去做、如何去想，再加上刚到工作岗位需要一定的适应期，因此教师一般都对教学研究有一定的抵触情绪，但在一定程度上或多或少会做一些，从项老师的自述中就能看到他们在刚开始工作时出现的这种"混沌"现象；"实践"是教师在自觉或不自觉地迈入教学这个领地时，由于外在因素（学校的年度科研考核、职称要求等）影响不得不做的一些面上工作（个案、教养笔记、申报课题等），因此此时的实践往往对于教师后来的成长来说是一个积淀的过程，也是一个分水岭。如果教师在这个阶段只是处于应付状态，而不是在应付的同时逐渐认识到面上工作的重要性，那么教师就只能在这个阶段徘徊；"理论"是教师在不断地完成面上工作中逐渐认识到其重要性，在做的同时学会从简单问题开始思考，慢慢对实践产生兴趣，进而会发现实践中的很多问题用教师原有思维已经无法解决的时候就会想到去看看书、找找理论（如王老师的"考研"），希望能通过教育学、心理学、教科研方法等理论来帮助教师本身去解释自己的困惑；第二个"实践"是教师在寻找理论后，又反过来进行的一种尝试性试验，以检验解决办法的有效性，如果还不能解决，教师又将返回前一个过程继续探究（如丁老师在"水粉画"教学研究时对研究策略的反复思考），这一个过程相对来说会长一些，因为研究能力的形成需要不断地尝试；"提高"是教师教学研究的一个转折点，是教师成长的关键点，经过前面实践和理论的不断磨合，以及自身不断要求发展的情况下，教师能够在这条充满荆棘的路途上开辟一条新的道路（如鱼老师在追求"理想语文课堂"的基础上又确定了"课程架构与教材重组"这一新的研究方向），只有在此时教师才能真正明白教学研究给教师个人、给学生、给学校带来的巨大财富，才能自觉自愿地进行教学研究；"成熟"是教师在提高的基础上又上了一个台阶，登上这个台阶同样需要不断的混沌—实践—理论—实践，此时教师研究的目的、内容、方法都更趋于完善，因为他已经有一定的研究经验，在经验基础上不断地完善和巩固（孙老师在"明霞教师成长联盟"中通过帮助新手教师、接触青年教师获得更多教育感悟并时常归纳反思），到了这个阶段教师对于研究的心态更加平和，追求的是更深层次的自我超越。

从具体的分析类目来看，教师的成长又各有千秋。在教学背景方面，几位老师的共同特点是要求上进，他们的求学之路、进修之路基本类同；在专业信念方面，从理想到现实到激情与执着，说明教师的专业信念是随着教龄的不断增长而不断升华的，从刚到岗时的理想状，到工作多年后的无奈，与现实妥协，到成名后的理想的再次涌动，一个个矛盾体在现实生活中不断涌现；在研究意识上，要想成为一名研究型教师，一如既往对研究的热爱是不可或缺的，几位老师的想法都如出一辙，只不过他们在意识的倾向性方面有不同而已；在研究知识上，都依赖于求学和进修期间对教育科学研究方法等学科的学习，共同点在于对研究知识的了解和熟练都是来自对教学的实践研究；在研究能力上，都是从无到有的一个过程，分析、反思、实践、创新、认知和操作能力都是在实践中不断摸索、不断融合；在影响教师教学研究的因素上，越是教龄短的教师越依赖于学校的教科研制度，越倾向于将教学研究的成败归结为外部因素，随着教龄的增长越来越将影响因素归结为自身，因为外在的很多因素是不可控的，而内在因素是可以由教师自己控制的，只有可控的去适应不可控的，那才是消除阻碍的一个有效方式；在研究途径上，经验较少的教师往往会具有自主性，更倾向于独立进行研究，但很难得出成果，也没有确定的方向，而经验丰富的教师就清楚地了解自己通过教学研究想要获取什么，因此在途径选择上教师会有自己的思路，更注重团队合作以及研究的基础阵地；在研究行为和策略上，教师一般都是从选择最基础的研究策略（个案、随笔等）开始，重视积累在教学研究中的重要性，并且考虑研究的实际意义，达到一定的研究水平后才开始注重一些科学化研究行为和策略的运用；在研究成果上，刚上岗的一些教师较容易受成果激励的影响，成果与实践相连的多一些，而理论性的较少，同时不会过多考虑成果的形式、研究的过程等，而达到一定研究水平的教师往往会开始注重成果的理论性和实践性，同时更注重成果呈现的过程。

　　从具体的研究过程分析，教师教学研究始终贯穿着"探究、行为展现、反思"三个要素，教师所具有的研究意识促使他去观察自己身边的教学事件（丁老师注意观察幼儿在美术课中的一些表现），从观察中发现问题（发现理论上幼儿应该对各种作画工具非常有兴趣，但事实并非如此，在带班过程中她发现水彩笔颜色变化少，画出的线条细，作品效果不是很好；油画棒比较细，硬度大，小班孩子对用它来涂色很不耐烦）。针对问题教师通过理论不断地反思问题，寻找问题的症结（从小班幼儿年龄特征出发，探究问题的根源：小班幼儿对色彩感受比较敏感，喜欢颜色鲜艳、亮丽的事物；幼儿的小肌肉群还未发育完善，手的控制力弱，因此对用上述两种作画工作有一定困难，导致兴趣降低），然后教师开始对症下药，又重新回到实践中去找寻解决的办法（水粉颜料色彩丰富，水粉笔容易抓握，作品效果好，可以弥补水彩笔和油画棒的不足）。办法找到之后，就要开始验证自己的假设是否正确，要进行一系列的研究设计，这时教师依赖于自己个体的力量已经有限了，因此教师往往通过许多外在的途径寻求帮助，比如与同事探讨、请专家指导、翻阅大量书籍等（先自己找了一些专业书来看，然后写了初步的一个研究设想，再和有这方面兴趣的同事一起讨论，得出了第二个方案）。当一个基本的研究设计成形后，就需要按研究设计一步一步做，在做的过程中发现问题及时更改（丁老师一开始的设计在操作过程中幼儿没有办法完成，教师也很难观察，因此她对设计又进行了更改，在有了初步的数据后，我又在一次教研会上拿出来和其他老师一起讨论这个设计的可行性，在一次次的修改后研究得到了完善），做的过程中不懂的及时问、及时思、及时写、及时改。当研究数据、结果出来后，还要做进一步的反思、分析，这种反思又反过来促进教师原有研究知识和能力的提高，也促使教师继续投身到教学研究的实践中……教师正是在这种反反复复的探究、行为展现、反思过程中，对教学研究有越来越深的理解，对自己的研究素养有越来越清晰的认识，进而促进自身的专业成长。

二、基于"研究"的教师发展的一般模型

　　教师专业成长的过程是一个完整的循环过程，它包括教学研究的循环过程、教学研究的成长过程、专业发展调控机制、教师发展阶段以及支持系统等。教学研究的循环过程是由一个个具体教学研究过程循环而形成，它代表教师在教学研究过程中在各个方面不同的变化，具有微观性；教学研究的成长过程是教师在教学研究中不断成熟的过程，即成长序列，它代表教师在研究中如何成长的一个曲折变化过程，具有宏观性；专业发展调控机制是教师在教学研究过程中个体外在和内在的一些调控机制，维持教师教学研究的一个微观监控过程，是以教师从入职第一天开始到教师从教最后一天的教学生涯为基础，根据不同阶段的不同特点进行划分的，它是用以说明在不同发展阶段教师在研究中成长的阶段性特点；支持系统是教

师在研究中成长的一个外在保障体系，是保证和维持教师教学研究顺利开展的一个有效激励机制。

五个部分间的关系如下：教学研究的循环过程体现教师在研究中成长的微观变化，是整个模型的基础部分；教学研究的成长过程是在教师教学研究循环过程基础上的一个成长脉络，两者之间是交互的关系；教师发展阶段是教学研究的循环过程和教学研究的成长过程的依据，教师发展阶段作用于教学研究的循环过程，教学研究的循环过程又通过教学研究的成长过程反作用于教师发展阶段，体现该阶段的特征，一旦达到质变的程度，就促使教师从一个阶段进入另一个阶段；专业发展调控机制和支持系统都是教师教学研究的保障系统，前者更多从微观层面来调节教师教学研究的过程，后者从宏观层面来激励和推进教师教学研究的过程。具体内容与结构见图6-1。

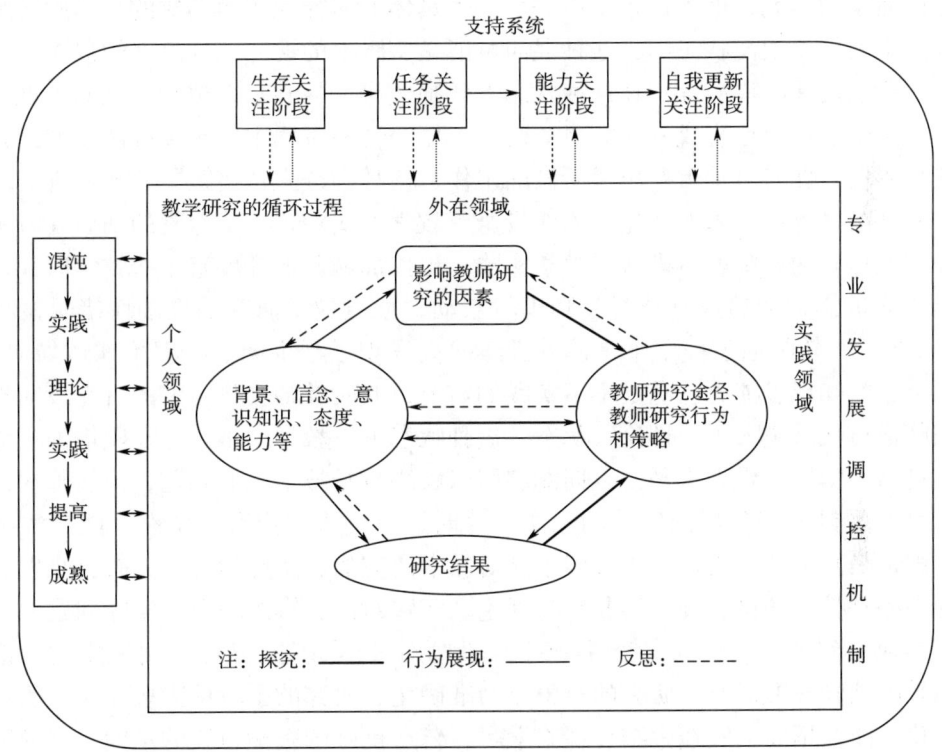

图 6-1 基于"研究"的教师发展一般模型

1. 探究—行为展现—反思

"教学研究的循环过程"是描述一个具体的研究过程从开始到结束在教师个体身上所发生的各种变化，同时描述一个接一个的研究过程是如何循环沟通起来的。教师教学研究始终贯穿着"探究—行为展现—反思"的具体研究行为。从一个具体的研究过程来看，教师首先需要发现问题，而这个问题一般是由对自己或他人研究结果的反思而形成，或者是由对实践领域的一些观察、思考所得而形成，对问题的理解与解决方法的构想则依赖于教师个体所具有的教学和研究的背景、信念、意识、态度、知识和能力等。这种构想在教师考虑成熟以后教师通过探究的方式在实践领域实施自己的解决方法，当方法有效时，研究结果就成为进一步激励教师进行更深层次研究的动力；当方法遇到困难时，教师就会寻求各种帮助，这种帮助一部分来自外在领域，寻求同伴或专家学者的咨询和辅导等，通过采用他人意见和建议的基础上重新建构解决方案，并付诸实施，直到教学问题得到解决。另一部分来自个人领域，教师通过自己原有知识的重新整合，寻求一些理论性知识和实践性案例的帮助，或者通过进一步的学习和进修来提高自身素质的同时来找寻新的解决途径，并设计方案，在教学实践中尝试和试验。这种尝试和试验通常是循环往复进行的，直到问题得以解决，当研究结果成立之后，教师又以此为起点开始新一轮的教学研究。教学研究正是在这种循环往复的过程中使教师各方面的素养得以锻炼和提高的。

2. 混沌—实践—理论—实践—提高—成熟

教师教学研究的成长过程是一个包含了"混沌—实践—理论—实践—提高—成熟"的成长脉络，它与教学研究的循环过程是相互交织的。具体而言，教师从不会做研究到会做研究，甚至精通于做研究，这个过程是由一个一个具体的研究堆积而形成的。因此教师从做第一个研究开始是处于混沌状态的，这种混沌可能是实践上的混沌、理论上的混沌，也可能是理论与实践衔接之间的混沌等。在这种状态下教师做研究的心态很被动、也不乐观，兴趣也不是很高，教师机械化地完成一些简单的研究工作。这一过程中由于某种偶然的因素（或是奖励，或是顿悟）促使教师重新思考所做的工作，使教师进入"实践"状态。有的教师由于看到教学研究给自身所带来的变化，因而投身于教学的实践中，从课堂的细微处着手进行自己的教学试验；有的教师虽然进入了教学实践，也按部就班地开展着一些教学研究，但都是由于外部因素的影响而造成，这时教师仍然被动，但对教学研究的推诿情绪明显减少。在"实践"状态下，教师通过一个个具体的教学研究发现了不少问题，但不知道如何去解决，因为教师个人的知识、能力已满足不了实践的需要，此时教师会将更多的目光投向理论的学习上，教师很自然就进入了"理论"状态。这种状态下，教师大多通过在职培训、进修等方式来提高自己的学历、学识水平，以期能够用以解决自身教学中的问题，当教师理论学习达到一定程度，教师又产生回到实践的想法，这时又可进入"实践"状态，此"实践"非彼"实践"，教师是自觉自愿地投身于实践中，对教学研究的看法更为主动、对自身发展更为迫切，教师在课堂教学的试验场，不断地与理论、实践对话，解决一个个实际问题，在解决的过程中不断地得到了"提高"。在此状态下，教师对教学研究形成了自身一定的认识，并能带领其他教师共同开展研究，研究的对象更为准确化、研究的手段更为多样化、研究的思路更为清晰化，能在不断的实践中结合理论学习，营造良好的教学研究的氛围。当教师的研究成果被认可，并成为教师个人的专业成果时，教师已进入了成熟状态，教师研究的目的不再为己、为私，而是为教育理想而开展教学研究，在原有实践和理论的基础上不断寻求更新更快的信息来源途径，开拓更切合学校、学生实际的教学研究。以上是一个纵向的教师成长序列，在这个成长过程中并非直线型的，而是蜿蜒曲折型的，教师通过不间断的教学研究从一种状态走向另一种状态，这种转变是瞬间的，也是延续的。

3. 教师发展四阶段

教师发展阶段是教学研究的循环过程和教学研究的成长过程的依据，教师发展是一个连续的过程，划分为四个阶段主要是为了说明教师在几个不同的标志性时期其教学研究的具体特征，从而在时间脉络上体现基于"研究"的教师发展的过程。以第一个发展阶段为例，当教师处于生存关注阶段时，其阶段性特征体现于教学研究的循环过程，包括在四个领域的不同表现，这是教师进入教学研究领域的一个起点标志。此时的教师由于刚进入工作岗位，对教学研究的认识是较为粗浅且理论化的，因此与教学实践一联系之后，很多矛盾就会自然而然出现，这就使得教师进入了教学研究的成长过程的第一种状态，之后教师就在研究中不断成长，成长到一定程度后，教师个体发生了一些关键性变化，反作用于原有阶段而进入任务关注阶段。对于不同发展阶段的教师，其成长脉络的起点都是不一样的，但都需要经历这么一个成长过程，当然不同发展阶段教师成长脉络并不是每个步骤都是统一的，可能也会跳过或增加几个步骤。

4. 专业发展调控机制

在教学研究的过程中"专业发展调控机制"为教师的教学研究提供实时监控作用，这个调控机制包括外在调控和内在调控。外在调控主要包括一些对教学研究的管理和奖惩制度，主要指向教师具体的教学研究活动的过程和结果，是促进教师对自身教学行为的改进，提高教学成效，是对教师起激励作用的；内在调控主要包括教师自身对自己研究行为的一种监控，它是以改进教师的教学研究行为为目的的，是教师在自我发展需求和教学研究意识和行为指导下，所引发的对目前教学研究状况和研究水平的思考，这种思考有利于教师清晰了解自己研究的方向以及研究途径方法的有效性，既对教师起约束作用，又对教师起一定的引导作用。

5. 支持系统

基于"研究"的教师发展强调教师通过教学研究不仅改进教学而且促进自身发展，在教师教学研究的具体过程中并不仅仅是教师单方面的事情，它涉及方方面面的支持和配合这些都会直接或间接地影响着教师对教学研究的理解、对研究目的的认识、对研究行为和策略的选择等。为了更好实现基于"研究"的教师发展，需要一定的支持系统来保障，这个支持系统中既有对教师教学研究现状的思考和建议成分，也有对未来的设想，是由两者的有机融合所构成。它具体包括学校背景对教师发展的冲击、教师对教学研究需要的满足、教师专业培训课程及自我发展课程的补充以及教师教学共同体的形成。

第三节 实施策略

针对教师在研究中成长的特殊意义以及结合前面对 5 位教师心路历程的框架性分析，这里以横向和纵向两个维度来说明具体的教师教学研究的策略。

一、横向实施策略

1. 丰富教师的教学背景

教师自身素养的提高有赖于教师不断地学习、进修，因此教师要进行研究或者能进行研究的前提就是必须不断地学习。只有这样才能不断地了解教育研究的基础性以及前沿性的信息，才能不断地反思自身的教育教学实践。教师要在自身条件以及学校实际情况的充分考虑下，抓住各种校内外的学习机会，包括校内外的各种听课、外出进修、参加各种研讨会等。教师只有勤于学习，教学研究才能得心应手。

2. 巩固教师的专业信念与专业意识

教师的专业信念与意识有一个转变的过程，这种转变往往是在量的积累基础上的质性飞跃，是一个由不成熟向成熟转化的过程。教师在了解这一点基础上，通过平时的教学、自己的教学日志、与学生间的交流等，都能使教师的专业信念与意识从理想转变为实际、再从实际转变为理想，真正明白理论联系实际的含义。只有在正确的专业信念和意识基础上，教师所进行的教学研究才能有依托、才能使教学真正为教师自身的发展服务。

3. 积累各类教学研究的知识

教师开展各种类型的教学研究就必须掌握相应的教学研究知识，比如教师要对学生对一个知识点的理解程度做一个调查，教师就必须对这一年龄阶段学生的特点有所掌握，同时对于如何展开调查的知识也有所了解，如让学生做一些相关的题目、和学生进行交流等，其实就是教师在无形中运用调查研究的一些方法，教师要做的只是将自己这种"老方法"用合理的理论去进一步解释，如"让学生做相关题目"其实就是课堂调查法的一种，它可以帮助了解学生对学习和教学的体验，从而帮助教师从学生眼中更好地了解和认识自己的成绩和不足。学生在学习过程中的感受对于教师更好地认识和理解自己的教育教学活动至关重要，作为教师关键是要了解学生有哪些感受。课堂调查表可以帮助教师较为准确地了解学生学习感受的有关信息，从而使教师的教育教学行为建立在对这些信息进行反思的基础上。这些其实就是最基本的教师教学研究的知识。教师只有从最基础的做起，才能从茫然和尴尬中解脱出来。

4. 锻炼自身的教学研究能力

教学能力并非看几本理论书籍、听几位教授讲座就能得到锻炼的，教学研究能力的形成关键是教师敢于拿自己的学生、自己的课堂当成研究的第一现场，教师只有把所积累的教学研究知识转化为研究行动，在不断地行动中积累丰富的经验，教师只有在这样的过程中能力才能得到展现与提高。比如教师经常说理论上的东西在实践中不管用，可是教师有没有想过，为什么没有用？你在实践中用过了吗？或者你用过了但对结果有没有进行反思对照过呢？事实上任何教育理论的产生都是有实践依据的，由于每个人的教育背景、基础理念等方面的差异而造成对理论理解层面和内涵的差异，这是不可避免的。教师正是要通过对教学研究的深刻理解上下功夫，在理解基础上去研究，这样才能锻炼能力，提高研究水平。

5. 采纳各种类型的研究途径

研究途径有很多种，每位教师都有自己擅长的一方面，因此对教学研究途径的选择上也必定存在差异性。但是作为对教学研究的全面性或者客观性而言，单用固定的几种研究方法，对研究结果的真实客观性肯定存在疑惑，因为任何一种教学研究方法都存在自身的缺陷。因此教师在研究过程中对研究途径和方法要根据实际研究对象的特点、研究要解决的具体问题来选择，对自身熟知的研究方法要精益求精，对自身不熟悉的研究方法要进行深入的分析学习，有必要时可与同事、专家进行交流，以保证研究方法运用的正确性和有效性。同时对研究途径和方法的运用能够考虑整体因素，充分利用周边的可利用资源，使研究途径从单一走向多元，使参与研究的人员从个人走向团队。

6. 实施递进性教学研究行为与策略

教师教学研究行为与策略的选择有赖于诸多因素的影响，不同发展阶段的教师对同一研究内容会采取不同的研究行为和策略，因此不能强求新教师与老教师的教学行为与策略是完全一致的，而要尊重和理解教师所采用的各种研究行为与策略，要鼓励教师采取递进性的教学研究行为和策略。比如在研究内容的选择上新教师比较适合进行针对基础性教学内容而开展的研究，而中青年教师则比较适合具有挑战性或者对实践研究价值较高的一些课题进行研究，有专业特长的中年教师可选择一些相对专业性的研究内容来进行研究等。教师教学研究是一个迂回的过程，正像前面模型中所勾勒出的"混沌—实践—理论—实践—提高—成熟"过程，研究行为和策略也体现着这种迂回式的递进。

7. 完善与整合教学研究成果

教师的日常教学工作相当繁忙，很难有整块的时间来书写自己的教学研究经历，因此教师教学研究成果就需要教师在日常工作中的积累而形成。有的教师喜欢写教后感，有的教师喜欢写教学日记或随笔，这些其实都是教师教学研究成果的一些形式，当然这些需要教师不断的整理和完善。教师每做完一个教学实验或调查或访谈都应该习惯性地做一些记录、一些反思、一些感想，真实地记录教师在教学研究过程中的所思所想所感，这不仅对教师形成自身教学研究经验有帮助，更有利于教师对自己教学、研究的不断总结思考，更是教师阶段性研究成果的真实再现。因此教师要养成随时随地记录教育现象的习惯，善于发现自己身边所发生的每一个教育故事，在自己的教学中和与他人的交流中整合自己的一些教育理念，一旦达到一定程度的积累，教师将获得质的提高，这是教师教学研究的最终目标——让每一位教师在研究中发现，让每一位教师在研究中成长。

二、纵向实施策略

1. 结合自身发展不同阶段制订合理的研究计划

教师进行任何形式的教学研究都不可能是无目的性的，对于一个具体研究过程，教师要有具体的解决问题的通盘考虑，而对于自身不同发展阶段，教师的教学研究也同样需要一定的目标。处于不同发展阶段的教师对自身发展情况是最了解的，因此在进入该阶段前肯定会对自己的发展有一个预期目标，而这个目标正是教师所需要制订的合理的研究计划。对于新教师而言，研究计划的制定也许是很茫然的，但是在校内外各种因素以及自己对新岗位的认识下可以制定一个粗略的研究计划，如适应新岗位、熟悉基础性的教学工作、了解学校教学研究工作的具体情况等；对于中青年教师则可针对自己在过去几年或几十年的教学实践中碰到的难点进行研究，这时的研究计划需要有一定的理论技术支持，要增强计划的实际操作性，使教师教学研究的效果更为明显；对于有专业特长的优秀教师而言，制定研究计划已成为一种自觉的行为，此时的研究计划更为专业性和科学性，计划的内容也更为详尽。教师制定研究计划并非让教师走形式道路，计划可以是教师书写出来的，当然也可以是教师自己思考过的，关键在于教师要意识到进行教学研究前要做好一切充分准备，这样才能提高研究的有效性，有利于教师更快地成长。

2. 对一个阶段间的教学研究进行不断的反思总结

对教学研究进行阶段性或者时时总结和反思，是教师自身教学监控能力的一种体现。任何一项工作都需要对前负责、对后改进，也就是说对已经做过、研究过的东西要完完整整地进行总结反思，一是反思研究过程中所取得的成绩；二是反思研究过程中遇到的难点和无法克服的困难；三是反思在研究过程中自己在方法运用、行为策略选择等方面中有无任何差错；四是反思对进一步研究需要改进哪些方面以及相应的研究措施，对即将做的研究要考虑全面，针对前面研究过程中出现的薄弱环节及时进行改善，为后续研究做好充分准备。这是教师教学研究过程中不可忽视的重要一环，它其实是教师能否得到提高的关键点。

3. 对研究中的盲点进行重点分析

教师进行教学研究过程中肯定会遇到这样那样的问题，有时这些问题是无法解决，有时需要教师通过其他途径来解决，但关键一点在于对研究过程中出现的盲点、难点决不能疏漏，不能因为不能解决而放弃它，有时教育的灵感正是在这样的困境中出现的。当然对于盲点和难点如果教师自身无法解决的话，要积极地寻求外在的帮助。

【思考与练习】

1. 结合实例分析中小学教师是否有必要参与教学研究。
2. 中小学教师进行教学研究需要哪些条件？
3. 任选一个主题，设计一个研究方案。

【深入阅读】

[1] 柳夕浪.教师研究的意蕴[M].北京：教育科学出版社，2007.

[2] 陈桂生.到中小学去研究教育——教师行动研究的探索[M]. 3 版. 上海：华东师范大学出版社，2015.

[3] 陈向明.中小学教师为什么要做研究[J].教育发展研究，2019（8）.

[4] Hanna Westbroek，Fred Janssen，Ilona Mathijsen，et al.Teachers as researchers and the issue of practicality [J]. European Journal of Teacher Education，2020（8）.

第七章 基于"教学合作"的教师发展

【学习目标】
★明确教学合作的内涵,并清楚其与协同教学、教学导师制、同伴教练、同伴教学等概念的区别与联系。
★了解教师教学合作的基本类型、内容与心理机制,并能运用于实践。
★熟悉教师教学合作的操作程序,能够运用教学合作的基本策略。
★能够根据实际需要设计教师教学合作的操作方案。

一般而言,课堂教学以教师为中心,强调书本知识的学习。在这种状态中,教师是作为独立个体进行教学,具有"专业个人主义"的特点。注重学科知识的逻辑系统,忽视学习者的个体经验,使教师长期处于"孤军奋战"的境地,缺乏教师间的相互合作,尤其是教学上的相互沟通与对话,进而造成"教师很辛苦,学生很痛苦,但教学效果却差强人意"的局面。教师专业发展中普遍存在的"孤寂"问题,极大地影响着教师的专业成长。教师在工作环境中接触最频繁的两类人就是"学生"与"同事",但教师须长期与一群年龄固定,而且注定越离越远的下一代一起工作,加上教室相对封闭的特性,所以大多数教师和同事之间分享专业观念的途径极为缺乏,教师工作可以说是一个非常孤寂的职业。教师如果紧闭自己的教室,不进行课堂之外的相互沟通就不可能变革自己的实践,实现自己的专业成长。因此,在教学工作中合作是必要的。那么,何谓教学合作,合作有哪些基本类型,如何展开才能促进教师专业成长?本章试图对这些问题进行阐释。

第一节　教学合作的内涵与相关概念

"合作"是一个耳熟能详的词汇,对此不同的人有不同的见解,而且有不同的表达方式。那么,什么是合作?教学合作又是什么含义?

一、教学合作的内涵

为了准确地把握"教学合作"的概念,首先必须厘清"合作"与"教师合作"的概念。

(一) 合作

对于什么是合作,国内外的许多心理学家、社会学家都进行了阐述。《心理学大辞典》中指出:"合作是为了共同的目标而由两个以上的个体共同完成某一行为,是个体间协调作用的最高水平的行为。"[1]方晓义和周宗奎等人认为,"合作是为了共同利益而愿意和别人结合在一起,以共同达到目标的行为或态度、情感。"[2,3]国外的心理学家多伊奇(Morton Deutsch)认为,"合作是个体为了实现共同的目标而表现出来的协同行为。"[4]贝和彼特森(Bay & Peterson)则认为,"当相互交往的个体共享一个共同的目标,并且取得了一个共同的达到目标的途径时,合作行为才会出现。"[5]

尽管上述语言表述有所不同,但从一些共同内容中我们可以总结出关于合作的基本要义。

①合作首先要有一种合作意识,心态应是开放的,持宽容的态度,各个体成员之间人际关系和谐,内部形成一种和谐、坦诚的组织氛围,彼此间充分信任。

②共同目标是合作的出发点,有了共同的奋斗目标才会有共同的了解,有共同的信念,彼此之间才会相互帮助。合作就是为了共同完成某一目标,实现某一共同利益。

③合作就是要追求个体间协调作用的最高水平,以最小的付出获得最大限度的共同利益。实现共同目标的途径,是合作个体间的相互配合和协调。

④实现个体目标与群体目标两者并不矛盾。

(二) 教师合作

20世纪80年代,美国学者提出"师师互动"为典型的合作学习,这种理论主要针对教师之间缺乏交流,每个教师"各自为政",缺乏合作这一现实提出的。该理论提倡两名或两名以上的教师同时在课堂上承担授课责任,共同处理课堂事务,教师在课堂上直接进行互助和合作。我国学者从20世纪90年代中期以后也从课堂互动分析的角度入手,提出师师互动是教学系统必不可少的人力资源的观念,认为在教育过程中要重视教师与教师之间的相互作用。[6]教师工作的性质决定了教师与教师之间的合作是校内合作中最普通也最为常见的一种合作方式,而且这种合作也往往比较有效。一方面,因为教师与教师之间有共同的语言,容易沟通,在很多问题上较易达成一致的意见;另一方面,教师在教学实践中难免会遇到一些问题,如教学方案如何设计,什么样的内容、教学方法最适合学生等问题都需要教师们一起

---

[1] 朱智贤. 心理学大辞典 [M]. 北京:北京师范大学出版社,1998:356.
[2] 方晓义,王耘,白学军. 儿童合作与竞争行为发展研究综述 [J]. 心理发展与教育,1992(1):38-42.
[3] 周宗奎. 儿童社会化 [M]. 武汉:湖北少儿出版社,1996:8.
[4] Morton Deutsch. Trust and Suspicion[J]. Journal of Conflict Resolution, 1958(2): 265-279.
[5] 庞丽娟,陈琴. 论儿童合作 [J]. 教育研究与实验,2002(1):52-57.
[6] 庞国斌,王冬凌. 合作学习的理论与实践 [M]. 北京:开明出版社,2003:10.

研讨。而教师要想得到其他教师的帮助，就必须学会去尊重他人的经验和建议，认识到每个人都有自己独到的长处与经验，因此，就会在与其他人的合作中，不断反思自身的教学行为，从而不断提高自身的教学水平和教学效果。总之，教师合作是教师之间互相交流，互相教学的共同之间的互助合作活动。它也是一种目标导向活动，是为达成一定的教学目标而展开的。

（三）教师教学合作

近年来世界上冠以"合作（cooperation）"的教学改革可谓量大类多、异彩纷呈，如合作教学、合作学习等。美国著名社会心理学家斯莱文（Slavin, RE）博士将这种现象称之为"教师的合作革命"。[1]美国核心知识课程教学的典范学校"三棵株树学校"已开始探索跨学科教学模式，较重视主题教学的丹麦奥尔堡大学（Aalborg University）承认知识的进步必须跨越森严的学科壁垒而面向现实，从而创造了"基于问题和项目组织学习"（Problem based and project organised learning–PBL）的"做学问"模式而闻名世界。[2]该模式的特点是以真实项目为中心的教师团队合作，以培养学生独特的团队合作能力为己任。PBL教学模式已成为国际上认可的先进和有效的学习模式。

据此，教师的教学合作的基本含义可表述为：在原有分科教学的基础上，通过不同层面和不同形式的合作，将各学科间有逻辑和自然联系的或者重合交叉的内容进行合理的组织调整或合理延伸，使它们能够相互补充，相互促进，从而形成合理的系统结构，发挥最大的整体功能，并由多个教师合作完成教学任务。

二、教学合作的相关概念

与"教师教学合作"相关的概念大致有协同教学（team teaching）、教学导师制（master teacher）、同伴教练（peer coaching）、同伴指导（peer mentoring）等。为了更精确地了解"教师教学合作"的概念，有必要对它们进行简单的介绍。

（一）协同教学

协同教学（team teaching）始于20世纪中期，逐渐成为广受中小学欢迎的一种教学方式。现在人们一般认为，所谓的协同教学（team teaching）就是指由两个以上的教师以及教学助理人员分工合作、共同策划以及执行教学活动的一种教学形态。它是由两个以上专长不同的教师或教师与若干助理人员，共同组成一个教学团队（teaching team），在一个或几个学科教学中，先由小组共同拟定教学计划，再由教师依据教学计划，依教师专长，应用不同的教学媒体、设备与器材或情境的安排，经由各种不同的教学合作方式，进行大规模教学活动，最后再由小组成员共同评定学生的表现，并实施教师间的交互评鉴的教学模式。我国教育学者钟启泉提出："协同教学就是发挥教师群体的力量，由两个或两个以上的教师组成教学小组，共同进行课程编制，组织学生活动，开发教与学的资源，并完成教学的一种教学方式。"[3]

可见，"协同教学"的主要目的是要突破一位教师独自在课堂内，对一群学习者进行教学的形态，改变教师在传统教学模式中的习惯与角色，其核心观点体现为下列几点：团队协

---

[1] 王坦. 合作学习的理念与实施[M]. 北京：中国人事出版社，2002：5.
[2] 周金其，鲁世杰. 丹麦奥尔堡大学"按课题组织、基于问题"教学改革评析[J]. 比较教育研究，2001（9）：48-53.
[3] 钟启泉. 研究性学习：课程文化的革命[J]. 教育研究，2003（5）：71-76.

作的精神、分工合作的专业对话、弹性多元的教学模式、教学资源的整合。

（二）教学导师制

教学导师（master teacher）的概念兴起于20世纪60年代的美国，并在20世纪80年代蓬勃发展。教学导师是指能够针对有需求的教师提供有系统和有计划地协助、支持或评价的学校资深优良教师，类似于英、美等国的实习辅导教师（mentor teacher）。一般认为，在学校中教学导师的设置将可以提高教师的专业水平，并吸引素质优良的学生投入教职工作。教学导师经过遴选产生，他们被赋予比一般教师较高的职务，相对地负担与责任也更重。其性质与目前的教师兼行政工作不同，主要任务是引导教师专业成长与解决教学纷争，因此他们可以被视为教师层级中的领导阶层。简言之，教学导师制度是为了达成教师专业成长的目的，将教师分级后，赋予教学经验丰富的教师引导一般教师成长的一种制度。

（三）同伴教练

同伴教练是一种教师同伴一起工作，形成伙伴关系，通过共同阅读与讨论、示范教学，特别是有系统的教师观察与反馈等方式，来彼此学习新的教学模式或者改进既有教学策略，进而提高学生学习成效、达成教学目标的活动过程。

在同伴教练中，最简单的伙伴关系是教师和另一班同事（如隔壁班教师）形成伙伴。较正式的伙伴关系有：青年教师和中老年教师结伴，或者实习教师和实习辅导教师结伴。通过同伴教练，教师们形成合作的、团队的情谊，共同计划教学，相互观察、讨论，并彼此反馈，彼此开放，愿意被质疑，并且检讨或改变自己的教学决定。同伴教练的最终目标是增进教学成效，即提高教师的教学质量以及学生德、智、体等方面全面发展。

（四）同伴指导

同伴指导又称为协同专业发展（cooperative professional development），系指两个或两个以上的教师为其专业成长的需要而工作在一起，并通过彼此课堂教学的观察、课后的回馈及讨论，以分享专业上的心得的一种历程。[1]在这一历程中，教师之间可以分享教学方法，彼此激励、经验传承、改进教学。同伴指导的观念，最早是在1958年由McGuire和其他同事发展出来。到目前为止，同伴指导常用于初任教师的辅导模式，有良师益友模式（mentoring model）与PAR咨询者模式（PAR consultant model）两种。前者纯属协助的功能，后者则兼具协助与评估的功能。

第二节　教学合作的类型与内容

教学目标的不同自然要采取不同的教学合作的形式并选择不同的合作内容，才能取得良好的效果。下面就目前中小学常用的合作形式与内容做一个简要的阐述。

一、教学合作的类型

教学合作的类型有多种分类标准，参照不同的标准，可以划分出不同的教学合作类型，下面从合作的层次与合作的方式两个维度进行叙述。

---

[1] 张德锐. 以教师同伴合作化解教学专业的危机 [J]. 教育天地，1993（3）：12-16.

（一）根据合作的层次划分

根据合作的层次划分可以分成学科内合作、学科间合作、课题合作与中小学—大学合作四大类型。

1. 学科内合作

学科内合作是同一学科的同一年级或不同年级的教师之间的教学合作，它可以促使教师之间相互学习相互促进。教师之间在知识结构、智慧水平、思维方式、认知风格等方面存在着差异，即使同一学科讲授同一课题的教师在教学内容处理、教学方法选择、教学整体设计等方面的差异也是明显的。这种差异是一种宝贵的教学资源。通过教师之间的合作互动，可以相互启发、相互补充，从而产生新的思想，使现有的观念更加完善和科学，产生"1+1=2"的效果。比如语文学科，可以先把教学任务分为阅读、写作两大系列，然后再按文体进一步细化，并按教师的知识结构、能力倾向、教学风格进行分工，面向全年级、全校学生施教。这样不仅可以使教师在相互观摩中相互学习，取长补短，还可以激发学生的学习兴趣，活跃课堂气氛，预防、消灭课堂死角，增强教学效果。

2. 学科间合作

学科间合作即指跨学科合作。过去各学科教师常常以"隔行如隔山"的理由自我谅解对其他学科的陌生，不同学科的教师在教研上无对话的基础和需要，教研活动处于"学科孤立"的状态。新课程所倡导的学科综合联系的基本理念要求各学科教师加强联系，增进了解，共同探讨相关内容。通过不同学科教师之间的合作，进一步加强对各学科教材内容的共同分析研究，有机整合其他学科中的相关知识，利用、借鉴其他学科相关知识和教学方法，实现课程内容的有机整合，教育观念、方式方法的融会贯通，促进学生综合素质和能力的形成。例如美术七年级上册《神秘的色彩》，在授课的过程中将美术、音乐、科学等学科内容进行整合。在出示色彩的三原色——红、黄、蓝过程中渗入科学的光学知识，使学生科学地认识光与色彩之间的联系。又在"色彩的情感"环节中播放两段不同的音乐《二泉映月》和《命运交响曲》，通过音乐激发学生的情感，并能与色彩的象征、感觉互相联系，真正感受色彩的情感。

3. 课题合作

课题合作即指中小学教师以课题为载体，联合不同学科、不同年级、不同身份的教师共同研究教育实践问题，从找问题到解决问题的过程就是其合作的过程，目的在于使参与课题的每一位教师能从这一合作过程中慢慢改善对教学的反思，从而改进教学促进教师自身的成长。譬如在"基于合作的教师专业成长研究"课题中，参与研究的人员众多：有语文、数学、英语等主学科教师，也有音乐、美术、体育、生化等学科的教师；既有小学教师，也有初中教师和高中教师；既有青年教师与中年教师组合，也有普通教师与行政教师的组合等。在参与课题的过程中，教师们逐渐学会了如何去发现问题，如何去寻找问题的解决策略，如何去解决问题等，从不同层面上改变了教师自身对课题研究的看法，同时也在一定程度上改善了自身的教学。

4. 中小学—大学合作

中小学—大学合作主要是利用一线教师丰富的实践经验和大学教师扎实的理论经验，两者的结合在一定程度上弥补了教育研究中理论与实践相脱节的缺陷。教学研究原本就是"实践性研究"，其主体是一线教师，但是一线教师的教学研究需要庞大的周边领域的基础研究，以便为教学中产生的复杂问题的解决提供启示。因此大学教师所进行的教学理论研究可以说是把教师用"实践话语"所提出的问题翻译成适合自己专业领域的"理论话语"来解决的，是形成"理论话语"与"实践话语"之联结的研究。中小学教师的实践为大学教师的研究提供素材，大学教师的研究为中小学教师的实践提供指导。关键是大学教师要放下"高高在上"的观念，要走进中小学；中小学教师要摆脱"理论我不会"的尴尬，要主动联系大学教师。只有如此，合作才能继续、合作才有生命力。

（二）根据合作的方式划分

根据教学合作的方式以及每位教师所承担的任务划分，可以分成主授式、系列式和主宾式三大类型。

1. 主授式

通过对所有合作学科的知识进行整合后，由所有合作教师集体备课，确定教学目标，设计教学方案，由一名教师承担所有合作学科的教学任务。如数学七年级下册《制作人口图》，以数学为主，社会、信息技术等学科为辅，体会数学与其他学科及现实生活的密切联系。从收集人口知识、整理人口资料、了解我国人口现状、制作统计图等方面使学生认识并获得有用的信息，学会制作合适、形象的统计图，培养综合运用所学知识的方法和能力。这种通过教师集体备课，整合相关学科内容，提出新的教学目标，设计新的教学方案，由数学老师一人承担教学任务的合作方式，对教师的素质要求较高，教师工作量较大。

2. 系列式

这种方式比较适合围绕一定主题进行的教学合作。它是由几个教师分别承担同一主题不同版块的教学任务，即在不同的学科间建立联系，在相关知识构成的总体框架下，将各科相关知识重新组织和编排，以形成新的系列，并在间断或连续的时间内轮流执教的教学合作方式。这种方式有助于各科知识的融合，又注意到每个知识点其内在的联系和发展。如《春》系列的教学中，从语文学科角度让学生阅读、朗诵孟浩然的诗《春晓》、朱自清的散文《春》，感受人们对春的喜爱；从音乐学科角度让学生聆听歌曲《春天在哪里》《春天的故事》，仿佛置身于优美的意境之中，感受音乐美；从美术学科角度让学生充分发挥想象力，以春为背景进行自由绘画创作。这是一种配合型的合作方式，相当于拼盘式，前后一致的相关内容可以使学生保持兴趣，学习内容在多学科中不断得到加强，当学生以一种哲学的、数值的和创造性的方式学习并处理某一事实或概念时，课程内容的整合就鼓励着批判性思维的形成。同时，学科合作教学还传递着这样的一种观念，即学习不是一种机械的记忆的活动，而更是一种吸引人的无止境地发现的过程。

3. 主宾式

这种方式是指由一个教师担任主教任务，有一定联系的其他学科教师与其一起上课，担任主教教师的助教，协助其完成教学任务，实现知识的互补。这种方法比较灵活，而且有利于学生开阔视野，让学生领略来自不同知识结构、个性气质的教师的信息，构建网络状的知识结构。如初中社会《环境保护》这一教学内容与自然、语文、音乐老师合作。上课时，社会老师主讲"环境污染的成因""环境污染的类型""环境污染的危害""环境污染的防治""保护环境"这条线索的内容，以音乐老师的歌声作为开头和结尾的呼应。中间多次请出自然老师、语文老师作为嘉宾、访谈者、智多星来实现师生的互动。还把学生分成四个组，分别根据自己感兴趣的话题与四位老师探讨交流。社会组的搞社会调查，自然组寻找防治污染的办法,语文组与音乐组做环保宣传。

二、教学合作的内容

教学合作可以避免重复学习,提高教学效益,促进学生主动、综合地学习。通过教师间教学合作,影响学生的学习方法、思维方法,促进学生认知结构的完善,培养学生科学的探索精神以及发现问题、解决问题的能力。但并不是所有的学科教学内容都是可以进行教学合作的,所以,必须根据教学目标确定合适的教学内容。那么教学合作内容的选择应遵循哪些原则?

(一)教学合作内容确定的原则

1. 科学性原则

各学科知识都具有一定的系统性、严密性、科学性,各学科的教材体系是一个复杂的系统,因此,合作过程中,必须遵循科学原则,重视学科的逻辑结构,考虑横向联系,科学地确定合作内容,在知识积累、思维方法、学习能力、基本的概念、规律、法则和操作技能等方面相互渗透,结合。

2. 综合性原则

综合性原则包括两方面的综合性,一是课程内容上的综合性,一是教学活动上的综合性。所谓学习活动的综合性,是指为完成教学合作的一个学习主题(或课题)而采取的多种相关的学习活动和方法,并且以活动为主线来综合体现学科合作的知识、能力、方法、兴趣和态度等方面的要求。

3. 创造性原则

教师教学合作的创造性主要表现在:首先,它不以传授系统知识为主要目的。富有创造性的教师合作活动鼓励教师进行多向思维,能从各种角度更全面地认识教学,并善于把它们综合为整体性认识,能创造性地设计教学过程。其次,实施教学合作的过程应富有创造性,不应为教师预先设计好的教案所左右,留给自己和学生以广阔的思维空间,营造和谐、开阔的课堂环境。

4. 开放性原则

教师要让学生独立自主地从事学习活动,让他们成为真正意义上的学习的主人,打破学科与学生之间、学科与学科之间的学习活动的界限,加强横向联系,重视学科学习活动与社会生活的结合,使合作教学充满生机和活力。

(二)教学合作内容确定的方法

合作必须有一定的内容。教师教学合作的内容主要是教师的教学活动以及教学活动之外的反思研究活动。根据上述原则,选择确定适当的合作内容是教学合作的首要任务,那么教学合作的内容如何确定呢?

1. 整合

教学合作是以现有的分科课程为基础,教学内容立足于教材的一种合作方式。通过寻找各学科知识内在联系点、结合点,实现有机整合,达到综合学习、灵活运用的目的。根据教材,将语文、数学、英语、音乐、美术、体育、科学等各学科的每一册教学内容都罗列出来,确定每一个教学内容的教学要求,然后从知识、能力等方面来找其中的横向联系,找到其结合点。有的是从知识上找结合点,有的是从内容上找结合点,有的是从情感上找结合点。并且根据情况,重新设计教学目标,在此基础上,整理列出了学科合作序列表,包括合作科目、合作内容、合作后的教学目标,实现有机整合,达到综合学习、灵活运用的目的。

2. 延伸

教学合作的内容以教材为基础,但又不局限于教材。在现有教材的基础上,教师根据学生的认知水平,作适当的、合理的延伸,使学生尽可能全面地、整体地认识事物,思考问题。

3. 引进

社会日新月异,生活丰富多彩,当中有着许多联系着各科知识,又生动有趣的学习内容。这些内容的学习不仅能激发学生的学习兴趣和参与欲,而且有助于拓展学生认知、思维及解决问题的视野和能力,帮助学生形成综合联系的、多角度认识和解决问题的意识和能力。

(三)教学合作内容确定的实例

1. 学科教学合作

学科教学合作如表7-1所示。

表7-1 学科教学合作

主题	结合点	内容			教学目标
月球	了解月球的大小、状况和环形山	月球	科学	七年级(上)	1.了解月球的大小、状况和环形山 2.知道人类飞向太空的历程 3.知道人类对月球的探测
		月球上有水吗?	数学	七年级(上)	
日历	了解我国日历中的公历和农历的设置方法	日历上的科学	科学	七年级(下)	1.了解我国日历的组成成分 2.了解我国日历中公历和农历的设置方法 3.通过探究活动,知道二十四节气会对人们的生产和生活具有指导和预告作用
		日历上的方程	数学	七年级(上)	
种子	知道种子萌发的基本过程	种子的萌发	科学	七年级(下)	1.知道种子的结构 2.知道种子萌发的基本条件和基本过程 3.探究种子萌发的条件与基本过程
		手绘的玉米生长过程图	美术	七年级(上)	
地图	学会绘制简单平面示意图	地图	科学	七年级(上)	1.知道地图是地理事物缩小在平面上的图形 2.了解地图的三要素 3.了解常用的地图类型及作用 4.学会使用常用的地图 5.学会绘制简单平面示意图
		手绘军事侦察示意图	美术	七年级(上)	

2. 跨年级、跨学科教学合作

跨年级、跨学科教学合作如表7-2所示。

表7-2 跨年级、跨学科教学合作

主题	结合点	内容			教学目标
Traveling	了解祖国的风景名胜以及旅游需注意的地方，培养学生热爱祖国、热爱大自然的情感以及独立生活能力	Unit 23	英语	初一（下）	1.了解祖国的风景名胜 2.了解旅游需要准备的物品及远足需注意的地方 3.培养独立生活的能力和克服困难的勇气 4.培养综合运用英语语言的能力以及英语口语和写作能力
		What are we going to do ?	英语	初二（上）	
		A visit to an island	英语	初二（下）	
		Have a good time	英语	初三	
		Because it's there	英语	初三	
		黄河颂、长江之歌	语文	初一（旧教材）	
		大明湖	语文	初一（旧教材）	
		古迹文物	锦绣金华	八年级	
		山川名胜	乡土教材	初一	
		热闹的山谷、傍水而居	社会	七年级	
		手绘平面示意图	美术	七年级	

三、教学合作的心理机制

过程是核心，教师如何进行合作也就体现在过程之中，那么教师在进行教学合作过程中的心理机制是怎样的呢？一般而言，教师教学合作的心理机制主要包括倾听、交流、协作、分享和整合五个环节。

（一）倾听

倾听是指在合作的过程能够耐心、细致地听取别人的意见和建议，这是获得合作者的尊重和信任的途径之一。

（二）交流

交流是指在合作的过程中就核心和焦点问题进行讨论时大家各抒己见，毫无保留地说出自己的想法，从而在某种程度上达成共识、产生共鸣。这是合作者相互理解的表现，是合作过程创造性的体现。

（三）协作

协作是指合作过程中无论从层面、形式或内容上每一位教师精诚合作，互帮互助，形成良性的互助合作与竞争的氛围，使每一位教师认识到"我好，我要比你更好！"的竞争心态，而不是"我不好，我也要你不好！"的竞争心态。

（四）分享

分享是指在合作的前、中、后过程中，对过程和经历的一种共享，教学共同体中的每一位教师不可能重复做同一件事，因此相互之间的弥补是必不可少的。我有的体验你没有，那么我可以和你交流分享我的体验，从而使同事在遇到类似的问题时不至于犯同样的错误，少走弯路。这是合作者相互体验、相互反思的过程。

（五）整合

整合是指合作过程中各要素的不断融合和统整，强调考虑教师教学合作的人、事、物等各个要素，使各要素发挥最大的功效，体现团队的力量、展现"整体大于部分之和"的魅力。这是合作者之间不断对话和统整的过程。

在教学合作过程中必须注意资源的合理分配，这是保证合作顺利开展的前提条件之一。教师教学合作中的资源分配主要包括人力资源的分配和物质资源的分享。人力资源的分配主要是就合作中人员与人员之间的组合问题，组合的原则可以是多样化的，但是组合的目的是统一的，都是为了使合作更好地发挥作用。每一位教师的特色都要相互弥补、相互衬托，才能使个体在团队中找到自己的位置，有利于教学合作的真正实现。物质资源的分享主要是学校设施的一些共同利用问题，也就是说一些必要的场所、设施要充分利用，每一位教师自己拥有的诸多材料要共享，并且利用网络来使学生与教师的沟通更紧密、使老师与老师的沟通更无障碍。

第三节 教学合作的案例

在实际教学实践中，很多教师在教学过程中会开展各种形式的教学合作，教学合作无疑会促进课堂教学，提高课堂教学效率，下面呈现一些教师教学合作的案例。

一、探秘金字塔

"探秘金字塔"一课是以某校的校本课程"探秘非洲"中"认识非洲的建筑"一课为蓝本，结合了小学六年级科学框架结构和五年级数学"点阵中的规律"为框架的学校特色课程。该门课程由科学老师与数学老师讲解与引领，需要的材料有金字塔模型、牙签、花生米、加强包（包含一定数量的花生米和牙签、实验记录单）。

（创设情境，进入主题）

李老师：今天这节课先由我和雷老师共同带领同学们探秘非洲金字塔，然后再由同学们组成建筑师小组，用牙签搭建金字塔，为下节课搭建非洲建筑茅草屋做准备。之前我们在学习非洲文化时已经对金字塔有了一定了解，想必同学们很好奇金字塔到底是怎么搭建的吧！那首先谁能告诉我金字塔为什么叫"金字塔"呢！

学生1：因为它是用金子做的。

学生2：不对不对，金字塔是用砖块或者石头做的，我从百科全书里看到金字塔因为长得很像我们的汉字"金"，所以叫金字塔。

李老师：学生2说的对，金字塔最初是由康有为于1904年游历埃及之后，在其著作《海程道经记》中首次提出的翻译名称，他觉得金字塔的外形轮廓很像汉字"金"字，所以将其命名为金字塔。同学们请先观察一下这个非洲金字塔的模型，然后回忆一下我们学校非洲园里的小型金字塔，谁来讲一讲这些金字塔有一些什么特征呢！（展示金字塔模型、图片，学生观察）

学生3：金字塔都是下面大上面小的。

学生4：金字塔由四面三角形组成，是一个三角体。

学生5：金字塔的底部是一个正方形，由很多砖块砌成。

（李老师在雷老师讲解过程中给刚才积极发言的学生发加强包）

雷老师：正如同学们所回答，我们在建筑学上经常把非洲金字塔叫作锥体建筑物，一般金字塔的底部是由正三角形、四方形等正多边形或其他的多边形组成的，它的侧面由多个三角形或类似三角形的面相衔接构成，顶部面积非常小甚至成尖顶状，底部面积一般相对比较大，起到奠基稳固的作用。古代埃及的金字塔是用石块堆建的，金字塔建得越高，那它所使用的石块材料就越少，可以抵挡自然灾害，所以非洲祖先们运用金字塔作为重要纪念性建筑，如当作陵墓或寺庙用来祭祀。我们经过观察已经知道金字塔的特征了，那接下来我们开启任务模式，探究金字塔搭建奥秘。第一个挑战任务：先制作一个三角体，一个三角体顶部用1颗花生米，底部用4颗花生米，然后把牙签插入这些花生，构成一个三角体，我先示范一下然后同学们跟着我做。

（学生用花生米和牙签制作三角体，两位老师从旁指导）

雷老师：刚才同学们做的三角体很棒，那接下来我们四个同学为一个小组，全班分为十个小组，每个小组以此类推搭建一个三层的微型金字塔，计算每一层所花的花生米和牙签的数量，并记录在金字塔实验记录单上，这是我们的第二个挑战任务，完成任务的小组将获得1个加强包。

（学生按小组合作制作3层金字塔，两位老师给予小组引导，学生有疑惑先小组讨论再询问老师）

雷老师：刚才很多小组都搭建好了3层金字塔，哪个小组同学可以告诉我你们在搭建金字塔时有没有发现什么规律！

小组1：我们从记录单上发现每搭一层金字塔所需的花生米和牙签数量是有规律的，要想建好金字塔首先要计算出最底下一层所需要的数量，我们小组从上往下搭建的，第一层顶端需要1个花生米、底部需要4个花生米……

小组2：你们底部所需要的花生米和牙签数量都说对了，但是侧边的牙签数量还可以再减少点，这样既可以保证金字塔的稳定性又可以节约牙签数量减轻金字塔的重量……

小组3：我们小组和第一小组刚好相反，我们是先计算出第三层所需的花生米……

（李老师给成功搭建金字塔和积极回答的小组发加强包）

雷老师：同学们从上往下和由下往上搭建的想法特别周到，第二小组同学考虑到运用最少的牙签搭建金字塔的想法也很棒，接下来请同学们跟随老师来总结一下记录单中花生米数量，探究规律，建构数列模型，从同学们的记录单中看到顶层需要1个花生米……把第一层看作是第二个点阵图，我们根据点阵图中的规律就可以计算出所需要的花生米数量啦，那接下来老师考考你们，你们计算一下60颗花生米能搭建几层金字塔！计算正确的同学可以获得加强包。[1]

---

[1] 余晓芬. 小学课程整合的个案研究——以Q小学为例[D]. 金华：浙江师范大学，2014.

"探秘金字塔"是该校校本课程之一，涉及小学六年级科学"框架结构"和五年级数学的"点阵规律"，因此该课在教学过程中采用教师跨学科合作教学的方式。首先，由科学老师就这一堂课涉及的科学知识作以简单的导入，普及与金字塔相关的科学知识（框架结构）。其次，由数学老师负责教授数学知识即"点阵规律"。此堂课充分体现了教师跨学科合作，将数学知识与科学知识合理巧妙地融入于一堂课中，整个教学过程行云流水，雷老师和李老师之间的合作也是相得益彰。通过此堂课的教学，学生既学会了金字塔的结构，又学会了数学中的点阵规律，而且整个课堂气氛活跃，教学秩序井井有条。

二、秋天的树叶

浙江省台州市椒江区举行了有关浙江省教师专业发展培训活动。在这一活动中，金华市环城二小教师方敏和教师温旭珍参与了本次的教师专业发展培训活动，在本次教研活动中，两位教师共同执教《秋天的树叶》一课。

教师方敏是一位语文教师，教师温旭珍则是一名科学教师，两位教师基于五年级所处的第三学段的小学语文教学目标定位，并结合学生实际，设计了以《秋天的树叶》为主题的双师型语言风格指导课。整堂课程教学主要由"四大版块"组成，分别是"启——谈秋说叶；承——观叶察秋；转——绘叶思秋；合——写叶知秋"。教学重点是比较"直白""生动"的两种语言风格。教学难点是感受客观叙述和主观描述的不同，体会语言文字的神奇。科学教师温旭珍教给学生科学的观察方法，引领学生有序地观察并进行真实的记录；语文教师方敏则教给学生想象的思路，引领学生生动地描述身边平常的事物。两位教师在互动中共同引领学生比较两种完全不同的语言风格，从而努力构建开放而有活力的新型课堂。就学生而言，主要学会运用"观察、想象、练笔、比较、感悟"等方法。课堂上，科学教师的出现完美地弥补了语文教师指导学生进行科学有序地观察中存在的不足，让学生收获更"科学"的语文，也让学生更深刻地领悟了两种语言风格的异同，从而更好地达成了教学效果。[1]

语文老师和科学老师在《秋天的树叶》一课中教学相映成趣，相得益彰，比单师教学更易吸引学生的注意力。此课中双师教学分工合作，协同参与课堂管理和教学，增强了课堂管理的力度和效度。双师教学比单师教学更易于让学生互动和建构，有效形成生动活泼的教学场景，从而促进学生素养的提高与发展。这样的课堂会有更多的师生互动，学生也将得到更多的关注。同时，两位教师的穿插教学、比赛式教学，有利于调动学生的学习积极性，使学生在40分钟内精神高度集中，既使学生感受到了直白的语言风格，又使其感受到了生动的语言风格，相比起单师教学，教学效果可谓是事半功倍。

三、破解生命之源

传统课堂的一次革新，将会大大提升历史的教学成效和质量。在此展示某历史教师（H老师）和生物教师（B老师）合作讲授《破解生命之源》一课的片段，带大家领略合作授课的课堂魅力。

---

[1] 裴吉圭."双师合作教学"的实践探索——以小学语文学科为例[J].教学月刊.小学版（综合），2014（12）：20-22.

H老师：很多同学都喜欢看关于未来世界的科幻电影，也对未来的人类充满了好奇。那同学们有没有思考过若干年后，人类到底会变成什么样子呢！

学生：高大、外形独特、长着尾巴……

H老师：同学们的想象力很丰富。

B老师：那在未来世界，人类真的是这个样子的吗？

B老师：根据科学家的预测，一千年以后人类将拥有高高的个头、更小的头脑、更大的眼睛、更少的牙齿、更长的手臂和更多的绽纹，就像图片中这样。（展示图片）

H老师：看看图片再结合我们现在的样子，真是变化巨大，不可思议呀！

一千年后的人类和现在的人类尚且如此不同，那几千年甚至几万年前的人类又是什么样子的呢！自然界的一切生命是如何起源！又是如何发展进化的呢！带着这些问题，我们和B老师一起进入今天的学习。

H老师：正是在对细胞学说研究的基础上，一批生物学家逐渐认识到生物界中不同物种之间不仅存在联系，而且物种是可变的，其中法国生物学家拉马克最先提出生物进化的学说。他肯定了环境对物种变化的影响，提出"用进废退"和"获得性遗传"两个著名的进化原则。那这两个原则具体又是什么意思呢？

B老师："用进废退"是指器官经常使用就发达，不用会退化，就像大脑，越是勤思考，便越灵活；越是懒惰不动脑，大脑便会像生锈的链条，难以正常运转。"获得性遗传"指后天获得的新性状有可能遗传下去，比如长颈鹿本来是很矮的，但由于生存条件的限制，为了吃到高树上的叶子不得不伸长脖子，久而久之，伸长的脖子遗传给后代，形成现在的长颈鹿。[1]

从生命角度来看，《破解生命之源》这一课无疑离不开生物课的科学解说，从起源角度来看，即追根溯源，无疑要从时间角度也就是历史角度去审视。而若仅仅只是从一个角度去构课，那无疑会缺乏趣味性，或者科学性会随之大幅度减少。因此，这一堂课将生物知识和科学知识巧妙加以结合无疑能提升教学效率。而通过以上两位老师合作授课，我们发现教师之间默契的配合既能丰富历史课堂，调动学生对生命起源之谜的兴趣，生物老师专业化的讲解也能够加强学生的学习深度，增进学生对进化知识的理解。此外，合作授课为历史教师和生物教师互相学习提供机会，有利于教师更广阔的思考各学科关联性知识，拓宽教师思维。

第四节　教学合作的流程与策略

合作教学既能增加学生的学习效率，又能促进教师相互取长补短，进而实现专业发展。那么，教学合作的操作是一个怎样的流程，又应采取哪些基本策略？

一、教学合作的流程

不同的合作内容与合作形式会导致合作的流程不尽相同，但并不是无章可循。既然是教

---

[1] 严磊.中学历史学科"师师合作"探究[D].武汉：华中师范大学，2016.

学合作，必然要从教学这个基本点出发，就是说合作必须根据中小学教学的基本环节展开才能取得良好的效果。一般而言，教师的教学合作依据教学工作的基本过程进行，并通过学习型组织的创设、知识共享机制的建立、激励与评价机制的建立来提供支持与保障（图7-1）。

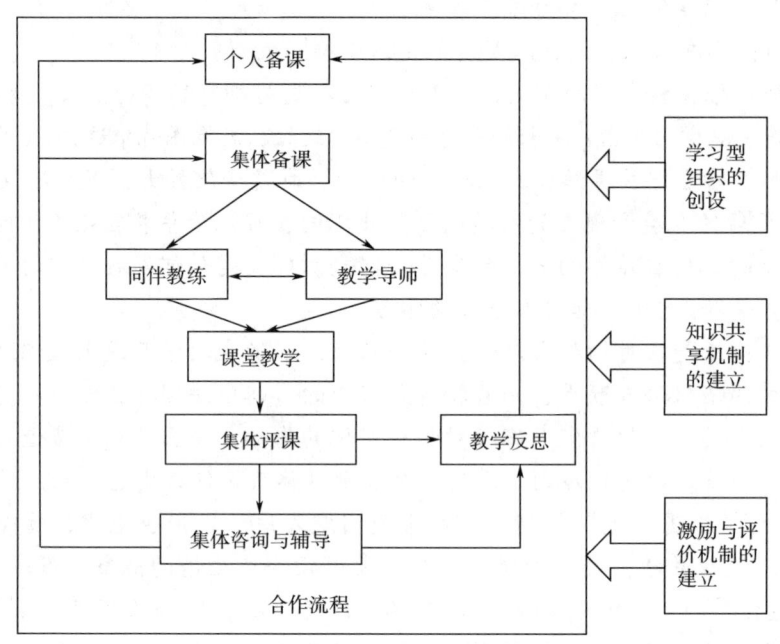

图 7-1　教师教学合作操作流程图

1. 教师个人备课与集体备课

以教师个人备课作为教学合作的起点，每个教师根据自己的理解与思考准备一个原始教案。在此基础上通过集体备课的合作形式，相互取长补短，吸取其他教师的积极意见，修正自己的教案，提高备课水平，促进自己对知识点、学生特点和教学过程的理解，提高备课技能。

2. 教师的相互交流与合作

在集体备课过程中，教师间的相互交流是极为重要的。一般而言，交流与合作有两种基本形式：一是为初任教师配置教学导师或者说是指导教师，以师徒的方式进行一对一的联系，以达到两者的相互促进、共同提高。二是在教师中广泛采用同伴教练的形式，这种同伴教练可以是相对固定的，也可以是随机的，目的是形成一种民主融洽的积极的交流与讨论的氛围，以便于教师间进行相互帮助与合作。

3. 集体听课与评课

在教学合作的情境中，集体听课与评课是一种学习过程，是一个发现他人的优点以供自己学习和吸收的活动，以提高所有的教师同伴间教学水平和分析水平为目的，而不是给教师定级与评价，因而气氛应该是和谐的而不是紧张的。

4. 集体咨询与辅导

由各班班主任老师牵头，由担任此班各科教学任务的教师参加，组成协同教学小组，对学生学习、生活、德育及心理健康等问题进行定期协商，共同探讨解决问题的办法，进而形成教育合力，全面推动学生的发展。

5. 专业反思

在集体听课、评课，集体咨询与辅导的基础上，引导教师进行专业反思，明确自己的优点与不足，制定改进的策略与方法，并将其成果应用于下一步的备课及教育教学中。

6. 支持系统

整个过程需要学校通过学习型组织的创设、知识共享机制的建立及激励与评价机制的建立加以促进与保障。

二、教师教学合作的策略

教师的教学合作是一个系统工程，需要各方面协同努力才能使合作顺利开展。具体而言可以从下列五个方面着手。

（一）强化教师教学合作的自觉意识

著名现代化问题专家阿列克谢·英格尔斯认为："如果一个国家的人民缺乏一种能够赋予这些制度以真实生命力的广泛的现代心理基础，如果执行和运用着这些现代制度的人自身还没有从心理、思想、态度和行为上都经历一个向现代化的转变，失败和畸形发展是不可避免的。"[1]教师的学科教学合作也是如此，首先要从观念开始，从切实强化教师合作的意识着手。

1. 提高自我认识，完善人格

人是否愿意与他人合作，取决于人是否有良好的自我认识及对他人的认识。自我认识是个体对自己与他人，与周围世界关系的认识，有正确自我认识的教师能恰当地评价、接受自己和他人，能控制和掌握自己的命运。教师通过正确认识自己和他人可以对自己的行为作出相应的调整，并因此形成良好的情绪和意志力。能正确认识自我的人，不仅能在独立工作过程中顺利完成自己的任务，也能善于吸取别人的长处，与人合作，以达到最好的效果。能正确认识自我的教师更不例外，其教学中处处有闪光点，但他不是满足于此，他会更用心教学，博取百家之长，使自己的教育教学更加完善，也会乐善好施，将教学经验与人分享。

2. 明确合作的好处，树立"双赢"思维

教师们应该知道合作有利于保持教师间和谐的人际关系；合作有利于提高教育教学效益；合作能弥补缺陷，积蓄能量，促进教师个人事业的成功；教师间的合作还有利于造就学生的完美人格。植物界有一种"共生效应"，即某种植物单独生长时会枯萎死亡，而与另一种植物一起生长时两者都会生机勃勃。教师之间合作得好也可以产生这种"共生效应"。大家应在试图满足自己的需求的同时，也主动考虑其他教师的需要，肯定其他教师的能力、贡献，主动关心帮助其他教师，改变一些教师对于人与人之间关系"非赢即输"的思维定式。

3. 强化全局观念，形成合力

要加强关心集体、爱护集体的意识，每个教师都要自觉遵守学校现行制度，自觉地把自己的能力和经验奉献给集体，使之成为集体的财富。教育的目的是全面提高学生的整体素质，各任课教师必须从育人的角度，加强合作，协调合作，团结一致，形成合力。人人都有了全局观念，才会把所教课程摆在全局的恰当位置上，才能增强相互合作的自觉性。

（二）形成良好的教学合作氛围

教师的学科教学合作需要一个有利于合作的氛围。这氛围不是物质的而是精神的，实质

---

[1] 阿列克谢·英格尔斯. 人的现代化［M］. 成都：四川人民出版社，1984：4.

是一种教师合作学习的精神文化。教师文化的类型一般有四种。

1. 个人主义文化

这里的个人主义指的是孤立的、单独的文化。教师的主要精力用于处理自己课堂里的事物，相互之间很少交流，关注的只是自己的教学。

2. 分化的文化

教师工作处于相互分立、有时为争取权力与资源而相互竞争的群组之中。教师被分成不同的小集体，相互之间处于分裂或对立甚至敌对的状态。不同的群体都在争取着有利的地位，争取着更多的权益，而不合理地侵害他人的利益。这是一种不公平的竞争文化。

3. 合作的文化

教师之间建立在相互信任的情感基础之上，认为互信和支持对于每个人都是有利的，也是工作发展的必然要求。每个人的情感、问题、能力、信息都向他人开放，都提供与他人共享。这是一种学习化社会最为期望的文化环境。

4. 硬性"合作"文化

教师被要求围绕行政人员的意图与兴趣进行"合作"，但是这种合作不是处于教师认可和发自内心的行为。这种文化往往是领导者看到了合作文化的好处，但却没有被教师所接纳，只是依靠行政的权威在强力推行。

教师教学合作，如果周围缺乏一种支持合作的集体与心理氛围，是很容易夭折的。在个人主义主导的教师群体中，合作、分享是难以落实的。因为教师参与课程改革，虽然有国家政策上的支持，但是实际上它更需要的是一种社会文化或团体文化的支持。合作是一种很花费时间和精力的事情，如果得不到外界的支持与承认，那么就很容易打击教师的积极性。如果校内有一种有助于教师交流与沟通的组织机构，并且经常鼓励教师进行合作，那么教师之间的合作就会得到大家的认同和仿效，从而在学校内部形成一种教师合作的群体。因此，学校领导要积极创设有利于每位教职工合作与共享的文化氛围，校长要与教师建立一种民主平等有效的合作关系，能经常与教师进行平等的交流与沟通，了解教师的实际困难，满足教师的合理需要，尊重教师的人格，鼓励他们发表个人见解，鼓励教师继续学习，提高业务水平，并在条件、经费上予以保证和支持。对教师的脑力要注重适当调剂，保证他们的身心健康。针对老中青年教师的不同年龄和爱好特点，尽可能开展丰富多彩的文娱活动。努力在校内创设和谐的工作氛围，良好的心理环境，形成一种民主开放的交流气氛，从而使教师主动合作，精诚合作，积极探究，不断提升自身的教育智慧。

（三）构建教学合作的学校管理机制

政策导向和制度支撑是教师学科教学合作的实施得以保证的两大关键要素，因此学校领导在教师队伍的管理中，要探讨一种"合作式教师管理"。要根据基础教育课程改革的需要，建立具有合作协调特点的管理机构以及相应的学科教学合作的管理制度，提供相应的机会与资源，并采取一定的措施，将教师的学科教学合作落到实处。

1. 科学的用人机制

学校管理的所有要素中，教师管理是第一要素。具有合作精神的教师组成的群体，不仅能较好地配合管理者实现管理理念及目标，还能推进管理者创新管理模式和方法，实现管理成果的最优化。因此，学校领导在用人上要注意考察教师的合作精神，注意重用那些有才华且合作意识强、合作精神好的教师。对人际关系不和谐、团结意识差的教师实行一票否决。

2. 广泛的民主机制

在校内实行广泛的民主，建立民主对话制度，民主评议制度。教学工作上实行学期初集体研究制订计划，单元教学前集体备课，单元教学结束后集体研究复习考查。学校出台的各项规章制度均需教职工代表大会通过后才能实施。让每个教师都有陈述自己的意见与要求的机会，大家都能充分尊重他人的意见与要求，实行经常的、真诚的平等协商。

3. 全面的评价机制

如果我们使用单一的考试结果来评价教师，就不会有教师的合作，即使有也是形式上的合作。因此作为学校管理者，必须制定出符合学校实际的有利于教师发展的评价制度。这就必须改变单纯以学生成绩评价教师的做法，要既重教学的结果，更重教学的过程。变单一评价为多元评价。既看工作过程也看工作态度；既看课堂教学也看教研活动；既看优生比例也看转差效果；既重学校常规评价也重校外社会评价；既重教师评价也重学生评价。当然，评价也应有主有次，教师的合作协调能力、教师的工作态度及课堂教学效果应是评价教师的主要方面。其中，应特别关注教师合作意识与能力的评价。

4. 合理的奖罚机制

心理学研究表明，当某件事影响到一个人的切身利益时，他就会感到有必要参与其事。因此学校在制定教育教学奖励制度时，要关注合作的导向，尽量淡化教师工作指标，淡化围绕工作指标而设计的各类奖励，奖励只到团队、不到个人，重奖集体、轻奖个人。积极鼓励集体创优，把年级组、教研组的团结协作作为评价的导向，把组内关系和谐，团结合作作为评选先进集体的重要条件之一，而且实行一票否决的硬指标制度，如果组内有一位教师有违规违纪或不团结都会影响集体创优，从而让每一位教师都重视维护集体荣誉，都爱护集体的团结，都努力为集体创业绩。

5. 和谐的竞争机制

合作学习并不排斥竞争与单干，在适合适宜时，竞争和个体活动能够增益于合作学习。也就是说教师教学合作，在突出合作的主导地位的同时，并没有否认竞争与个人活动的价值，而是将之纳入了教学过程中，使它们兼容并存，融为一体，共享教学资源。教师间的教育教学与科研竞争是学校工作不断进步的动力。但竞争只是手段，共同发展才是目的；竞争是暂时的、局部的，合作才是永恒的、全面的。竞争要以合作为基础，合作要以竞争为推动力。教师在竞争中要发展自己、充实自己、提升自己的教育智慧，就必须借助他人，向他人学习。"积众贤"以"自强"。而教师在发展自我的过程中，也必然对他人产生辐射作用，使他人受到鼓舞，也就是说教师在竞争过程中，同时也发挥了对内发展自己，对外影响他人的双向作用。而这本身就包含了合作，因而学校管理者的任务就是要引导教师进行和谐竞争，做到在竞争中合作，在合作中竞争，使两者相互补充，相得益彰。

（四）拓展教学合作的互动空间

教师的学科教学合作还需要一定的互动空间，没有空间也就没有发展。学校要重视教师之间，教师集体之间，与兄弟学校之间的横向交流与合作，通过这种协同达到信息资源共享，如每学期组织课堂教学集体备课，集体观课研究活动，教师教案、电教软件、教科研成果展评活动。尤其要建立校际定期交流制度，由于每个学校的情况各不相同，开设的综合课程也各有特色，如果学校与学校之间能够共同合作，相互学习，共享教育资源，甚至可以互派教师进行"访问式交流"，那么既可以取长补短，又可以节约教育资源，最大限度地发挥自己的特长。同时要进一步加强与各级教研机构的联系，在原有学科教研组织的基础上，建立校际教研组，形成区域内学科教研网络，建立大学教研机构与中小学的合作研究制度，拓展教师之间互动合作的空间，使势单力薄的教师走出封闭的圈子，实现多途径的互动合作。

（五）提供充裕的研讨合作时间

学校领导要为教师提供一定的政策机制和物质条件的支持，努力为教师创造宽松的发展空间，保证教师有充裕的时间用于研讨、交流，反思教学过程中的问题。真正做到少一点会议，少一点形式主义；多一点学习，多一点交流。在调查中发现有95.2%的教师反映工作量有较大增加，而反映工作量增加的一个重要指标是"备课时间"的增加，71%的教师认为备课时间增加很多，教师们普遍感到没有足够的时间与同事交流、研讨教学上的问题。

【思考与练习】

1.比较教学合作、协同教学、教学导师制、同伴教练、同伴指导的异同。
2.结合实例论述如何通过教师的教学合作实现教师的专业成长。
3.任选一门学科设计一份教师教学合作的实施方案。

【深入阅读】

[1] 伍新春，管琳.合作学习与课堂教学[M].北京：人民教育出版社，2010.

[2] 舒尔曼.实践智慧：论教学、学习与学会教学[M].王艳玲，等译.上海：华东师范大学出版社，2013.

[3] 安迪·哈格里夫斯，迈克·富兰.专业资本：变革每所学校的教学[M].高振宇，译.上海：华东师范大学出版社，2015.

[4] 李新翠.何以促进中小学教师专业合作：基于近万名中小学教师的经验证据[J].教育研究，2020，41（7）.

[5] Andy Hargreaves.Teacher Collaboration：30 Years of Research on Its Nature，Forms，Limitations and Effects[J].Teachers and Teaching，2019，25（5）.

第八章 基于"自主"的教师发展

【学习目标】
　　★准确理解自主发展的内涵。
　　★了解教师自主发展的条件与运行机制，并能结合实例分析。
　　★熟悉教师专业自主发展的实施程序，能够运用自主发展的操作策略。
　　★能够分析教师个体发展的现状与需要，并设计教师自主发展的实施方案。

　　教师能力是教师专业结构中的重要组成部分，教师专业自主发展能力是教师不断提高专业素质的重要保证，要提高教师专业自主发展能力，需采取必要的管理策略，提升教师的专业态度和动机，而教师自我发展需要和意识是教师不断自觉地促进自我成长的主观动力。它意味着教师个体不仅能把握自己与外部世界的联系，而且具有把自身的发展当作自己认识的对象和直觉实践的对象的能力，能够构建自己的内部世界。只有教师具备强烈的自我发展意识和自我控制能力，才能有意识地不断寻找学习机会，参与实践活动，成为一个"自我引导者"，理智地筹划未来的自我并控制今日的行为，促使自己朝着积极的方向发展。

第一节　自主发展的内涵

概念的明晰是形成意识与采取行动的基础，所以要实现教师的自我发展首先要厘清"自主"与"发展"两个概念。

一、自主

自主（autonomy）一词是源于希腊文"autos（自我）"和"nomos（法律）"的组合，它的基本含义是自己指导自己，不受他人约束。斯考特（Scott）认为自主这一概念源自古希腊的政治术语，用来描述希腊城邦的自我规范和自我管理。[1]《现代汉语词典》中"自主"是自己做主的意思。[2]盖弗锐（Geoffrey）认为自主发展并不是排斥他人，也不否定人与人的相互依存性，自主意味着一个人的意志和意愿的行为是发自内在自我。[3]瑞吉斯（Ridgers）认为，自主是建立在个体尊重自己和他人的基础之上的，自主的行为是一种自愿自发的、自己选择的、自我控制的，并为之负责任的行为。[4]

金美福在2002年进行的"教师自主发展之我见"调查中，得出了教师理解"自主"的一些关键词：自觉的、主动的、积极的、主观意识、能动性、非外界强制的。[5]

从"自主性"角度来理解自主，熊晓东认为，在"自主性"观念中，居核心位置的是"主观意志自觉能动"。"主观意志"也就是"自主"中"自"的含义：自己——主观、个人，强调的是个体的内在性；"自觉能动"也就是"自主"中"主"的含义：自觉、主动，强调的是个体的能动性，能动性是人的本性。[5]由此我们可以看出自主的本质主要是：个体的、自觉主动的、能动的。这一概念应用于个人，则获得广泛的含义，它往往包含个人的自我决定、自我安排、自我规范、意志自由、权力自由、行为自由、做自己的主人等方面的意思。

二、发展

《现代汉语词典》对"发展"的解释是：事物由小到大、由简单到复杂、由低级到高级的变化。[6]发展是一种变化，发展和变化这两个概念同时发生，而且含有连续和稳定的成分。但并不是所有的变化都是发展。发展是指内部的变化，当然也并不是所有的内部变化都可以称作发展。心理学家卢文格在谈到发展时提出："发展是由一种新结构的获得或从一种旧结构向新结构的转化组成的。"[7]

"发展"在最一般的意义上，是指事物渐进过程中的"中断"，即事物由旧的形态"飞跃"到新的形态。真正意义上的"发展"需要有两个必不可少的前提：其一，"发展"的主体的自我否定所实现的由旧形态向新形态的"飞跃"；其二，"发展"的主体自觉到自己的"发

---

[1] Scott P. A, Valimali M, et al. Autonomy, Privacy And Informed Consent 1: concepts and definitions[J]. British Journal of Nursing, 2003, 12（1）: 43–47.
[2] 中国社会科学院语言研究所词典编辑室. 现代汉语词典 [M]. 北京：商务印书馆，1996：1670.
[3] Rodgers D. B, Leslie A. L. Tension, Stxuggle, Crowth, Change: Autonomy in Education[J]. Childhood Education, 2002, 78（5）: 301–302.
[4] Williams G. C, Deci L. The Importance of Supporting Autonomy in Medical Education[J]. Annals of Internal Medicine, 1998, 129（4）: 303–308.
[5] 金美福. 教师自主发展论 [D]. 长春：东北师范大学，2003.
[6] 中国社会科学院语言研究所词典编辑室. 现代汉语词典 [M]. 北京：商务印书馆，1996：340.
[7] [美] 卢文格. 自我的发展 [M]. 杭州：浙江教育出版社，1998：31.

展",并通过发展而使自己的存在获得新的"意义"。具有上述两个前提条件的"发展",只有人的历史。[1]

发展是指个体生理与心理的改变,这种改变井然有序,有其组织性与系统性,绝非漫无条理,毫无规范。据此以观,自我发展旨在寻求个体身心的健全发展,属于全人类的发展(whole-person development),其内容应该涵盖生理与心理两方面,而其发展的历程中则是受到遗传(heredity)与环境(environment)的交互作用所影响。生理发展涉及有机体的成熟和老化现象,心理发展则包含认知与社会两方面。自我超越,就是从旧的"自我"向新的"自我"的"飞跃"。这种"飞跃"还必须加上一个限定的条件,即从旧的形态向新的形态的转变,有一个判断和衡量的标准,这个标准就是"意义"。并非任何一种变化都可以称之为"发展"。因为运动是事物的存在方式,世界上的一切事物都处于运动和变化之中,只有获得了"意义"的变化,我们才可以称之为"发展"。

三、自主发展

由"自主"和"发展"的含义我们可以得出自主发展是指个体自觉主动地不断提高自己,完善自己。首先,发展不是外部的追求,而是主体内部呈现出的自发的、主动的运动状态。要主动发展,内因是变化的依据,只有教师具有自觉的发展意识,使发展成为生命体内在的理性渴求,发展才会成为可能。其次,教师在了解自己角色定位、职责特点和个性特长的前提下,能选择切实可行的正向发展目标。而教师的自主发展则必须与教师的职业特点相联系。

教师的自主发展由于受制度化教育背景的影响一直得不到应有的地位。教师自主发展的意识最早可以追溯到20世纪70年代初期的杰克逊(Jackson)。他曾以对教师被动专业化批判的口吻,预测教师被动专业化即将被尊重教师个人成长规律性、强调教师自身积极作用的教师主动专业化所替代。[2]他把被动专业化称作教师发展的"缺陷"观,把主动专业化称作教师发展的"成长"观。他提出,如果要真正提高教师的内在素质,教师的在职教育必须实现由"缺陷"观向"成长"观的转变。

那么何为教师自主发展?金美福将它界定为:是教师自觉主动地追求作为教师职业人的人生意义与价值的自我超越方式。也有学者认为教师自主发展也可称"主体性发展",是指教师具有自我发展的意识和动力,自觉承担专业发展的主要责任,通过不断的学习、实践、反思、探索,使自己的教育教学能力不断提高,并不断向更高层次的方向发展。[3]它是将一般理论个性化与具体的应用场景相适应,并与个性因素相融合的过程,也是共性的教育教学"理论"与教师个人的"实践性知识"的整合过程。

综合各学者的观点及分析,我们认为教师自主发展是指教师基于个体主动意识和能力而自觉地提高自己、完善自己,达到作为教师的人生意义与价值的自我超越方式。

---

[1] 孙正聿. 超越意识[M]. 长春:吉林教育出版社,2001:7-8.
[2] Jackson, P. M. Old dogs and new tricks: observations on the continuing education of teachers[A]. In I.J.Rubin(Ed), Improving inservice education: Proposals and procedures for change[C]. Boston, Massachusetts: Allyn&Bacon, 1971:19-36.
[3] 桂建生. 中小学教师专业发展的必然选择:自主发展和专业对话[J]. 当代教育论坛,2003(12):47-50.

第二节 案例分享

每个教师都有自己发展成长的轨迹，在这个轨迹中凝结了教师的成功与失败、研究与反思。成长轨迹的内容是极其丰富的，可以包括教师自身的发展过程、教学背景、教学经历、研究经历；也可以是对教育的所感所悟、对教学的所思所想。对成长轨迹进行纪实，进而进行分析可以了解一个教师自主发展的过程、动因及影响因素。是不是只有特级教师才是自主发展型的教师？我们生活中的普通教师是不是也在自主发展？作为个体，他们是怎样发展起来的？我们将通过案例纪实的方式展现一个个活生生的教师成长个案，展现他们是如何自主发展的。

一、我喜欢，我选择——一位初任教师的成长之路

刘老师，31岁，毕业于山西大学英语专业，现工作于陶村中学。6年的教师工作中，先后获得梦想课程教学能手、盐湖区首届课堂教学大赛一等奖、运城市课堂教学大赛二等奖、盐湖区微课设计优秀奖等荣誉称号。以下是她的心灵轨迹。

※ "四有"铸魂 砥砺前行

回想起自己选择教师这个平凡而伟大职业的道路，内心充满感慨。原本我应该跟大多数人的求学之路是一致的，师范毕业后走上教育岗位，但适逢师范改革，所有学生可以以社会青年的身份参加高考，我不甘心自己一眼可以看到的未来，毅然参加了高考，最后因5分之差未能如愿考入厦门大学，只能进入山西大学继续学习。年轻懵懂中，我眼中的老师是平凡、孤独并且缺乏激情的，这是我与教师职业一次擦肩而过的邂逅。

大学毕业后，走上工作岗位，每天身着职业装，脚蹬高跟鞋，忙着奔波于公司的各部门之间，上传下达各种文件，安排各项会议，还得陪着应酬，拿着对于刚毕业的大学生来说还不错的薪水，日子忙碌看似充实，却似乎缺少了些什么。每当空闲的时候，我总是在思考，这是我想要的吗？内心一直得不到肯定的声音。在一次酒桌文化之后，我毅然选择了离职。同年9月，我有缘加入教师的队伍，成为一名光荣的人民教师，从此，踏上了教书育人的道路。正是因为之前的工作经历，让我真正找到了最初内心想要的那份安宁，6年的教育之路也让我更加深刻理解了教师的责任和价值。

我们作为一线教师，在成长道路上总是会出现各式各样的"教学难题"，如何上好一堂课，如何管理学生，如何更好地提升自己，凡此种种。在我教学之初，我也经常碰上这样的问题，尤其是上好自己的课。

去年运城市举行了首届课堂教学大赛，本着抓住机会锻炼自己的初衷，我积极报名参加了比赛。正如罗老师所说的公开课本身就是提升教学技能的一种极好的方式，我借助便利的网络条件，参考视频、课件和论文研究等，看优质课的教学思路和设计，再生成自己的课，那些教学设计、教学内容和方法在我的脑海中闪过不下20遍。三轮比赛下来我准备了6堂公开课，从初始的迷茫到后面的得心应手，再加上评委独到的点评，那段时间我觉得自己的收获难以衡量，套用同事们当时的话

"整个人看起来都很有激情"。但是距离把公开课上成常态还是有很大的距离，希望今后能有更多这样的机会锻炼自己，提升自己的教学技能。

说到成长，不能不提的就是盐湖区近几年大力推行的梦想课程，尤其是去年的"职业人生"这门课程。因为这门课程是由盐湖区和郑州市的老师共同研发的，所以为我们的老师提供了更多线下学习的机会。说起来，我与梦想的结缘也算是比较功利，就是因为城区新建校面试环节种子教师加分的原因。但是，等我真正加入梦想团队，我才知道我这几年错失的是什么。去年冬天，我有幸到上海、郑州和西安参加梦想课程的体验和后半学期课程的研发。老师对课堂的引导力、头脑风暴以及深入的自我剖析，对我的教学甚至生活带来了巨大的影响。课程中所倡导的课堂四环节、引导式提问、ORID提问法等也被我运用到了学科教学中，为我的课堂增色不少。同时，我也发现在梦想课堂上你会看到不一样的学生，英语课上默默无闻的学生在梦想课上侃侃而谈，拘谨放不开的学生在梦想课上落落大方，这些一点一滴的变化让我刷新了对学生的既定理解，更好地走进了他们的内心。

我还想分享的另外一点是关于阅读。常言道"教师要给学生一杯水，我们就要有一桶水"。身为合格的教师，首要一条就是深厚而广博的学识，既包括学科知识也包括文化基础知识。但是现在我们处于知识大爆炸时代，学生的信息来源异常广阔，若是我们不与时俱进，很容易就会出现"老师完了下去再考虑考虑"的尴尬局面。前天罗老师在讲阅读的时候让我有点汗颜，因为我自己就是那读书不到两本行列之中的，不阅读的结果就是这两天的发言稿愁死了我无数的脑细胞，还只是写出了这样蹩脚的文字。遥想当年上学之时，我的文章在学校也是数一数二的，看如今，不说构思，就连遣词造句都觉得生硬万分。去年赴上海培训的时候，接触到的老师和志愿者都是以书为友，涉猎广泛，受此影响，我还买了《丝绸之路》《正面教育》和《拆掉思维里的墙》等书籍，虽说到现在都只读了前几章节，但确实感受到了精神食粮严重匮乏。现在课改提出了学科融合的概念，这对我们教师提出了更高的要求，你只有以自身知识为基点才能把学科进行融合，否则，谈何亮点，谈何创造？

从中长期来说，我希望自己能成为一名有教育智慧、有内涵、有幽默感的教师。

三年成长目标：

①"多做""多想""多听"，反思自己的课堂教学并不断进行改进。

②深入学习教育专业理论知识。熟读《给教师的建议》《典枕集》等有关著作，与时俱进，不断更新。

③坚持阅读始终在路上，除教育教学类外，寻求理论研究的突破，发表省级论文一篇。

④专业方面坚持阅读英文原著，并每周朗读经典美文和演讲稿。

⑤在沙龙和集团校内做公开示范课，并积极参与观课评课。

近期发展目标：

①很多名师的教学方法与方式有许多值得我们学习的地方，下半年我将通过观看网上视频、阅读书籍等形式进行学习。

②认真研究课程标准、课改理念，探索适应标准和学情的教材处理方法。
③认真关注每一个学生，既教学又育人。
④认真上好每一节课。
⑤每两周开展光影社团的英文原声观影活动和英语诗歌诵读。[1]

1. 背景分析

刘老师大学本科以优异的成绩毕业，4年的大学学习或多或少让刘老师接触了教育学、心理学基础知识。阴差阳错中，刘老师学习了师范专业，成为一名教师。刘老师作为一名新教师，"本着抓住机会锻炼自己的初衷"，积极参加各种教师技能大赛，同时还有梦想课程等，机会对于每个人都是公平的，能否抓住机会则是你个人的事。

刘老师来自农村，但是出生于20世纪80年代，她的思想一方面较为传统，自身所受的小学教育与现在完全不一样。另一方面又容易接受新思想，对各种差异比较容易接受，并积极地接受新观念、新思想，敢于尝试新鲜事物。刘老师是一个乐观开朗的人，大学里就是一个活动积极分子，当她遇到困难的时候，总能用乐观的态度去面对，去解决。做事很执着、很投入，干一件事情就一定会干好，不管是到深夜或者凌晨都能非常投入地去做。她的人际交往能力强，有很好的人缘，乐于帮助别人，别人当然也就乐于帮助她，所以容易形成一个共同体。这使她在遇到问题的时候，能迅速形成一个"智囊团"，团队学习很适合她。再加上她年轻，精力充沛，可以把自己的想法很快付诸实践。良好的心态是她成功的奠基石。

2. 内在因素分析

刚从大学毕业的刘教师，对于自己的工作总是充满了激情与理想，与其他人不同的是，她并没有一开始就下定决心从教，而是先进入了职场历练了几个月，虽然脚蹬高跟鞋，奔波于公司之间，看起来光鲜亮丽，但是她突然意识到这些都不是她真正想要的，这时才坚定地选择了教师行业。刘老师对教育充满了热情，总想把自己理想中的教育付诸实践，她不断地思考着如何上好一堂课，如何管理学生，如何更好地提升自己，对于自身的发展，她觉得有机会就要把握，并且尽自己最大的努力做好，比如在开一节公开课参加比赛的时候，她可以工作到凌晨，第二天照样上班工作，对于工作的热情使她在专业上不断得到提升。

在教学自主能力上，刘老师认为"教学方法多样化是对现阶段教师的普遍要求，一般来说我们不再像以前一样，以教师讲授为中心，而是用适当的问题引导学生自主探究。公开课本身就是提升教学技能的一种极好的方式，我借助便利的网络条件，参考视频、课件和论文研究等，看看优质课的教学思路和设计，再生成自己的课，"对于现代教育信息手段的利用是年轻教师的优势所在，他们在大学时就接触了计算机，能熟练地运用计算机进行课件的制作、运用网络搜集丰富的资料，因此在教材的呈现、教学方式上更能自主并且多样化。由于教龄还短，再加上平时工作的忙碌，在教学研究与反思方面，刘老师也在不断反思自己的公开课要上成常态课还具有一定差距。对于新任教师，教学研究能力还稍显不足，一方面是由于工作任务重，另一方面也因为经验不足。学校希望教师担起管理和照顾学生的责任，新教师要胜任必然要花费很多时间。但是在教学研究和反思方面，年轻教师又有着一种与生俱来的优势，他们敢于批评，敢于提出建议，敢于实践，并且拥有丰富的创造力和想象力。对问

---

[1] 佚名. 山西盐湖区青年教师成长系列报道"四有"铸魂砥砺前行[EB/OL].（2018-07-14）[2020-10-02]. https: //baijiahao.baidu.com/s?id=1605921049659942672&wfr=spider&for=pc.

题有一种敏锐的观察力,如果稍加引导,必然能发展教师的自主能力和反思能力。

在个人成长方面,刘老师也有自己的思路。尤其是在阅读方面,她认为:"身为合格的教师,首要一条就是深厚而广博的学识,既包括学科知识也包括文化基础知识。接触到的老师和志愿者都是以书为友,涉猎广泛,受此影响,我还买了《丝绸之路》《正面教育》和《拆掉思维里的墙》等书籍,"或许像刘老师这样的新教师还谈不上丰富的教学经验,突出的教育智慧,但是教师只要在自己的教学工作中有想法,不断提升自己,并且努力实践这种想法使之获得实效,这样的做法本身就是自主的,发挥自己潜能的。

3. 外在因素分析

虽然刘老师的任教时间才6年多,但是从其发展现状来看应当属于能力建构期。这一阶段的教师正努力提高教学技能和能力,容易接受新观念,积极参加各种学术讨论,把工作看作挑战,并渴望改进自己各方面的技能。对于他们来说,社区学生家长的信任是很重要的,除了信任之外,还应该有家长对学校事务的支持和参与。家长渴望得到教师的支持,相信他们孩子的智力正在发育,同样,教师希望家长的支持,充分信任他们正在努力完成的事。这种信任会激励教师获得更多的能力,并继续在专业上成长。

二、我工作,我生活——一位中年教师的发展轨迹

周老师,女,从24岁斩获省教坛新秀,到31岁成为温州市最年轻的名师,再到省特级教师、正高级教师。有时周老师会想是什么支撑着她对事业如此专注,回首一路走来,从儿时玩过家家学当老师开始,语文注定成了她终生的热爱。

※美貌与智慧并重

近日,浙江省第十二批特级教师评选名单公布,籀园小学的周老师在众多参评者中脱颖而出,成为浙江省小学语文特级教师。

在籀园小学的老师和学生眼中,周老师是一位美貌与智慧并重的好老师。她的学生叶××说:"周老师有着无人能比的气质,各式各样的时尚衣服,再配上那双水汪汪的大眼睛可美啦,同学们都很喜欢她。我不仅爱听周老师绘声绘色地讲故事,而且我和周老师还都很爱语文,她把我培养得更自信,让我把诗写得这么优美动听。她就像一束光,指引我们学习越来越好。"

说起周老师的教师之路,可以用平凡而有激情来形容。小时候,周老师最喜欢做的事就是召集大楼内一群扎羊角辫的女娃挤在她家15平方米都不到的小房间内"上课"。她当老师,其他人当学生。一根从老槐树下捡来的树枝成了她最爱耍的"玩具"——教鞭。

19岁那年,走出乐清师范学校的周老师,开始了她的教育之路。正所谓,初生牛犊不怕虎,初出茅庐的周老师凭着师傅的悉心指导与自身的灵气,在这个人才辈出的小语圈里迅速成长,工作第五年便获得"浙江省教坛新秀"的称号。但她自知,教师的专业发展除了有较高的起点、专业引领之外,更要有教师自我的专业追求与不懈努力。

为避免停滞,2003年,周老师来到了温州市籀园小学。在这儿,她如鱼得水般淋漓酣畅地实践着自己的教学理想,与新课程一道走向成熟与稳健。秉承着创造

适合孩子发展的教育的理念，她引领着组员在校本培训的沃土上开始探索语文教学改革的一系列主张。课程设置上，积极开发"指向核心素养小语低段配方制阅读课程"；教学内容上，密切联系学生的年龄特点、学习起点，建构分层性教学目标；策略方法上，倡导儿童是自由的探索者，教育要顺应这种天性，构建"以情导学、言情共生"的语文教学。结合18年的实践探索，由浙江教育出版社出版个人专著《在"以情导学"的语文行旅上跋涉》，本书以一个个课例串联起一个草根教师成长的足迹，再现了她朴素、真实、持续而深入的思考研究历程，为广大一线教师提供参考借鉴的蓝本。

周老师说，她很喜欢米切尔·恩德的作品《犟龟》，那里面有这样一句话特别激励她："只要上了路天天走，总有一天会遇到隆重的庆典的。"是的，从儿时玩过家家学当老师开始，语文注定就成了她终生的热爱，追求语文教学的理想境界，过一种有品位的教育人生也成了她不变的信仰。做一个始终在路上的行者，思考践行着属于她自己的教育理想，带着珍惜、感恩的心坚守职业理想，心态淡定、步履坚定地行走在"相遇"的路上，相信一定会在不远的某个地方，与理想的教育境界相遇，与一个渐趋圆满的自我相遇！[1]

1. 背景分析

周老师，小学高级教师，大学本科学历，1995年，周老师从乐清师范学校毕业走上了工作岗位，一直很幸运，受到诸多名师的指点。曾先后拜当时学校内的一批资深老教师，同时也是学校业务骨干的教研组长为师。周老师以其亲切自然、语言优美、充满情趣的教学特色，深受学生的欢迎，使课堂充盈着美丽与智慧。她说："和教育结缘已有23个年头，回首来时路，吟吟颔首，蓦然发现，人的成长比成功更为重要。""教育是一个"马拉松"，在周老师的成长路上，遇到过许许多多的困惑，这些困惑有的可以寻求专业引领，而有的就是不求甚解。周老师坚持着把对这些问题的体会和感受全都记录下来后，不断的教育反思，也促进了她专业上的成长。从教10余年，写的教育日志已达10万余字，更有多篇教学案例、论文获奖，并在不同期刊上发表。

"从师傅身上，我看到了治学的严谨，为人的谦逊以及对教学事业执着地热爱。"她努力地学习师傅的优点。多少个休息日，当她的同学穿梭于热闹繁华的大街时，她埋头于学校的办公桌修改课题报告；多少个夜晚，当她的朋友光顾于影院、茶吧时，她孑身一人待在学校的演播厅试讲第二天的公开课。正是那些艰苦的岁月，师傅的"严刑逼迫"练就了周老师扎实的内功，才让周老师如今在课堂上面对任何有差异的学生都能做到"游刃有余"，她的同事和我们都不得不佩服她的这种毅力和恒心，以及对学生的那份关注。

2. 内在因素分析

"做一个让学生喜欢的老师，教出自己崇拜的孩子"，这句话道出了周老师的教育信念，在她心目中学生是最重要的，教师就是应该要满足学生的需要，一切教师培训，也是为了能更好地满足学生而提高教师的素养。透视课堂的同时，她发现学生之间的个体差异逐渐成为阻碍学生持续发展的客观因素，若教师不改变自己的观念，把差异资源利用好，只会扼杀更

---

[1] 吴锋，籀宣.籀园小学特级教师周璐的成长之路[EB/OL].（2018-09-28）[2020-10-02]. https：//h5. new aircloud. com/newse paper/detail/10140-43045-476076_4657021-wzsb. html.

多学生学习的积极性。因此，周老师携手教研组的老师们，申报了市级双百课题"实施个别差异性阅读教学的策略研究"，旨在通过课题的研究，立足于每一位孩子的发展，尊重差异，采取个性化教学方式，激发学生学习的内在动机，以促教和学的优化。

多年来，周老师一直钟情于语文教学的探索与改革，扎根教学一线，认真钻研，勇于实践，逐渐形成了亲切自然、语言优美、充满情趣的教学特色，使课堂充盈着美丽与智慧，给学生以艺术的享受。正是这样一种醉心的投入近乎痴迷，周老师醉心于语文课改之路上。多次执教市级以上的公开课，获温州市第四届小学语文优质课评比一等奖，并在杭—温浙派教师教改演习会上执教《海底世界》，获得好评。2006年8月，参与《全国小学优秀课堂教学设计与课堂实录》的拍摄，执教《女娲补天》，因其课堂设计新颖独特、教师引导有效自然、学生想象表达得流畅生动而获得崔峦老师的赞赏。

3. 外在因素分析

16岁中考那年，周老师放弃了读重点高中的机会，报考了浙江乐清师范学校普师，怀着美丽的"教师梦"，开始了她的教师生涯，在实现"教师梦"的路上，有喜有伤，三年的师范学习，让她宣告自我独立，不仅练就了扎实的基本功，还顺利进入温州百年老校广场路小学任教，为实现梦想迈出了坚实的一步。但她自知，教师的专业发展除了有较高的起点、专业引领之外，更要有教师自我的专业追求与不懈努力。为避免停滞，2003年，周老师来到了温州市籀园小学。在这儿，她如鱼得水般淋漓酣畅地实践着自己的教学理想，与新课程一道走向成熟与稳健。

坚守在教师一线数年，她也有彷徨的时候，每天备课、改作业、改试卷，辅导学生处理班级各项事务，还要应对家长的不断询问，如此琐碎的教师事业，她扪心自问：还要继续吗？很庆幸的是，她的身边总有人帮助她开导她，她的师傅对她说"最成功的事往往在不经意间发生，一个人一生只做好一件事，想要的就一定会来到身边"由此她更加清晰了自己的追求与信念。

为了实现更大的社会价值，她成立了名师工作室，集结了一帮志同道合的教育伙伴，凝结力量，凝聚智慧，通过传帮带，让一批年轻教师迅速成长，她很喜欢对大家说的话是："社会很浮躁，我们要安定，教育要带有乌托邦的理想色彩，在红尘里守住最初的萌动，心有多大视野就有多大，不要忽视你的能量，坚持能创造生命的奇迹。"周老师在"传帮带"中实现了自我价值的最大化。

周老师也属于热情与成长期的教师，有高度的工作义务感和满足感，不断地寻求新方法来丰富教学。她也是带教老师，通过引导其他教师满足成长需求，自身得到发展。他们的专业成长观念是独特的，对激励措施的看法也很独特。热情和成长期的教师认为，研究课堂运作并把他们的发现写下来，是他们专业生活的重要组成要素。他们确信，自己有能力研究课堂工作，改进教学，从而提高学生的学习质量。

三、我付出，我开心——一位高级教师的心路历程

林老师，一个有30年教龄的高中物理教师，本科毕业参加工作，三十年如一日扎根乡村教育，从教以来都担任物理学科的教学。以下是关于林老师的一些故事。

※三十载扎根乡村育桃李

9月11日，教师节刚过，林义青和往常一样步履匆匆。身为莆田第十一中学教

务处主任,他坚守一线教学岗位。

上午悉心为高一新生上课后,林义青利用中午时间做好新生录取建档工作,随即出发前往福州,参加2020年福建省新高考新课程新教材实施教务管理业务教务主任培训。

莆田第十一中学位于秀屿区埭头镇,地处沿海乡村。1991年毕业后,林义青回到家乡埭头,成为一名乡村教书匠。三十年如一日扎根乡村教育,前不久,他获评省优秀教师。

"我是一名农家子弟,从小在农村长大,深知这里的学生需要什么。"林义青说,作为一名老教师,他始终坚信读书改变命运。能帮助更多的乡村孩子通过读书圆梦,是一件很有意义的事。这也是他当年考取福建师范大学的初心所在。

为了全身心投入学校工作,林义青将家安在了学校宿舍。一直谨记"学高为师,身正为范"的他,立志成为教育教学的能手。为此,他长期耕耘在课堂教学改革一线,参加各级各类培训,学习先进的教育教学理念,力争做一名研究型的老师。近5年他担任了四届高三毕业班教学,带领毕业班老师认真开展全国卷研究,深入研读考纲与课程标准,提升教学效果。

作为秀屿区物理名师工作室领衔名师、区物理学科指导组组长,林义青积极组织、开展片区教研,主动与市、区同行深入交流,发挥名师工作室的示范辐射作用。与青年教师结对,给予指导。他认真钻研教材,精心设计教法及校本作业,激发学生学习的兴趣,在长期的教学实践中形成独特的教学风格,不仅受到学生的喜爱,也收获较好的成效。

"要让学生参与进来,通过实验知其然更知其所以然。"林义青加强实验室建设,不断提升教育教学质量。今年4月,学校被省教育厅授予福建省二级达标高中。

今年初,新冠肺炎疫情袭来,林义青第一时间站了出来,专门负责跟踪当地在武汉读书的大学生、在校学生往返湖北及高中风险地区情况,做好学生及共同居住的家庭成员的返莆登记,每天上报、细心核对数据,与区、镇、社区做好联系。其间,他还组织线上教学,让学生们"停课不停学"。

从青春年少到年近半百,笃定躬耕,教育这方田园成为林义青的乐园。他用爱浇灌着乡村教育,历经三十载再出发,依旧热情满怀。[1]

1. 背景分析

林老师毕业于福建师范大学,成绩优异,毕业后就在学校从教,担任物理学科的教学。林老师出生在农村,所以他更清楚农村学子更需要的是什么。林老师是一个豁达开朗的人,在与他的接触中,我们发觉,他很善于调动气氛,爱开玩笑,与同事们的关系融洽。这样的性格,他的课堂自然也不会沉闷,丰富的表情,生动的语言,学生十分喜欢他。

教学成就和工作业绩在一定程度上体现了教师的发展。一直谨记"学高为师,身正为范"的他,立志成为教育教学的能手。为此,他长期耕耘在课堂教学改革一线,参加各级

---

[1] 许爱琼,郭珊珊.三十载扎根乡村育桃李——记省优秀教师林义青[EB/OL].(2020-09-14)[2020-10-02].http://www.putian.gov.cn/zwgk/ptdt/ptyw/202009/t20200914_1524299.htm.

各类培训，学习先进的教育教学理念，力争做一名研究型的老师。近5年他担任了四届高三毕业班教学，带领毕业班老师认真开展全国卷研究，深入研读考纲与课程标准，提升教学效果。

作为秀屿区物理名师工作室领衔名师、区物理学科指导组组长，林老师积极组织、开展片区教研，主动与市、区同行深入交流，发挥名师工作室的示范辐射作用。与青年教师结对，给予指导。他认真钻研教材，精心设计教法及校本作业，激发学生学习的兴趣，在长期的教学实践中形成独特的教学风格，不仅受到学生的喜爱，也收获较好的成效。

2. 内在因素分析

林老师选择了农村学校任教，这是他自主发展的第一步。条件越是艰苦的地方，机会也越多，当然这与林老师自己本身具备的能力是分不开的，学生时代的他勤奋学习、刻苦钻研，在专业知识和教师基本技能的掌握上是扎实的。可以说从师范学校到走上教学岗位，林老师都有一种自主意识，学习的时候完善自己，工作的时候尽量发挥自己的潜能。在教育信念上，胡老师坚持以学生为中心，就像他自己说的，"要让学生参与进来，通过实验知其然更知其所以然"。于是他总是尽可能地让学生做课堂的主人，让学生成为课堂的中心。教育的对象是人，以人为本是我们教育所积极倡导的，林老师从学生是否喜欢自己来判断自己的教学是否成功。林老师所理想的教育是学生乐学，自己乐教。把教书作为一件快乐的事情来做。在这样一种信念的支撑下，尽管工作很辛苦也很琐碎，尽管林老师一开始的工作环境很差，可林老师都乐观地面对。同时在现实问题面前又积极地思考，比如在名师工作室时，刚好学校处于新课程改革的实验区，于是他有机会近距离接触课改专家，学习新课程新理念，并将这些理念渗透到自己的教学中去。林老师对一些教学中的问题具有一定的敏锐性，能发现问题并想方设法去解决。面对问题的时候他敢于思考、敢于研究，并将自己的想法付诸实践。他认真钻研教材，精心设计教法及校本作业，激发学生学习的兴趣，在长期的教学实践中形成独特的教学风格，不仅受到学生的喜爱，也收获较好的成效。

3. 外在因素分析

影响教师发展的因素很多，在我们讨论的组织环境影响中有各种各样的要素组成。学生、家长、社区乃至整个社会，都对教师提出要求。对于林老师来说，学校的管理风格和校长的支持是影响他发展最大的因素。在校，校长信任他，任命他为教务处主任；学生、家长的信任使他能凭借自己的优势将学生带好。学校也会给予林老师一定的发展平台，比如参加2020年福建省新高考新课程新教材实施教务管理业务教务主任培训。

教师理解并配合校方行政人员的管理风格是非常重要的。学校中必须要有相互信任、相互尊重的氛围，同时也要就学生需求达成一致的看法。教师和行政管理人员必须理解彼此的工作目标，并支持对方成功地实现这些目标，林老师很快适应了学校的管理风格，并积极地投入自己的教学中，从二级教师到一级教师，再到高级教师一步一步走到现在。当学校要进行新课改实验时，他也积极参与其中，学习新课改的理念，并努力实践自己的想法，得到了学校管理层的理解与支持，因而，他在新课程展示活动中开课，整个新课程互动式教研活动过程拍成录像选送参加省新课程教研活动展示。

学校以培养全面发展又有个性特长的人才为育人宗旨，以把学校办成少年儿童健康成长的乐园为办学目标，积极致力于教学改革，坚持把健全人格放在育人的首位，坚持把健康放在教育的首位，坚持以活动促发展的教学理念，坚定不移地走轻负担高质量之路。正因为有如此宽松民主科学的管理，使教师们的积极性得以调动。学校为教师们搭建了发展的平台，只要教师自己肯钻研，学校会提供不断的支持与帮助。

按费斯勒（Fessler）等的划分，林老师属于热情与成长期教师。带教和指导是教师培训的两个组成要素，同时也有助于制定热情与成长期教师的专业成长规划。两个或两个以上教师一起工作，研究和规划新教法的实施，并互相观摩这个方法和教学材料的应用。然后教师之间相互反馈信息，改进教学。通过当一位或多位教师的带教老师，热情期教师可以帮助其他教师找到各种以理解课程和运用合适教学策略向学生传达教学目标的方法。林老师已经带过几个徒弟，在教学与班级管理上，林老师可以给予新教师更多的指导。

第三节　运行机理

三位教师的成长过程中我们可以发现教师自主成长的一般原理，或者说是机理。下面我们试图从一般机理与内在机理两个方面对它进行解释。

一、基于"自主"的教师发展的一般机理

案例中的三个教师背景各不相同，发展道路也互有差异，但他们都在不同程度上通过自我的努力而实现了自主发展，表8-1是对他们发展历程的一个小结。

表8-1　教师自主发展情况汇总

影响因素	具体项目	一位初任教师	一位中年教师	一位高级教师
背景情况	教学背景	大学本科受益匪浅	中师毕业，不断进修	本科毕业
	个性特征	活泼开朗	稳重进取	思维活跃
内在因素	自主意识	指导得力，自己努力	有自己的教学思想	敢于实现自己的想法
	自主能力	理论多于实践	敢于探索	能力比较全面
	个人实践	勇于抓住机遇	自己摸索	敢于创新
外在因素	环境影响	家人支持，学校环境好	家人支持，学校支持	家人支持，影响较大

从表8-1中，我们不难看出教师是否自主与教师的从教年限并无多大关联，其中主要取决于教师个体，教师自身的意识、能力、实践等是主要因素，环境的创设是为了教师个体能更好地、主动地发展自己。刘老师、周老师、林老师都是普通教师，但是他们有一个共同的特征就是能积极主动地发挥自己的潜能，在教学上和班级管理上有自己的思想，从这些方面来看，教师的发展本身就是自主的、能动的，其发展的流程可以用图8-1来表示。

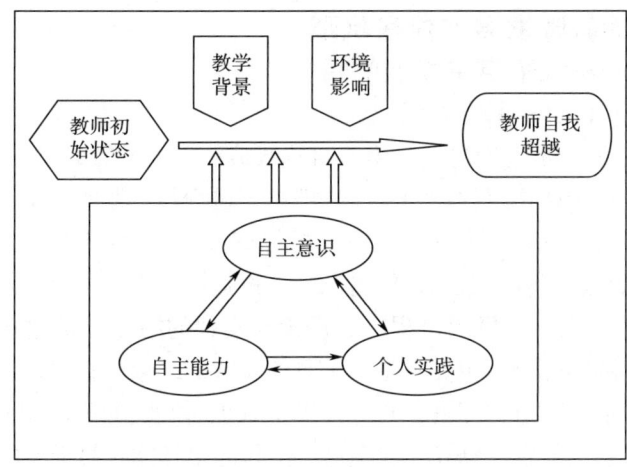

图 8-1 基于"自主"的教师发展流程图

从图 8-1 可以看出，教师自主发展由三个部分组成，第一部分是教师的成长阶段，每个教师的成长周期并不一定相同，但是教师基本上都会经历求生、调整、成熟这么几个阶段，教师的自主发展也必然贯穿这些成长阶段。因此，我们认为自主成长型的教师不是教师经历过各种发展阶段后的状态，而是在整个发展过程中都有可能达到的状态。第二部分是指自主发展型教师的构成，只有具备了自主意识、自主能力和个人实践的教师才有可能成为自主发展的教师。而且自主意识、自主能力和个人实践之间是互相影响、互相联系的，具备较好自主发展意识的人，会不断地提高自己的能力、丰富自己的知识、优化知识结构。第三部分是专业发展的自我监控，自我监控贯穿教师发展的整个过程，最重要的是反思和自我评价。自我反思是一种以自我过去的思想、活动为意识对象，通过不断地反省和再思去获得新知、提高认识，纠正偏差，把握事物本质及其规律的一种思维方式。可以说，自我反思是一种自我观照、自我扬弃、自我确认、自我追求、自我调整、自我建构，最终实现完美自我的目的[1]。而自我评价与反思是相辅相成的，有效的自我反思和自我评价是促进教师自主发展的关键，尤其是在求生和调整阶段的教师，更需要积极地对自己的工作进行分析、判断、思考和总结。

在这里需要说明的是学校是教师成长的场所，也是最直接的外因。一个有效的学校应该是一个促进教师自主发展，能够真正实现自身价值的学校。学校不是领导者个人的学校，如果教师在一种有形或无形的行政框架之下发生了价值的扭曲，出现了人格的变异，并导致了教学水平和质量的下降，这是应该值得深思的，在教育中应该还教师以真正的自由、自主和真实的自我。学校是教书育人的机构和场所，不是专制独裁的场所，不是充满虚伪、欺骗和尔虞我诈的世界。"什么地方计划和知识独行和武断，对精神价值大张挞伐，那么这些计划和知识就必然会变成自身目的，教育将变成训练机器人，而人也变成单功能的计算人，在仅仅维持生命力的状况中人可能会畏缩而无法看见超越之境。"[2]因此，需要教师的自主管理、思想的自由发展以及追求和发展真理。

---

[1] 吴天武. 自我反思：教师专业化成长的必然选择 [J]. 教育与职业，2004（12）：28-29.
[2] [德] 卡尔·雅斯贝尔斯. 什么是教育 [M]. 童可依，译. 北京：三联书店，2021.

二、基于"自主"的教师发展的内在机理

（一）追求卓越——教师自主发展的目标

1. 认识自己——自主发展的前提

自主发展从本质上说，是人们自我认识、自我改造、不断发展的过程。在自主发展过程中，人们首先要认识自己。这个认识过程，与人类一般认识过程是一致的，即人们在工作和生活实践中，从观察分析客观环境、认识他人的过程中，逐渐发现自己，认识自己与环境、自己与别人的关系，用新的标准要求自己、教育自己，使自己的认识提高一步。可见，辩证唯物主义认识论是自主发展的认识论基础。在自主发展过程中，理论与实践的结合，是建立在自我意识的基础上的，这种意识是长期实践的产物，主要不是当前具体实践的结果。自主发展，是人们意识能动性和相对独立性的表现，从相对过程而言，自主发展是认识对实践的反作用，是实践内化为意识的过程。我国古代提倡慎独、自省、修养，就是这一过程的最具体、最形象的表现。

存在主义哲学是现代西方人本主义思潮的主要代表，它以研究人的哲学为标榜，主张提高人的自觉性、弘扬人的主体作用，要求人们对自己的行为负责。萨特认为，只有自由选择才能获得人的价值，人要"勇于成为他自己"。其他的存在主义哲学家也指出，"对人来说最重要的是认识到选择的重要性……""要求人们自己创造自己……"。存在主义的基本理念是对人的本质、人的自由、人的独特性的重视。[1]

2. 追求卓越——超越与幸福

自我发展是人类适应社会环境的本能之一，这种生之本能会促进个体潜能的发展，进而获得最佳的社会适应和成就感。据此，心理学家阿德勒曾提出"追求卓越"（striving for superiority）的看法，指出自我发展的重要性。他认为人在目标导向的生活活动中，有一种与生俱来的内在动力，驱使个体持续发展。教师属于人类社会的一员，有其潜藏未露的良好品质，因而教师在生活的历程中，积极寻求自我发展，追求卓越，使其潜能于现实生活环境中充分展现出来，尤属当然。很多教师在其职业生涯中追求的是一种幸福和满足。超越是人所独有的一种精神。[2]超越只是"不局限于"现实的个别存在物上，却不是舍弃掉这种现实的个别存在。[3]从幸福观来讲，有占有式幸福观、节欲式幸福观还有超越式幸福观，幸福源泉在于真正的"超越式"，幸福的体验是主客体得到和谐统一时的一种"忘我"体验，但这种"忘我"是"我"与"非我"的统一，不是没有"我"，而是对"我"的一种扬弃、超越。

在超越的观念看来，非我的世界永远是我的潜在的发展空间，非我就是我的另一半生命，就是我的幸福之另一半源泉，幸福不是彻底消灭自我时的虚无感，而是像凤凰那种在烈火中获得新生的超越感。超越的幸福是内在的，因为它不是从外在的实体中，而是从自己的内在本质中找到幸福；超越的幸福是永恒的，因为无限的世界就是我的世界，我的本质拥有永恒发展的空间和时间。[4]

（二）自主意识——教师自主发展的前提

1. 自主发展——教师的心理需要

教师自主发展是不能忽视教师的环境与条件。但教师的工作热情，相当重要的一部分来

---

[1] 李骏骑. 论主体性与教师成长 [J]. 煤炭高等教育，2003（5）：87.
[2] 刘次林. 幸福教育论 [M]. 北京：人民教育出版社，2003：47.
[3] 刘次林. 幸福教育论 [M]. 北京：人民教育出版社，2003：46.
[4] 刘次林. 幸福教育论 [M]. 北京：人民教育出版社，2003：50-52.

自教育工作本身。在学校的实际生活中，我们常听一些教师，针对工作环境、生活条件、人际关系和分配不公引起不满，但他们一旦进入教学情境之中，那些不愉快就都烟消云散了。这种工作本身的吸引力产生了一种职业的自我约束力，表现为很强的抗干扰性。这说明教师的教育教学工作本身存在着一个需要体系的运行机制，当然不是完全与工作以外的相关因素无关。[1]这种教师职业本身的吸引力满足了教师的诸如成就需要、尊重需要等，教师还有提高和发展的需要，这些需要是教师自主发展的巨大动因。

个体为了满足需要，从事一定的活动，要用一定的意志努力去克服困难，人在克服困难的过程中锻炼了意志。满足教师工作需要，可以减少教育环境中相关因素对工作效能的束缚。可以在教师需要的先决条件不充分具备时，减弱教师的自然性与物质性的需求，使教师队伍焕发出巨大的工作潜力，从而推动教师向自主发展型教师转变。

2. 教师工作的信念

信念是坚信某种观点的正确性，并支配自己行动的个性倾向。信念不同于理想，理想是个人对未来有可能实现的奋斗目标的向往和追求。[2]教师要想自主发展，更重要的是教师对于教育的信念。信念表现为个人确信某种理论、观点或某种事业的正确性和正义性，对它抱有确信无疑的态度，并且力求加以实现。苏联心理学家克鲁捷茨基指出："行为的重要动机是信念，信念与理想有密切的联系。信念是关于自然界和社会的某些原理、见解、意见、知识，人不怀疑它们的真理性，认为它们有无可争辩的确凿性，力图在生活中以他们为指针。信念的情绪方面是同对它们的深刻感受联系着的。信念不只是容易明白的、可理解的，而且还是深刻地感受到的、体验到的。"[3]信念具有稳定性，一旦确立，难以改变，它可以使个性稳定而明确，并且具有主动性和积极性。

（三）自主能力——教师自主发展的基础

一个没有能力的教师不可能成为一名自主发展型的教师。教师由"要我发展"转向"我要发展"必备的一个要素就是自主能力。所谓教师的自主能力，是指教师能动地驾驭外部世界推动主体不断发展的能力。教师自主能力的发展，有赖于积极汲取前人积累的文化知识和经验，有赖于其主动地在教育活动中加以发展和提高。现代教师自主发展水平越高，就越能充分利用外部条件去发展自身；反之，在自身发展上就越无能。

教师专业发展的自主能力包括教学自主能力、主动研究能力、反思能力等。教师的教学自主能力是指"教师能够自由地使用教育教学方式来实现学校的系统目的，而不必经常受非专业人员的干扰或束缚"。[4]1966年，联合国教科文组织通过的《关于教师地位的建议》中进一步指出，"教师在选择和使用教材、选择教科书以及运用教育教学方法方面，在得到认可的范围内，并在教育当局支持下，由教师起主要作用。"[5]我国1993年颁布的《中华人民共和国教师法》第七条第一款也明确规定，教师具有"进行教育教学活动、开展教育教学改革和实验"等权利。由此可以看出教师的自主权受到了法律法规的保护和重视。在教学上，教师能够按照自己的意愿进行课堂管理、教学安排等。

教师专业发展要求教师必须具有一定的研究能力。斯腾豪斯提出"教师成为研究者"这

---

[1] 傅道春. 教师的成长与发展 [M]. 北京：教育科学出版社，2001：162-167.
[2] 叶奕乾. 普通心理学 [M]. 上海：华东师范大学出版社，1999：485.
[3] 克鲁捷茨基. 心理学 [M]. 赵璧如，译. 北京：人民教育出版社，1984：71-72.
[4] 姚计海，钱美华. 国外教师自主发展研究述评 [J]. 外国教育研究，2004，31（9）：4.
[5] 顾明远. 教育大辞典（第2卷）[Z]. 上海：上海教育出版社，1990：130.

一话题。教师成为研究主体之一，正是在社会发展和人们对教育教学复杂性认识不断提高的基础上提出，它注重的是教育实践的研究，是对教育活动的研究。教师成为研究者不同于理论研究者的是研究的目的不同，教师作为研究者，并非要完善教育理论或创造教育理论，而是应该改进自身的教学工作，促进教师的发展。只有教师具有主动研究的能力，才有可能在研究中成长，在研究中自主发展。

教师自主发展要求教师具有教学反思能力。这首先要求教师具有积极的情感素质，包括科学而坚定的教育信念、不断进取的时代精神、实事求是的工作作风、强烈的职业道德感和合作精神等；其次要具有教师应有的基本知识；再次要具有科学的反思方法，包括找准参照标准、反思日记、交流、行动研究和阅读教育期刊等。反思的最终目的是促进教师的发展，只有具备反思能力的教师才有可能成为自主发展的教师。所谓自主就是要不断地进行自我反思，对教师工作中的问题能主动地去思考、去探索。与此同时，作为一名教师，其语言表达能力、交往能力和组织管理能力是极其重要的。

（四）个人实践——教师自主发展的平台

主张教师的发展主要是由外在力量，包括环境与他人、学校教育与训练等决定的人被称为"外铄论"者。无论在中国还是在西方，目前教师教育制度和实践都隐含着这种教师发展的理念。这种教师发展理念的基本假设是，师范院校的学生经过几年的培养和训练，掌握一定的理论科学知识及一定的教育理论和实践原则，他们就能够应用这种知识有效地解决教育实践中存在的具体问题。随着社会的发展，从当代学术界来看，教师内在的因素越来越受到重视，人们更倾向于把作为教师发展主体的自身实践活动看作是教师发展成长的根本动力。因为，在教师教育实践中包含了教师的内在需求与条件、外部影响与条件，也包含着发展主体的能动认识与选择，教育实践是内、外因作用于教师发展的聚集点，也是推动教师发展成长的直接与现实的力量。近年来有关研究指出，使新手教师成为优秀教师，不是他们的知识和方法，而是教师对学生、自己、他们的目的、意图和教学任务所持有的信念；[1]是教师在教育实践中表现出来的教育机智和批判反思能力。

教师自主发展离不开亲身的实践活动。对此，意大利瑞吉欧教育家马拉古兹曾指出，"教师发展必须从其自身的教育实践活动中去找寻，除此之外我们别无良法。"这种重视教师个体实践的发展观是与现代社会科学所倡导的"内在发展"思想相一致的，"发展越来越被看成是一种唤醒的过程，一个激发社会大多数成员创造力量的过程，一个释放社会大多数成员个体作用的过程，而不是被看成是一个由计划者和学者从外部来解决问题的过程"。这说明，现代教师发展观对教师发展有了新的理解与认识，即更为关注教师个体实践在其成长中的重要作用。教师发展的本质是通过个体实践活动，不断超越自我、实现自我的过程，它是教师作为主体自觉、主动、能动、可持续的实践生成活动。

在教育教学实践中形成的教师的个人知识在教师自主成长中占有极为重要的作用。所谓"教师个人知识"是指教师个人在具体的教育教学实践情境中通过自己的体验、沉思、感情和领会并总结出来的有别于"公共知识"的实效性知识。[2]教师的个人知识也被认为是"个人实践知识"和"机智性知识"，或称"教育机智"。个人知识是自主发展型教师的核心组成部分，因为个人知识是针对教师的个别差异提出的，也是出于教育的特殊性而提出的，教育的

---

[1] Combs, A. W. New Assumptions for Educational Reform[J].Education Leadership，1998，45（5）：34–41.
[2] 张立昌. 教师个人知识：涵义、特征及其自我更新的构想 [J]. 教育理论与实践，2002（10）：30-33.

对象是人，而每个个体又具有独特性，所谓的优秀教师的经验与技术并不一定具有普适性，教育是不可逆转的，所以教师必须具有特殊的个人知识，在一定的场景中积累个人的经验。案例中的三位老师分别具有不同的个人知识开始自己的职业生涯，这些个人知识在其职业生涯中具有十分重要的地位。个人知识，也包括默会知识，是教师在面对问题时，运用原理解决问题的策略，是每个已经成长的优秀教师最宝贵的知识。这种知识并不容易传授或表达，那是教师在自己的探索过程中所形成的一种内在知识。自主发展型的教师必定重视这些教师个人知识的积累。

教师追求卓越是教师自主发展的最终目标，在教师自主发展过程中起到了指导作用，教师自主意识、自主能力与个人实践相互作用、相互影响，在教师自主发展过程中缺一不可。在教师自主发展中没有固定的规律，教师的教学背景是教师进入教师行业的通行证，关键还在于其自身的认识。环境的支持是教师自主发展的保证，一个好的外部环境更有利于教师自主地成长。

第四节　操作策略

教师自主发展关系到教师持续发展，如何从实际出发解决教师自主发展过程中的一些问题是我们所最关心的问题，针对教师在自主意识、自主能力及实践等方面的问题，我们可以采取如下策略。

一、观念先行：树立教师自主发展的理念

就国际方面来看，从20世纪中叶逐步兴起的教师专业化运动实质上就是一种以提升教师生活质量为主旨的运动。从1966年联合国教科文组织《关于教师地位的建议》中提出要将教师职业看作一种专业以来，到今天世界各国对教师专业化的深入探讨，大大拓展了教师发展的空间和范围。在这些活动中，教师的发展已经实现了一种内在的转变。过去只将教师看作是教育计划或者实现教育目标的被动执行者，所以对他们的发展一直采用一种外在的培训教育方式，将他们在执行教育计划或完成预定教育目标中所需要的理论、知识、技能等灌输给教师，希望他们能够不折不扣地认真执行。但是，事实证明，这种外在于教师生活的培训，其效果并没有实现培训者的预期目标。大量的研究表明，如果没有发自教师内心的热情参与和积极态度，一切的教育改革和培训努力都将成为形式，并以失败而告终。所以从20世纪末开始，世界各国都开始将教师发展的注意力集中在教师自我体验与自我发展方面，开始从教师的内部需求进行研究。这种转变可以说是一种革命性的转变，它意味着教师的发展不再是一种社会的要求，而是一种自我实现。这就意味着教师的工作不再仅仅是谋生的手段，而是变成了他们的一种生活方式。[1]

另外，审视现代社会的发展趋势，举凡人类寿命的延长、知识资讯的暴增、经济结构的改变、国际市场的开放、民主政治的盛行、富裕社会的产生、地球村的形成以及全球竞争的白热化等，已然宣示终身学习社会的来临。尤其社会变迁时距的急剧缩短，培养适应社会能

---

[1] 丁钢.中国教育：研究与评论（第5辑）[M].北京：教育科学出版社，2003：269.

力的需求殷切，更加凸显终生学习理念的重要性，而教师是提供有效教学的服务者，肩负着培育英才的重大责任，理应成为终身学习的实践者，在价值观念与行为模式上作为学生的表率，适时提供学习咨询辅导的机会，方能满足未来多元化的教育市场。由此，教师自我发展是一种持续不断的历程，属于终生的活动，然而每个人除了天生的本能之外，其他行为都有赖学习以获取资源维持生活。因此，教师必须力求学习的永续进行，借以汲取各项生存的技能，而终身学习则是保障教师自我发展的必然途径。换言之，终身学习是达成教师自我发展的先决条件，透过终身学习的实施，才能培养终身学习的素养（包括知识、能力及技巧等），从而协助教师的自我发展。

现在的教育体制中，教师是等级制的，因而我们往往会以一种倾向掩盖另一种倾向，以同事之间的超越掩盖或者忽视了教师的自我超越。其实教师的自我超越是最难的，那么他的能力提高自然就是专业发展的题中之义。当然，教师的自我超越要建立在教师自我参与以及自律、自动的立场之上。教师的专业发展不是一种外力的推动，一种强制的推动，而要教师自主的发展。

无论是从国际上教师发展的研究，还是国内教师发展的现状来看，研究者们的眼光已经注意到教师个体身上，教师自主发展的观念在研究界已经得到认可，但最主要的还是能将这种观念渗透到实践中去，尤其是要让中小学管理层认识到教师自主的重要性，让教师有自主发展的意识。在具体的操作中，教师可以通过在职教育学习教师发展的理论，了解教师自主发展的具体内容，在思想上有一个基本的认识，从而可以更科学有效地对照自己的行为，规划自己的发展。只有树立了自主发展的观念，在行动中才有可能实行。

二、行动支持：建立教师学习发展共同体

教师专业学习共同体，产生于20世纪80年代美国的教师教育改革运动，是一种以教师自愿为前提，以"分享（资源、技术、经验、价值观等），互作"为核心精神，以共同愿景为纽带把教师联结在一起，互相交流共同学习的学习型组织。

无论是大学的教师教育，还是在职的教师教育，都无法靠单一的力量来实现培养自主发展型教师的目标。必须建立合作的教师学习共同体。自主发展不是自己发展，如果具有良好的学习、研究的环境和条件，教师的自主发展实现会更好。

教师要获得专业发展，首要问题是学习。学习对于教师的自主发展具有重要意义。学习与学问是紧密相连的，学习是个体获得知识的途径。学习者主动参与的学习，才是自觉的、积极的、心情愉悦的，也才是高效的。同时，教师要力图通过不断地"内省"，确立"学习即生活、学习即工作、学习即责任、学习即生命的重要组成部分"的价值判断，养成时时、事事、处处学习的习惯。学习可以提升教师的素养，增强教师的能力，学习也可以使教师不断地更新思想，保持创新的状态。

教师学习共同体的建立是教师自主发展的平台。在现有的学校团体中，其实已经有各种教研组、年级组，只要稍加改进就可以成为教师学习共同体。教师学习共同体主要是指以校为本的学习团体中，以教师个体的自身成长为关注的焦点，围绕着教师在教学过程中遇到的问题，通过理论引领的交流和新型教研活动的互动，使教师借助个体和集体的智慧将公共知识转化为个人教学风格，并以教师个体教学个性的丰富性来促进学习共同体，从而达到教师个体与学习共同体一起成长。教师学习共同体不同于以往教研组、年级组的地方在于，这个

学习共同体成员之间更具有平等性、自主性，活动的内容可以更丰富、开放。大家具有共同的学习目标，可以为了一节公开课的教学设计而集思广益，可以为了一个课题的研究而深入讨论。这些学习内容与教师的教学密切相关，通过合作学习提高工作效率，同时自身的想法经过集体的讨论得到肯定或否定，都是一种进步与积累。

三、环境创设：打造教师自主发展的平台

教师发展，内因是主要的，但如果没有外在环境提供的刺激，大多数教师不会主动发生改变。创设良好环境，关怀教师学习，可以引导教师更快成长。自主成长型教师是一种具有内在积极要求发展动机，不断反思、不断探究、不断进取，具有可持续发展素质，主动适应社会发展需要和社会条件的新型教师。

自主发展需要一个和谐的人际氛围。因此，在教师专业发展中，我们还要致力于在学校当中打造一支优秀的教师专业团队，营造一种教师能够比较轻松、和谐的合作氛围，并在团队性的合作中分享经验，互相促动，实现教师自己的专业理想。中国并不是没有这样的条件，因为目前中国的学校内部教学组织体制是学习苏联而建立起来的，有着很好的合作基础。它在纵向上是学科组，横向上是年级组，现在的关键是在功能上需要重新定位，从而充分让原有学校内部组织方式发挥新的功能。因此，我国的教师专业发展既是个体的，也是群体的、合作的。这也正是我们的特色所在。[1]正因为有这样的基础，所以我们才提出教师学习共同体的创立，这是为教师创设良好的发展环境。

行政支持是教师自主发展的有力保障。教师能在处理班级事务、教学过程、激励学生学习、对学生辅导与评价等方面，充分拥有合理性的专业权威，背后的支持是学校的行政。无论是处于哪个时期的教师，学校管理风格和行政领导都会产生深远的影响。尤其是新教师，需要一个信任的氛围，如果学校的行政管理者或校长，在不信任的基础上进行管理，教师的发展就会受阻，工作的积极性会受到影响。

【思考与练习】

1.你如何理解"自主发展"？
2.结合实例论述教师如何实现自主发展。
3.任选一名教师，为他（她）设计一个自主发展方案。

【深入阅读】

[1] 帕克·帕尔默.教学勇气：漫步教师心灵[M].方彤，译.上海：华东师范大学出版社，2019.
[2] 金美福.教师自主发展论——教学研同期互动的教职生涯研究[M].北京：教育科学出版社，2005.
[3] 潘海燕.自主生长式教师专业发展研究[M].武汉：华中师范大学出版社，2018.
[4] 潘海燕，陈庆礼.自主生长式教师专业发展实践案例[M].南京：南京大学出版社，2019.
[5] 姚计海.基于自主的教师专业发展：动力与激励[J].教育学报.2020，16（3）.

---

[1] 丁钢.中国教育：研究与评论（第5辑）[M].北京：教育科学出版社，2003：272-273.

第九章 基于"教学反思"的教师发展

【学习目标】
★明确教学反思的内涵,并理解教学反思与教师专业成长的关系。
★了解教师教学反思原则、程序与方法。
★能够根据教师自身的实际情况选择适当的反思方法。
★了解实施教学反思的前提条件。

波斯纳(G. J. Posner)于1989年提出了一个教师成长的公式:经验+反思=成长。表明了教师的成长与发展需要持续不断地反思已获得教学经验,没有经过反思的经验是狭隘的经验,至多只能是肤浅的知识。罗赛尔和库刹根(Tom Russell & Fred Korthagen)1995年的研究认为,训练只能缩小专家教师与新手教师之间的差距,而反思性实践或反思性教学,却是导致一部分教师成为专家教师的一个重要原因。[1]可见,反思对教师成长有着极为重要的价值。那么,什么是教学反思?反思什么?又如何进行反思?本章试图对这些问题进行回答。

---

[1] Tom Russell,Fred Korthagen(Eds.).Teachers who teach teachers: reflections on teacher education[M]. London: Falmer Press,1995: 172–184.

第一节　教学反思的内涵

一个模型的建构首先要对其基本要素进行分析，厘清其内涵。因而有必要对反思、教学反思、教师发展、教师专业发展等几个关键概念进行界定。

一、反思与教学反思

反思的思想渊源可以追溯到杜威对反思活动的论述。杜威曾将"反思"概括为一种特殊的思维形式，认为反思起源于主体在活动情境过程中所产生的怀疑或困惑，是引发有目的的探究行为和解决情境问题的有效手段；强调教学活动本质上具有反思性质，教学需要对任何所依据的基础和进一步结论进行主动的、持续的和周密的思考，从而使反思的教学与盲目的、膺服权威和墨守成规的教学行为严格区分开来。杜威对反思性行为的理解为教学反思奠定了基础，同时也为教师通过教学反思促进专业发展提供了有益的思路。

首次明确地提出反思性实践概念的是已故美国麻省理工学院教授舍恩（Donald A. Schon）。他撰写的《反映的实践者：专业工作者如何在行动中思考》（1983）[1]、《反思实践者的教育：走向专业中教学和学习的新设计》（1987）对教学反思在西方的推广有极其重要的影响。在舍恩看来，反思性思维着重的不是实践者对实践进行预测和控制，而是在活动中确认问题和解决问题的思考方式。舍恩的反思性实践的一个基本特征是使教师产生埋头置身于当时活动情境的需要，并密切关注各种现象和问题，成为课堂实践实验室的研究者和艺术家。

近年来，我国许多学者也都参与研究反思性教学，我国教育学者熊川武1999年出版的《反思性教学》一书，开创了以专著形式探讨这一问题的先河。

有许多学者把"反思性教学""教学反思"等概念交互使用。关于什么是教学反思，仅我国的教育学者就有几种不同的观点。

熊川武认为反思性教学是教学主体借助行动研究，不断探究与解决自身和教学目的，以及教学工具等方面的问题，将学会教学与学会学习结合起来，努力提升教学实践合理性，使自己成为学者型教师的过程。[2]

张立昌认为教学反思是指教师在教育教学实践中，以自我行为表现及其行为之依据的"异位"解析和修正，进而不断提高自身教育教学效能和素养的过程。具有实践性、针对性、反省性、时效性和过程性。[3]

张建伟认为教学反思是教师以自己的教学活动为思考对象，来对自己所做出的行为、决策以及由此所产生的结果进行审视和分析的过程，是一种通过提高参与者的自我觉察水平来促进能力发展的途径。认为这里所说的反思与通常所说的静坐冥想式的反思不同，它往往不是一个人独处放松，而是一种需要认真思索乃至极大努力的过程，而且常常需要教师合作进行。另外，反思不单是教学经验的总结，它是伴随整个教学过程的监视、分析和解决问题的活动。[4]

王映学认为教学反思，也称反思性教学，是教师通过对其教学活动进行的理性观察与矫

---

[1]　[美]舍恩．反映的实践者：专业工作者如何在行动中思考[M]．夏林清，译．北京：北京师范大学出版社，2018.
[2]　熊川武．反思性教学[M]．上海：华东师范大学出版社，1999：3.
[3]　张立昌．试论教师的反思及其策略[J]．教育研究，2001（12）：17-21.
[4]　张建伟．反思——改进教师教学行为的新思路[J]．北京师范大学学报（社会科学版），1997（4）：56-62.

正，从而提高其教学能力的活动。[1]

张爱珠认为反思是指用批判和审视的眼光，看待自己的思想、观念和行为，并做出理性的判断和选择，从而实现自己思想观念和行为的巩固、完善和变革。[2]

侯田中认为反思性教学中的反思是科学意义上的反思，不是日常意义上的反思。简单地讲，就是对教学过程中的传统做法和习以为常的东西的质疑，包括那些成功的经验。[3]

余丽认为教学反思是教师以自己的教育教学活动过程为思考对象，对自己所做出的行为、决策以及由此产生的结果进行审视和分析，主动地获取知识、应用知识、解决教学中的实际问题。[4]

以上各位对教学反思所下的定义中，都涉及教学反思的对象和目的。都认为教学反思的对象是教师自己教育教学过程秉持的思想、所实施的行为和做出的决策，是对这些方面所进行的质疑、判断、分析。在教学反思的定义中都提到了教学反思的目的，有认为提升教学实践合理性，使自己成为学者型教师的，有认为是为了提高自身教育教学效能和素养的，有认为是为了提高其教学能力的，有认为是为了实现自己思想观念和行为的巩固、完善和变革的，也有认为是主动地获取知识、应用知识、解决教学中的实际问题的。

本文认为教学反思的最终目的是促进教师的专业发展，因此认为教学反思是指教师将自己的教育教学活动作为认知的对象，对教育教学行为和过程进行批判地、有意识地分析与再认知，从而实现自身专业发展的过程。

二、教师发展与教师专业发展

教师发展是指教师生命潜能和价值的有目的、有方向、有策略地延伸和扩展。[5]它包括教师专业发展、心理发展、职业周期发展、社会化水平发展等方面，而本书所指的教师发展则仅指教师专业发展。

从国内外现有的有关研究来看，研究者对"教师专业发展"的理解是多种多样的。但归纳起来，主要有两类：一类是指促进教师专业成长的过程（教师教育），持这一看法的人在文章中常常把专业发展、教师培训、在职教育等作为完全可以相互替代的词汇交叉使用；另一类是指教师的专业成长过程。如，霍伊尔（Hoyle, E.）认为"教师专业发展是指在教学职业生涯的每一阶段，教师掌握良好专业实践所必备的知识与技能的过程。"[6]

佩里（Perry, P.）认为"教师专业发展意味着教师个人在专业生活中的成长，包括信心的增强、技能的提高、对所任教学科知识的不断更新拓宽和深化以及对自己在课堂上为何这样做的原因意识的强化。"[6]

台湾学者罗清水认为教师专业发展是教师为提升专业水准与专业表现而经自我抉择所进行的各项活动与学习的历程，以期促进专业成长改进教学效果，提高学习效能。[7]

朱新卓认为教师专业发展指的是"教师自身专业素质，包括知识、技能和情意等方面的

---

[1] 王映学. 谈教学反思 [J]. 教育探索, 2000（11）: 46.
[2] 张爱珠. 以"反思总结法"为核心的中小学教师校本培训的方法 [J]. 中小学教师培训, 2002（2）: 15–17.
[3] 侯田中. 反思性教学的认识与思考 [J]. 职业技术教育（教科版）, 2001, 22（10）: 32–33.
[4] 余丽. 反思性学习在教师专业发展中作用的研究 [D]. 广州: 华南师范大学, 2003.
[5] 罗树华. 教师发展论 [M]. 济南: 山东教育出版社, 2002: 5.
[6] 叶澜, 白益民, 王玥, 等. 教师角色与教师发展新探 [M]. 北京: 教育科学出版社, 2001: 223.
[7] 罗清水. 终生教育在国小教师专业发展的意义 [J]. 研习资讯, 1998（4）: 16–19.

不断提升、持续发展的过程，是由非专业人员转向专业人员的过程。"[1]

以上几位学者讲到什么是教师专业发展时，都提到教师的知识的拓宽和深化、技能的提高、信心的提升等，都是从教师专业发展的结构这个角度来说明。综合上述几位学者所下定义的共同点，在本书中，把教师专业发展定义为教师的专业成长，教师在专业生活中其内在专业结构不断更新、演进、丰富的过程。

三、教师专业发展的内容要素

既然教师的专业发展是指教师在专业生活中其内在专业结构不断更新、演进、丰富的过程，那么，教师内在专业结构到底是怎样的呢？国内以往对教师专业结构的研究主要集中于对"教师素质"或"教师专业素养"的研究上。

学者叶澜认为教师素质应包括如下三个方面。[2]

● 专业理念：与时代精神相通的教育理念，主要是在认识基础教育的未来性、生命性和社会性的基础上，形成新的教育观、学生观和教育活动观。

● 知识结构：知识结构上不再局限于"学科知识+教育学知识"的传统模式，而是强调多层复合的结构特征，能使教师具有丰富的、扎实的知识底蕴，能在科学体系中把握自己讲授的学科，能展示知识本身发展的无限性和生命力，把知识活化，在教学中真正实现科学精神与人文精神、理论与实践、知识与人生的统一，充分发挥学科知识全面育人的价值。

● 能力结构：当今社会赋予未来教师更多的权利和责任，提出更高的要求和期望，胜任教师就需要新的能力。特别是理解他人和他人交往的能力、管理能力、教育研究能力等。具有教育智慧是教师专业素养达到成熟水平的标志。

顾明远教授从职业意识、业务能力、心理素质三个方面提出了教师素质。[3]

● 职业意识：愿意献身教育事业，热爱青少年儿童，不断提高自身业务水平。

● 业务能力：善于把知识传授给学生，并在传授知识的同时发展学生智力。

● 心理素质：教育理想、为人师表、善于处理人际关系。

邓志伟从教学素质、个性和经验、操作模式三个方面对教师进行了要求。[4]

● 教学素质：①专业素质。②个人素质。③管理素质。

● 个性和经验：①经验。②意识。③技能。④智慧。⑤意图。

● 操作模式。

林崇德教授等人认为教师素质在结构上，至少应包括以下成分：职业理想、知识水平、教育观念、教学监控能力以及教学行为与策略。[5]

● 职业理想：是教师献身于教育工作的根本动力，其核心是对学生的爱。

● 知识水平：是教师从事教育工作的前提条件。知识又可分为四个方面，即教育的本体性知识、实践性知识、条件性知识和文化知识。

● 教育观念：是教师从事教育工作的心理背景。教师的观念影响他们的知觉、判断，进

---

[1] 朱新卓."教师专业发展"观批判[J]. 教育理论与实践，2002（8）：32-36.
[2] 叶澜. 新世纪教师专业素养初探[J]. 教育研究与实验，1998（1）：41-46.
[3] 顾明远. 提高教师的素质是迎接21世纪教育中的优先课题. 见国家教委国家教育发展中心. 未来教育面临的困惑与挑战[C]. 北京：人民教育出版社，1999：101-102.
[4] 邓志伟. 再论教师的教育素质[J]. 外国教育资料，1998，27（5）：71-76+80.
[5] 林崇德，申继亮，辛涛. 教师素质的构成及其培养途径[J]，中小学教师培训，1998（C1）：10-14.

而影响他们的课堂行为。

● 教学监控能力：是教师从事教育教学活动的核心要素。教学监控能力是教师的反省思维或思维的批判性在其教育教学活动中的具体体现，它可分为三大方面：一是教师对自己教学活动的事先计划和安排；二是对自己实际教学活动进行有意识的监察、评价和反馈；三是对自己的教学活动进行调节、校正和有意识的自我控制。

● 教学行为与策略：是教师素质的外化形式。

马超山、张桂春认为教师素质结构模型应从动力系统、知识系统、能力系统三个方面来构建。[1]

● 动力系统（思想品德素质结构模型），包括三个层次。

第一个层次包括科学的世界观和积极的人生观。

第二个层次主要包括理想、信念、职业道德、心理品质等。

第三个层次是对教师思想道德素质的具体规定，如献身教育、为人师表、热爱学生、严谨治学等。

● 知识系统（知识素质结构模型），由三个部分组成：广博的科学文化基础知识、精深厚实的专业知识、丰富的教育学科知识。

● 能力系统（能力素质结构模型），可分为三个层次。

第一层次包括观察力、记忆力、思维力等一般能力。

第二层次包括自学能力、表达能力、组织能力等实践能力。

第三层次包括教学能力、教育能力、科研能力等。

唐松林、徐厚道认为教师素质应是一个三维一体的结构。[2]

● 认知结构：包括知识结构与教育理念，这是第一维度。

● 专业精神：包括教师的职业道德和个性心理品质，这是第二维度。

● 教育能力：是教师能顺利实施各项教育活动并保证其效果的心理特征，包括教育的实践能力、教育的临床技能、心理辅导能力和教育科研能力四个方面，这是第三维度。

以上这些我国学者对教师素质的研究，主要是对教师的素质要求这个角度而展开的，都力图体现教师作为专业人员所具备的内在结构。尽管每一种结构不尽相同，但就共同点来说都包括了专业知识、专业能力、专业精神三方面。但仅仅有这三方面，还不足以体现教师作为专业人员的特征，叶澜教授提出的"专业理念"为教师专业行为提供了理性支点，使得作为专业人员的教师与非专业人员区别开来。然而，以上这些专业结构似乎只能保证教师成为一名在外在压力下才有可能发展的专业人员。要成为一名真正的专业人员，需要长期的专业学习过程，所以教师自身的专业发展意识在教师成长过程中显得非常重要。只有具备自我专业发展意识的教师，才会产生内在的专业发展动力，进而获得专业发展。因而自我专业发展意识在教师的专业结构中也是必不可少的一个维度。

依照上述分析，从教师专业发展的角度来说，教师专业发展的内容要素应包括以下方面。

1. 专业信念

专业信念是指教师在对教育工作本质理解基础上自己选择、认可并确信的关于教育的观

---

[1] 马超山，张桂春.教师素质结构模型初探[J].辽宁师范大学学报（社科版），1989（4）：33-36.
[2] 唐松林，徐厚道.教师素质的实然分析与应然探讨[J].高等师范教育研究，2000（6）：34-39.

念和教育理念。从宏观的角度来说，它包括教育观、学生观和教育活动观。从微观的角度来说，主要有关于学习者和学习的信念、关于学科的信念、关于学会教学的信念和关于自我和教学作用的信念等。它形成之后，在一段时间内保持相对稳定。教师的专业信念不仅影响着其教育、教学行为，而且对教师自己的学习和成长也有重大影响。在教师试图学习、尝试接受新的教育观念时，这些实际存在的信念则可能成为过滤新观念的筛子，并对新观念学习和教师成长产生不利影响。专业信念在教师专业结构中位于较高层次，它统摄着教师专业结构的其他方面。因而，教师教育信念系统的改变是一种较深层次的教师专业发展。

2. 专业知识

就教师的专业知识而言，一般可以分为三个层面的知识：本体性知识、条件性知识、实践性知识。

本体性知识是指教师所具有的特定的学科知识，如数学、物理、化学、语文、外语等。教师一般在师范院校中可以获得，而且对教师而言，本体性知识只要达到一定的量就可以了，并不是越多越好。知识量到了一定的程度后就不再是影响学生学习质量的显著因素。

条件性知识是指教师所具有的教育学（包括教育与教学的一般原理、课程与教学的知识、课程评价的知识等）和心理学（教材的呈现顺序、学生的心理、知识的结构等）知识。这类知识一般是动态的，可以通过系统的学习而掌握，但更多的是在教学过程中逐渐地了解和习得，需要动态性地去把握和领会并在实践中加以发展与加深。

实践性知识是指教师在面临实际的教育教学工作时所具有的关于课堂情景知识及与之相关的知识。这类知识更多的是来自教师的教育实践，具有明显的经验性的成分，是教师的经验的累积。换言之，实践性知识只能在教师的具体实践中才能获得，而教育实践的情境总是处于不断地变化之中，所以就要求教师在实践过程中面对内在不确定性的教学条件能做出复杂的解释与决定，能在具体思考后再采取适合特定情境的行为。

3. 专业能力

专业能力是指教师专业特殊能力，是顺利完成教学活动所必须具备的能力的组合。包括两个层次：一是与教师教学实践直接相联系的特殊能力，如学科教学能力、语言表达能力、组织能力、教学监控能力、社会交往能力、组织管理能力等；二是有利于深化教师对教学实践认识的教育科研能力。教育科研能力主要指研究学生和教育实践的能力，首先表现为对自己的教育实践的周围发生的教育现象的反思能力，善于从中发现问题、发现新现象的意义，对日常工作保持一份敏感和探索的习惯，不断地改进自己的工作并形成统一的认识，其次表现为对新的教育问题思想和方法的探索和创造能力。

4. 专业意识

专业意识是教师所具有的不断促进自己专业成长的内在主观动力，是教师真正实现自主专业发展的基础和前提，它可以增强教师对自己专业发展的责任感，使在教师发展过程中实施终身教育成为可能。具有专业意识的教师，会有意识地寻找学习机会，明确自己到底需要什么、今后朝什么方向发展以及如何发展，也就是说，具有较强的专业意识的教师，会自觉承担专业发展的主要任务，通过自我专业发展设计，实现自我专业发展的目的。在教师保持自我专业发展意识的前提下，经过一定时间专业生活的积累，可逐渐形成自我专业发展能力，为教师进一步专业发展奠定基础，成为促进专业发展的新的因素。

5. 专业精神

专业精神是指教师对教育工作产生认同与承诺之后，在工作中表现出认真敬业、主动负责、热忱服务、开展研究的精神。它通常来自对从事教育工作的意愿与承诺，是一种自发的表现，而不是被迫的表现。有了自发的意愿之后，一个教师会认真勤学，并对教育实践工作保持积极的省思、探究、或改革的习惯与态度，并能与教育工作情境中的相关人员保持良好的人际关系与团队精神。它是教师个人对教育工作内发的推动力。如果一名教师具备所有其他知识条件，但是却缺乏对教育工作的承诺与意愿，则其工作表现通常不会很好。反之，一名教师即使其他知识条件不是很好，但是却有很高的教育专业精神，他会持续努力充实自己、提高自己各方面的能力。

第二节 案例分享

在实际教学实践中，很多教师会对自己的工作进行反思，在教学反思中，他们有了这样那样的收获。下面首先呈现一些优秀教师在教育教学过程中的反思故事，然后分析教学反思在他们的专业成长过程中的作用。

一、听听学生的心声

今天我收到一个小纸条，上面写着"S 老师，昨天讲 Maddy's Christmas 这一课的时候，您请同学来读 Maddy 的话，我举了好几次手，您都没有叫我，等您请同学读旁白的时候，我坚持站了起来，读了 Madddy 的话，您在课上批评了我，说我没有在认真听讲，其实我是在好好听讲，只不过我太想读 Maddy 的话了，他的话太有意思了，我觉得非常难过。"看完这个小纸条，我的内心久久不能平静，我把学生叫到了办公室，向她真诚地说抱歉，并向她解释自己当时为什么会那样说话。孩子听到我的话后开心极了，孩子走后我陷入了沉思，我没有想到我自己的一句话竟然影响这么大，我无心伤害这位孩子，但是结果给孩子带来了伤害。这件事给我很大的触动，教师应该谨言慎行，不应该拿自己的主观臆断去揣测孩子，如果在那个时候我能问清他为什么坚持读Maddy的话，也许就能避免伤害孩子的自尊，在今后的教学工作中，我一定要从这件事中吸取教训，不再犯类似的错误，绝不再主观臆断。[1]

二、从"教教材"到"用教材教"

让我印象深刻的是初一上学期的一节课，那天我要上的是仁爱版七年级上册 Unit3 Greeting Together Topic2 What does your mother do ？Section C。以前都是按照教材，按部就班地上课，那天我突然间想到要不让学生把他们家的全家福带到课堂上，本课要上的内容是 a photo of Kangkang's family，当我布置完任务，学生们

---
[1] 刘艳真. 小学教师教学反思的叙事研究 [D]. 石家庄：河北师范大学，2020.

很开心。第二天，课堂上我首先拿出来的是我自己的全家福，通过班班通的实物展台，我与学生们分享了我的全家福，引出了本课的话题，呈现了情境和环境，学生很容易就融入进来。接下来我让他们把他们带来的全家福拿出来，表演模拟情境对话，因为有简单的话题提供和交流信息，学生乐于表达他们的观点和态度，基本掌握倾听和呼应的技能，达到本课要掌握的教学目标。现在日常教学中，词汇是语言的最基本单位，是语言的基础。如同高楼大厦的一砖一瓦，英语能力的提高很大程度取决于词汇的扩展。而词汇的记忆也是教学难点。有的课文中生词较多，学生感觉记忆有困难，教师可以教他们化整为零。可以按照词性，按单词分成几组，先记一组，逐组记忆。例如：在教学仁爱版七年级上册 Unit2 Topic2 SectionC 共有 19 个单词，对于初一的孩子一下子感觉是一座大山，老师就有责任帮他们，教他们怎么爬山才不累，我就按类别把 19 个单词分成以下几类：

上身服装：cap、shirt、blouse、glove

下身服装：skirt、shoe、trousers

整身服装：dress

成对的服装量词用：pair

特征：big、small、long、short、different

器官：nose、eye

其他的：like、bring、here

口语用语：Here you are.

告诉学生，单词记忆要运用减法原则，完成一组就减去一组，到后面就轻松了。但是根据艾宾浩斯的遗忘曲线和规律，要及时加以复习和巩固，防止遗忘。在日常生活和社会实践中使用学过的单词，比如学完数词，每次上下楼用英语数一数，上街购物，看到自己学过的单词用英语说，今天身上要穿的衣服想想学过的单词，如果想不出来，赶紧复习。

学生记忆单词的效果不是整齐划一的，只要学生比以前学习效率高，就要对他进行表扬。这样他才有想要继续学习的动力。

有了学习的动力，就要培养学生的自信心，对于学生的成绩、优点以及思维中的合理因素要及时鼓励。在每一堂课的新知识点可以通过一系列的活动使学生在活跃的课堂气氛中理解并运用。例如复习七年级 Unit7 Could you help me, please? 时，我抱了一个看似很沉重的箱子走进教室，随口说："This is a heavy box. Who can help me?" 许多学生都举手要帮我，于是我把箱子交给一个男同学问他："Could you help me?" 他接过箱子说："Certainly." 然后我又问他："Is this heavy?" 他掂了掂箱子的分量说："No, it is not heavy. It is light."（这刚好是这一课时要掌握的能力目标）随后我又借机问学生：What is in the box, do you know?" 学生们便好奇地猜起了箱子里的东西来。接着我便从这个大箱子里拿出了很多小东西，每样都要求学生描述它们的颜色和形状。凡是猜中的同学都有相应的礼物作为奖品。学生英语的兴趣就在这"似教非教"的课堂活动中被激发出来了。

授人以鱼，不如授人以渔；授人以渔，不如授人以愉；授人以愉，不如授人以欲。当学生们有了主动学习的欲望，所有的问题就迎刃而解了。[1]

三、一堂公开课的经验

高一上学期的一天，突然接到电话通知第二天上公开课，我一下就慌了。上哪一课，在哪个班上？A班学生活泼好动，气氛活跃，但是不易把握突发状况；B班学生沉稳少言，不必担心出现突发状况，但课堂气氛可能不够活跃。思来想去，最终选择了B班来做公开教学，选择的课文是《荷塘月色》。最后也是最焦急的问题，这节课该如何设计，该如何上，怎样上才能出彩！毕竟这是我到这个学校来的第一节亮相课，我很希望自己能表现得更好一些！

我极力回忆我的高中老师是怎样上这节课的，发现一点印象都没有。着急地翻看教参，可又觉得不起作用。跑到网上搜索相关的课堂实录，找到了李镇西的课件，我如获至宝，觉得他的课肯定错不了，想直接照搬。可是内心却在打鼓：这样真的可以吗？他的教学设计，他的课堂适用于我的班级、我的学生吗？向朋友求教，他批评了我，我无言以对。因为平时的积累太少，也很少完全自主地设计自己的教学，最后在朋友的帮助下完成了教学设计。公开课的时候，整节课的教学过程还是很流畅的，按预先的设计在进行，学生也比较投入，基本实现了预期目标。但令我意想不到的是，领导竟然觉得这节课上得一塌糊涂，认为我把一篇如此优美的散文讲得支离破碎，一点整体感都没有！说我上课之前应该与他们这些老教师多沟通，让他们帮我设计，这样就不会出问题。

事后，我冷静思考，觉得肯定还是有问题的。教学设计的整体构思毕竟是朋友的，我未必能领会透彻。而第一次上公开课，我和学生都有点紧张。还有就是对于情景交融的散文来说，是否可以先单纯地赏析作者写景的艺术。这件事对我的打击和触动很大，自此之后，我很努力地尝试自己备课，多方面地借鉴和参考各种教科书，与学生多接触，同时开展各种活动，拉近自己与学生之间的距离。

公开课事件之后，有两个问题一直盘旋在我的脑海中：一是究竟什么样的课是一节好课？二是如何全方位地促进学生发展？带着这些思考，我开始了课程创新。当时是教高一，师生之间都还不是很了解，作为新教师，我渴望能通过了解学生，掌握学生的个性特征，使自己的教学有的放矢。正好课本中有一个单元是演讲，我就让学生每天课前用5分钟的时间，到讲台上做一个简短的自我介绍。没想到，这个环节大家非常喜欢。不仅促进了学生之间的了解，更让我掌握了学生的特点和性格，同时，还促成了很多原本内向学生性格的转变。[2]

四、当教师是我的最爱

又一位同事辞职下海了。

---

[1] 周丽宝. 教育随笔——授人以欲[J]. 当代家庭教育，2019（4）：176.
[2] 叶波. 经验与成长——课程改革背景下教师个人教育观念的叙事研究[J]. 天津师范大学学报（基础教育版），2016，17（1）：26-31.

和我差不多时间进这所学校的男同事差不多都下海了。有开公司做生意的，有自己创办民办学校的，有远赴他乡承包大片农田当农场主去了……他们中有好几个已取得了一些成绩了。

爱人也已唠叨过多次，要我辞职去闯闯。

可是我却毫不动心，仍当着老师。这是为什么呢？这事说来就有些话长，要从当初为什么走上教师这个岗位说起。

我在高中毕业后，在一所农村初中担任代课老师，后转为民办教师。五年后，高考恢复，我考取了某大学的教育类专业，毕业后成了一名中学语文老师，执教至今。

父亲是当地一位比较有名的老中医，业务很精通，这给我留下了很深的印象，从小父亲就教育我"不管做什么事，业务上一定要冒尖，要敬业"。记得刚当上代课老师的时候，碰到了很多困难。最突出的问题是不会备课、上课，表现为不知如何写教案，不知如何突出重点、难点，如何讲解等。我于是就向身边的老教师请教，借阅他们的教案，学习写教案的程式。尽可能地听其他教师的课，临摹他们上课的程序，发现有些跟自己实际教学不符合或不适合的，就想一些别的办法，这样，我的课上得比原来好多了，在掌握了一些教学的基本技能、基本方法后，也试着根据教材和学生的实际，选择合适的方法，对自己的上课做一些策划。

如果说一开始，并非自己选择当教师，而是因为家庭出身不好，能够当民办教师是一种机会。当五年后，考上大学填报志愿，有机会重新选择自己的职业，我却毫不犹豫地选择了与教师有关的专业，主要原因就是已对教育产生了兴趣，另外由于我喜欢读书，教书最能满足这一点。

在大学里，当别的同学觉得自己的身份还是学生，对教学专业活动缺少关心，也较少参加教学专业活动，对教育理论不重视时，我却因为有了几年的教学实践，深知教育理论的不可或缺性，就努力学习各种教育理论。通过这种理论的学习，自己以前一些心中疑惑的问题找到了答案，为自己有些教学行为找到了理论依据，有时则发现了自己原来的有些教学行为的不合理。

在教育实习和参加工作后，在大学阶段思考的有些问题就有了实践的机会。经常有意识地思考自己教学过程有哪些成功之处，有哪些是不成功的或有缺陷的，取得了什么样的效果，有哪些是需要作改进的，课堂上偶现的灵感等，并及时加以记录，已记了多年的教育日记。

这些年，对教学方面有意识地思考，使我在教学上有了很大的进步。从当初一个连教案都不会写的代课老师，到今天在教学上也取得了一些成绩，中间遇到了很多困难，也花了自己很多心血，真是冷暖自知。当别人在利用各种方式消遣时，我却在图书馆苦苦钻研，花了很多的时间在如何提高自己的业务水平上，也花很多时间规划自己发展的方向，确定自己发展的目标，以致被人戏称为图书馆的编外成员，没有因为对自己定位不准而在空谈、埋怨中浪费了时间。由于在教学中取得了一定的成绩，上课也得到了学生的认可，深受学生的喜爱，每年节假日，总会收到很多学生的贺卡，到达各地也受到学生的热情接待，这种成功的体会，使我更觉得当教师其乐无穷，更不愿离开教学岗位了，我舍不得放弃自己喜爱的讲台和学生们，也不愿意去一个自己不熟悉的领域，从事一项自己并不喜欢的工作。

思考了很多职业，却觉得自己最适合、最感兴趣、也最有把握做好的还是教师这个职业。[1]

以上呈现的几则案例，都是发生在教师的日常专业生活中。虽都是一些小事，但对教师本人来说，则都有特定的非凡的意义。

案例1中的这位老师，是一位很注重教学预期与教学效果匹配程度的年轻教师。他认为课堂秩序是影响着教学效果的重要因素，当学生出现了和教学预期中不相符的情况后，他本能地指责了学生违反课堂纪律的表现。然而，他只重视了自己的课堂秩序却忽略了与学生的进一步沟通，教师与学生之间缺乏必要的沟通，教师的一切做法就难以收到应有的效果。当学生的纸条出现在他的办公桌上时他才意识到自己在教学过程中的教学用语不当造成了如此严重的问题。面对这样的问题他没有选择无视或是发扬"师道尊严"对学生进行压制，而是对自己的教学过程和秉持的教学观念进行了反思。从叫学生来办公室并对其道歉的活动中折射出这位老师的反思意识。可见，发现教学中的问题和直面这些问题是教学反思的契机与起点，同时也是了解学生心声和促进师生关系改善的起点。通过这些反思活动，他知道了自己在学生心目中的形象，知道了如何正确处理学生的意见，懂得了如何跟学生沟通，也就是说通过这些活动他获得自己的专业知识、专业能力、专业意识等方面的发展，从而获得了学生的尊敬与爱戴。

案例2中的老师，是一位农村中学的英语老师，他在自己的教学过程中意识到自己的学生在学习知识时存在着知识掌握不牢固的问题。起初他认为是学生学习态度的问题，而之后在自己学习教育理论后发现了自己在帮助学生组织知识结构时的不足，同时在课堂上没有为学生详细地划分学习任务，于是该教师在阅读和理解课程标准的前提下对教材知识进行了重新整理。将原先死板的教材知识整合为更符合学生经验与兴趣的生活知识，让学生有想学的欲望，培养学生独立学习的能力，教师的思想意识里要扎根这一点，使用灵活多变的教学方法，精心设计教学步骤，实现从"教教材"到"用教材教"的转变。

案例3中的老师，在自己刚刚进入学校不久后就遇到了"公开课"的考验，由于缺乏实际教学经验，该教师不得不广泛搜集其他教师对这节课的教学设计。当搜集到其他名师的教学设计后他并没有选择一味地照抄照搬而是首先对自己的选择进行了反思：名师的课堂是否符合我自己的学情？这是教学设计与教师行动研究中必须思考的部分，他人的教学经验具有一定价值但并不一定适合于自己的教学风格和学生情况。在这次不算成功的公开课之后该教师意识到了自己对学生的了解仍有不足，同时在教学设计的能力存在欠缺，于是选择对自己的教学实践进行有的放矢地改造，在进一步了解学生的基础上培养学生的学习兴趣。

案例4中老师通过对自己当初为什么选择当教师，在别人纷纷下海时为什么还坚守着"三尺讲台"的反思，通过思考自己的成长过程，坚定了自己当教师的信心。基于对自己各方面情况的综合反思，才有了对自己的清楚定位，认为当一名教师是最适合自己的职业，才有了强烈的专业发展意识，当教师也一定要当一名好教师。可以说，从一位连备课、上课都不会的代课老师，成长为集多种荣誉于一身的特级教师，在这个发展过程中，反思在其中起了决定性的作用。正是由于反思才促使了他的专业信念、专业发展意识的提高，专业知识的丰富等，而这些又促使他获得专业上的高度发展。

---

[1] 本故事根据被访谈的特级教师的口述整理而成。

从以上几个案例中，多数教师对他们的教育教学中的一些现象或事件进行反思，发现其中的问题，提出了解决问题的一些设想。我们可以发现，这些教师从反思中，各有不同收获。但他们的收获都可概括为要么是专业知识的增加，要么是提高了专业能力，还有促进专业信念的改变，专业意识、专业精神的增强。也就是说这些反思活动促进了他们内在专业结构的改变、丰富。

第三节　模型建构

尽管由于反思目的与反思内容的不同会导致反思形式与流程的不同，但既然是教学反思总是有一些共通之处，所以可以从反思的本质角度出发建构教学反思的一般模型。

一、一般模型

"个体发展是在发展主体与周围环境积极地相互作用中，通过主体的各种活动实现的，其实质是个体生命的多种潜在可能逐渐转化为现实个性的过程。"[1]而教师也是通过在专业活动中特别是对自己的教学进行全面反思中实现自己的专业发展。教师的专业发展过程中，存在许多重复性的工作，教师并不一定能从专业生活经历的时时、事事中都发现对自身专业发展的意义。但专业生活中某些特定事件尤其是特别成功、失败的事情，对教师的专业发展会产生重大影响。

处于不同发展水平的教师有不同的教学反思内容，最后获得的专业成长内容也不一样。但我们可以尝试以简化的形式来勾勒教师专业发展所经历的最基本的循环的大致轮廓。

教师在课堂教学前后，对自己的课堂专业生活进行思考，意识到一些关键问题特别是一些不成功的事件，然后提出一些新的解决办法，再进行新的尝试。这中间，反思始终贯穿其中，不仅是对教学情境进行反思，而且对一些关键问题、提出的新办法、新的尝试等，都要进行反思，预测可能会出现的情况、效果等。在这样一个基本循环过后，都会对教师的内在专业结构产生一定的影响，引起其内在专业结构的形成、改变或强化。而这种专业结构的形成、改变或强化又会对教师下一轮的反思活动产生影响，使教师的反思活动能更有效地进行（图9-1）。

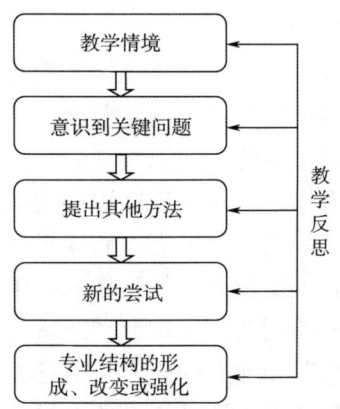

图 9-1　教师专业发展的基本循环

---

[1]　叶澜.教育概论[M].北京：人民教育出版社，2006.

经过教师对教学活动自觉的反思,形成专业发展的小循环之后,教师的专业知识、专业能力、专业信念等中的某些方面发生变化,连接在一起的许多小循环会最后使教师的内在专业结构产生变化,趋于完善,最终使教师获得专业发展。而在这过程中,会遇到一些障碍,一些困难,所以还需要支持系统的支持。这样就构成了教师专业发展的一般模型(图9-2)。

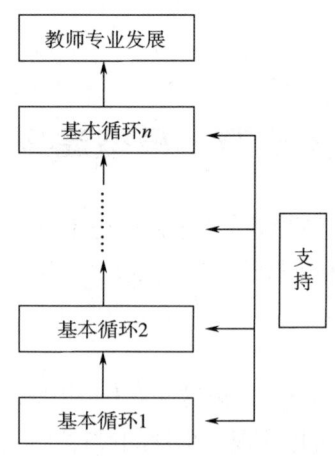

图 9-2 教师专业发展的一般模型

二、模型特点

(一)教师扮演更主动的角色

以往的教师专业发展计划都由教师以外的行政人员或专家制定,教师在这样的方案中比较被动。而基于教学反思的教师专业发展模型以教师的主动参与教学反思为载体来实现教师的专业发展,教师就不再是被动地被培训。教师可通过教学反思,使他的教学参与更为生动,逐步实现自己教学实践的合理化,也可通过制定适合自己的专业发展目标、计划,通过教学反思,将制定目标和计划付诸实施,使专业发展更为积极,一步步地实现自己的专业发展。在此过程中,教师表现出了一种较为强烈的自主意识,并明确意识到教师应当成为自身专业发展的主人。

(二)重视教师的已有经验

教师的专业发展带有明显的个人特征。它不是一个把现成的某种教育知识或教育教学理论学会之后应用于教育教学实践的简单过程,而是蕴涵了将一般理论个性化、与具体的应用场景相适应、并与个人的个性特征(情感、知识、观念、价值观等)相融合的过程。但实际上,在很多情况下,教师总是被看作是教育理论知识的消费者,因而把教师的创造性知识排除在教学的知识基础之外,对教师的教育研究能力和成果普遍缺乏尊重,忽略了教师自身的教学专长与智慧。事实上,由于教师是教育教学工作的实施者,教师比外部的研究者更能理解教学的复杂性,从而表现出更多的创造性。理解和改进自己的教学必须从反思自己的经验入手,完全脱离自己经验的"智慧"和他人的研究是贫乏无用的,对自己教学经验的反思应贯穿在整个教师发展过程。基于教学反思的教学专业发展模型就特别强调重视教师的已有经验,认为只有教师自己对教学活动的反思才能做到把一般的教育教学"理论知识"与教师个人的"实践性知识"加以整合,完善个人的教育观念。

（三）扎根于教师的日常教学实践中

教师的专业发展与其工作的学校环境密切相关，学校的组织文化是影响教师专业发展的重要因素。教师专业素养中最为核心的实践性知识和个人化的专业信念正是教师依存于特定的背景，以特定的教室、特定的教材、特定的学生为对象，在真实的教育教学场景中形成的，是在充满情感、理想和特定的组织文化环境中逐步发展的。以往的专业发展脱离教师的日常工作，是在教学场所之外进行的，内容是一些所谓普适性的理论知识，而这些知识是不能自动转化为实践的，且这些知识未必符合教师们的实际需要。而基于教学反思的教师专业发展模型则扎根于教师的日常教学实践中，是一种在实际教学中进行的发展模型。教师对日常教学实践进行反思，而且有专家和合作教师的现场指导，来解决实践过程中出现的问题，这样就避免了一些理论知识不能运用到实践中去的问题。

（四）以实现教师的专业发展为目的

我们提倡进行教学反思，但不是为了要进行反思而反思，而是为了通过教学反思获得内在专业结构上的不断改进，并把这种不断改进看作是最大的成就，并从中得到满足，成为继续努力追求专业结构的改进的动力，保持发展的势头。这个新模型是以教学反思为载体，目标是促进教师的专业发展，使其能更好地进行教学实践。

三、模型分析

（一）教师对理论学习的忽视

尽管理论主要是一种明确的知识，而且以陈述性知识为主，但掌握理论具有重要意义，因为它是"个体社会化发展过程中不可或缺的重要内容，在个体生活中终身发挥重要作用，它是教师思想的载体"[1]。更何况理论中还有一部分属于程序性知识。教师各种教育能力的形成和成果的取得都要以它为条件。且大量知识的传授和掌握也促进了教师的专业发展。

目前教育界存在这样一些误区：因记诵式教育的效果不佳而否定理论本身的价值，否定理论对人、对实践发展的指导作用；以眼前的实践利益来否定理论的长远价值；以陈述性知识来包容或取代程序性知识。这些错误的认识和教育学科课程自身发展的不完善性联系在一起，再加上教学本身存在的问题，导致记诵式教育的泛滥和机械的无意义学习的盛行，导致教师原来在学校所学的理论知识常常成为以后在实际教学中都认为应该是这样但实际上很难执行或不执行的经院教条。他们在校所学的知识也因缺乏实践而仅仅成为一种资历而不是一种教学资源，根本无法与实践经验相联系，无法内化成为自己的教学信念和行为，更加不能指导自己的教学实践，并转化成缄默的知识。因此许多教师会出现忽视理论学习的倾向。

本模型的实施，需要教师认真学习有关教学反思、教师专业发展等多方面的理论。许多教师的这种忽视理论学习的倾向，可能影响他们学习理论的积极性，结果使教学反思只能在低水平上进行，从而使教学反思应有的效果受到削弱，影响了其专业发展。

（二）缺乏反思的情境氛围

要使教师能积极自觉地对自己的教育教学行为进行反思，就需要营造宽松、和谐、团结、向上的学校环境、课堂环境，以及民主、信任、团结、协作的同事、师生以及教师与学校管理者等不同主体间的良好关系，这样教师才有可能积极进行反思，敢于把自己教学中的问题暴露出来，通过解决这些问题促进自己在专业上的进步。如果一所学校缺乏反思的情境

---

[1] 卢真金.试论青年教师的发展模型及策略[J].课程·教材·教法，2000（11）：48-52.

氛围，上至学校领导，下到各位教师，都不重视对自己的教育教学行为进行反思，那么教学反思就不可能在整个学校范围开展。

（三）教学反思过程中缺乏帮助

如果教学反思仅仅依靠教师个人，往往难以顺利、高效地进行。因为有的时候，仅凭教师个人的能力，往往难以发现自己的教育教学过程中有哪些地方存在问题，有时即使发现了问题，由于个人的知识经验有限，也往往找不到一个很好的解决方法。这种情况下的反思，可能会流于形式，起不到它应有的作用。

（四）现有的评价制度不能起到促进教师自觉反思的作用

有些教师不愿进行教学反思，这就需要一些外在力量来促进他们进行反思。而教师评价无疑是最好的一种促进力量。但现有的教师评价却起不到这个作用。这和现有的教师评价本身的一些特征有关。

现在的教师评价是一种面向教师过去的评价。现在的评价更多的是属于总结性评价，在一个阶段、一个时期内回顾教师的工作结果，侧重对教师教育教学能力的核定，并由此做出人事管理决策，而不是注重评价教师的工作过程。评价只注重最后的鉴定，又很容易导致教师对此工作的不满，也不利于及时发现教师教育教学中存在的问题，提出改进意见和建议。

现在的教师评价是一种单向的评价。现在的评价基本上是由管理者来制定并颁布实施的，把评价作为监督管理教师工作、控制教学发展、评判教师工作好坏的一种手段的做法。这实际上忽视了评价过程中评价者与被评价者之间的双向交流，造成了评价者和教师之间的不平等的关系。使得教师认为处于被动的局面，无法在评价中维护自己的利益，阐述自己的见解，无法提出自己的需要，更无法对既定的评价标准作灵活修改，只能被动地接受，也就难以调动教师参与学校工作，提高教学水平的主动性和积极性。

现在的教师评价是一种奖惩性的评价。现在的评价主要是为了奖惩，做出诸如解聘、晋级、加薪等类的决定。鉴于目前还没有实施更为合理、理想的教师评价办法，为了树立领导权威，加强学校对教师的管理，解决奖励和晋升名额等实际问题，避免产生强烈矛盾和冲突，不少学校仍然热衷于以奖惩为目的的教师评价。不可否认，在某种程度上可以推动学校对实际问题的解决。但这种由上至下的管理，往往只能引起少数人的共鸣。这种评价制度只会对少数不称职教师或少数优秀教师产生影响，绝大部分教师对这种评价是反感的，一旦通过，就不会感到压力，也就不会更努力了。换句话说，奖惩性教师评价只能使称职教师达标，而达不到激励他们达到优秀的作用。

现在的教师评价是一种统一的评价。评价按照统一的标准和进度进行，没有考虑到作为个体的教师之间存在着很大的个别差异性，各自有着自己的需要。现在不少学校运用的全面量化评价，使用一个教师评价方案，对所有教师进行评价，首先就忽略了教师之间不同的工作性，不同的学科、不同年龄层次的教师群体各有自己不同的特点。

现在的教师评价是一种孤独的评价。现在的教师评价就是评价者和被评价者的关系，一些评价者工作方法粗，给教师指出一些意见，然后鼓励几句，一走了之，评价人员对教师教学观察以及追踪辅导非常有限，教师对评价人员的观察、谈话抱有被威胁之感。被评价者之间缺少合作和沟通，使得被评价的教师尤其孤独。

这种目的是管理教师的评价制度只能使大多数教师产生压力，产生对评价的排斥心理。这种评价制度下，教师由于害怕受到一些不适当的评价，就不可能积极审视、质疑自己的教育教学观念或实践，也不会公开承认教育教学实践中存在的问题，从而严重制约了教师进行教学反思的自觉性，更谈不上以评价去促进教师积极进行教学反思。

第四节　实施策略

尽管教育教学是复杂多变的实践活动，但教师在进行教学反思时仍应遵循一定的原则、程序与方法，并在教学过程中根据自身的实际情况选择适当的反思方法。下面依次展开说明。

一、实施原则

1. 持续性原则

持续性原则是指教师的教学反思应贯穿在整个教师生涯。因为教师教学的具体情境是不断发展变化的，学生群体中也会不断出现新的情况和问题。随着教育情境的变化和新的教育理念的诞生，教师必须不断地根据新的情况对自己的教学作进一步的反思，以使自己的教学适应新的情境。进行一次教学反思即可受用终生的想法是与教师发展的理论相背离的。教师专业发展贯穿于整个教师生涯的持续过程，那么对教学进行反思也应贯穿整个教师生涯中。非连贯的、偶尔为之的教学反思是不能取得促进教师专业持续发展的效果的。

2. 坚持性原则

坚持性原则是指教师在教学过程中，应持之以恒地进行教学反思，并使之成为一个习惯。教学反思促进教师的专业发展是一个长期的过程，应持之以恒地进行。在每次教学实践前后，要养成及时反思的习惯。每天、每周、每月都要对自己本周、本月的情况作反思，及时了解自己在哪些方面获得了进步，使反思习惯化、制度化。

3. 全员性原则（人人参与原则）

全员性原则强调学校中的教师人人都能进行教学反思。教学反思是通过教师个体专业水平的提高从而促进学校整体教学水平的提高，这就要求教师人人参与教学反思，自觉地追求自己的专业发展，营造出人人进行教学反思的一种文化氛围，而这种反思型的文化氛围又反过来成为教师积极进行教学反思的动力。学校应把通过教师的教学反思促进教师的专业发展这一活动纳入整个学校的教师专业发展计划中，给教师人人参与教学反思提供一个制度保障，从而促使教师全员参与教学反思。

4. 共同合作原则

共同合作原则强调教师在进行教学反思时要争取校内同事和校外专家的帮助。教学反思并非让教师把自己孤立起来，独自一人去面对教学上问题其本意是让教师自己主动地、积极地追求专业发展，保持开放的心态，随时准备接受好的、新的教育观念、更新自己的教育信念和专业智能。为此目的，教师可能要充分发掘、利用各种可利用的有助于自己专业发展的资源。因此打破相互隔离，敢于面对自己在专业发展过程中所存在的问题，寻求与同事的合作和帮助，寻求专家的指导，这对教学反思的更有效进行，从而促进自己的专业发展有更重要的意义。

5. 主动性原则

主动性原则强调教师主动参与教学反思，主动寻求自己的专业发展。教学反思是指教师将自己的教学活动和课堂情境作为认知的对象，对教学行为和教学过程进行批判地、有意识地分析与再认知的过程，要求教师不断地对自己的行为以及作出行为的依据进行批判性的解构与重建。这就要求教师必须是在自我专业发展意识引导下产生进行反思促进自己专业发展的欲望，从而主动地进行教学反思。教师自己的主动参与保证了教师反思的深度、程度及反思的效果。没有教师的主动参与，就谈不到教学反思的效果，更谈不上这种反思促进教师的专业发展。

二、实施程序

1. 理论学习

完全凭经验、没有理论支持的教学反思，只能是低水平上的反思，只有在适当的理论支持下的教学反思，才能真正促进教师的专业发展。在进行教学反思之前，必须进行有关理论的学习。如教学反思的有关理论、教师专业发展的有关理论。这种理论的学习，其实不仅在进行教学反思之前，在教学反思整个过程中，都要进行相关理论的学习。在教学反思促进教师专业发展的过程中，教师还要制定自己专业发展的计划，这也要首先有教师专业发展的理论。

2. 对教学情境进行反思

这里的教学反思是指教师将自己的教学活动和课堂情境作为认知的对象，对教学行为和教学过程进行批判地、有意识地分析与再认知的过程。反思要贯穿在整个基本循环的全过程。教师要对自己的教学活动进行反思，可以从教学活动的成功之处、课堂上突然出现的灵感等所得去反思，也应当更多地去反思课堂上、教学活动中所发生的不当、失误之处，也要去反思自己教学活动的效果，采用的新方法会有什么不同的效果等。同时，也要在一个循环结束后，反思自己在这个循环中，得到了什么，内在专业结构有哪些变化。

3. 自我澄清

教师通过对教学活动的反思，特别是对教学活动中的一些失误或效果不理想的地方的反思，意识到了一些关键问题所在，并尝试找出产生这些问题的原因。这个过程可以在专家、同伴教师的帮助下完成。自我澄清这个环节是以教学反思促进教师专业发展的核心环节。

4. 改进和创新

教师根据产生的问题及产生这些问题的原因，尝试提出新的方法、方案。这个环节是对原来的方法的改进和创新。通过改进和创新，使教师的教学活动更趋合理。

5. 新的尝试

教师把新的方法用于教学活动，这本义上也是一个新的行动，实际上也是一个新的循环的开始。通过多次循环，最终实现教师的专业发展。

三、实施方法

反思活动既可以独立地进行，也可以借助他人帮助和促进更加自觉有效地进行。反思是以自身行为为考察对象的过程，需要借助一定的中介客体来实现。本书讨论基于教学反思的教师发展模型的实施方法主要从进行教学反思的方法入手。常用的反思方法有以下几种。

1. 反思日志

反思日志是教师将自己的课堂实践的某些方面，连同自己的体会和感受诉诸笔端，从而实现自我监控的最直接、最简易的方式。写反思日志可以使教师较为系统地回顾和分析自己的教育教学观念和行为，发现其中存在的问题，可以提出对相关问题的研究方案，并为更新观念、改进教育教学实践指明努力的方向。

反思日志的内容可以涉及有关实践主体（教师）方面的内容，有关实践客体（学生）方面的内容，或有关教学方法方面的内容。反思日志的内容如下：

对象分析：学生预备材料的掌握情况和对新学习内容的掌握情况。

教材分析：应删减、调换、补充哪些内容？教学顺序，包括环节设计、环节目标、使用材料、呈现方式与环节评价。

教学组织：包括提问设计、组织形式、反馈策略。

总体评价：教学特色、教学效果、教学困惑与改进方案。

反思日志没有严格的时间限制，可以是一日一记、几日或一周一记，也可以是在教完一节课、一个单元、一个主题的记录，还可以是闲暇时随机想到的闪光点的记录。

反思日志的形式不拘一格，常见的主要有以下几种。

①点评式：即在教案各个栏目相对应的地方，针对实施教学的实际情况，言简意赅地加以批注、评述。

②提纲式：比较全面地评价教育教学实践中的成败得失，经过分析与综合，提纲挈领地一一列出。

③专项式：抓住教育教学过程中存在的最突出的问题，进行实事求是的分析与总结，加以深入地认识与反思。

④随笔式：把教育教学实践中最典型、最需要探讨的事件集中起来，对它们进行较为深入的剖析、研究、整理和提炼，写出自己的认识、感想和体会，形成完整的篇章。

教师可依个人的习惯、爱好来选择相应的方式撰写日志，也可结合实际，创造其他的形式。

2. 课堂教学现场录像、录音

单对教学进行观察，很难捕捉到课堂教学的每一个细节。这是由于课堂是一个复杂的环境，具有多层性、同时性、不可预测性，许多事件会同时发生。对于教师来讲，一些很重要的事件很难被注意到，更不用说要把它们记录下来。随着现代信息技术的发展进步，各种现代化的设备也逐步走入教师的反思活动当中，为教师的反思插上翅膀。从早期的机械录音到现代各种智能数码设施，信息技术为教师的反思提供了便利，使他们可以通过多种途径跨时空地进行对自我的反思。

对教师的课堂教学进行实录，不仅可以为教师提供更加真实详细的教学活动记录，捕捉教学过程的每一个细节，而且教师可以作为观摩者审视自己的教学，帮助教师认识真实的自我或者隐性的自我，有助于提高教学技能，改善教学行为。

随着信息技术的发展，现在越来越多的学校使用数码摄像机进行课堂实录。一方面，数码摄像机一般比专业摄像机便宜；另一方面，操作也比较简单，后期的编辑制作方便，最后还可以刻录成光碟，易于保存。将成功的课堂教学录像制成光盘，可供其他教师特别是新教师培训和讨论。

课堂录音也比较简洁、实用。在教学中特别是语言教学中，教师可以通过课堂录音来分析自己或者学生的有关语音、语法、用词等诸多语言现象，也可以对自己教学的某一方面进行细致的研究，教师通过对所收集数据的系统的、客观的、理性的反思，分析行为或现象的形成原因，探索合理的对应策略，从而使自己的教学更加有效。

3. 听取学生的意见

听取学生的意见，从学生的眼中来看待自己，可以使教师更好地认识和分析自己的教学。当教师在教学中不断听取学生意见的时候，可以使其对自己的教学有更新的认识。它可能会使教师因学生正按自己的期望不断进步而信心倍增，也可能会因学生与教师的期望背道而驰而大惑不解。征求学生的意见，遇到的最大障碍莫过于学生不愿意说出自己的想法。解决这一问题的途径，一方面可以采取匿名征求意见的方法；另一方面，还需要教师努力创造一种平等的、相互尊重和信任的师生关系和课堂氛围，从而使学生产生安全感。听取学生的意见，可以采用课堂调查表的方法。

课堂调查表可以了解学生对学习和教学的体验，从而帮助教师从学生眼中更好地了解和认识自己的成绩和不足。学生在学习过程中的感受对于教师更好地认识和理解自己的教育教学活动至关重要，作为教师关键是要了解学生有哪些感受。课堂调查表可以帮助教师较为准确地了解学生学习感受的有关信息，从而使教师的教育教学行为建立在对这些信息进行反思的基础上。

教师可以根据自身教育教学的实际情况制定适合自己需要的课堂调查表，通常以问答题或选择题的形式出现，题量不限，但最好不要超过5个。调查表包括的内容因调查需要可以有所侧重，主要用于了解一周或几周内学生对教师教育教学行为的某一方面或某几方面的感受，如教学方法的选择、形体语言的运用、突发事件的处理等。此外，教师还可以向学生了解这一周或几周内，什么时候感情最投入、什么时候最不能引起学习兴趣、什么时候感觉困惑和迷茫等。教师可以在课堂上留出5~10分钟的时间，让学生回答课堂调查表，并以匿名的形式上交给教师。就调查表中涉及的较为普遍的问题，教师可以以班会的形式展开讨论，寻找恰当的解决方案。需要指出的是，对于调查表中反映出的问题，教师应进行批判性地分析和理解。在教师的教育教学实践过程中，有些教育教学形式或内容并不能因为学生的反对而轻易放弃。如有的同学可能出于考入重点中学的愿望，而在调查问卷中要求增加学业负担。教师则应对此进行深入分析，而不应轻易苟同。

4. 与同事的协作和交流

同事作为教师反思自身教学的一面镜子，可以反映出日常教学的影像，这些影像虽为自己所熟悉，但有时也会大吃一惊。如，开放自己的课堂，邀请其他教师听课、评课、听自己说课，或者听其他教师的课。

说课是教师在备完课乃至讲完课之后，对自己处理教材内容的方式与理由作出说明，讲出这些过程，就是讲出自己解决问题的策略。而这种策略的说明，也正是教师对自己处理教材方式方法的反思。

课后，和专家、同事一起评课，特别是边看自己的教学录像，边评，则更能看出自己在教学中的长短。

观摩其他教师的课堂，可以更好地发现自己所熟悉的教育教学活动中存在的问题，将讲课者处理问题的方式与自己的处理方式相对照，以发现其中的出入。

此外，每个教师在教学中都可能面临着相同的困境和问题，教师们聚集在一起，针对课堂上发生的问题，各抒己见，共同讨论解决办法，得出最佳方案为大家所用，达到共同提高的目的。这样，通过同行之间的对话、讨论，可深入探索，扩展教师的知识，促使教师更有效地进行思考，使教师把实践经验上升为理论。

第五节 支持系统

教师自身需要主动学习内驱成长，学校则需要夯实教师发展的支持服务体系，营造良好的"环境土壤"来支持教师的专业成长。

一、创设教学反思的情境氛围

如果教师因教育行政管理和学校中充斥着官僚主义而在工作中缺乏自主权，公众、单位和领导仍然在内心深处只把教师作为一个"孩子王""教书匠"，整个社会都被一种浮躁性的急功近利心理所支配，教师们是不可能潜心于对学生、课堂、教学、学科的反思的。那么，反过来，如果我们的社会是一个反思性的社会，我们的时代是一个反思性的时代，我们每一个人都是反思性的人，反思性的教师就会更多地出现。所以，创设反思的情境氛围尤其重要。

以教学反思促进教师专业发展的情境氛围包括社会氛围和学校内部氛围。在社会氛围方面，有教育行政机构提供相关政策（如激励政策、约束政策）、制度建设和资源配置等，有社区公众、学生家长等共同努力，营造一个反思的社会氛围等。对教师能否进行教学反思有最直接关系的情境因素是在学校内部因素方面。

学校是教师从事教学的主阵地，营造良好的教学反思的氛围有利于促进教师的专业发展。如学校校长对教学反思的重视，把以教学反思促进教师的专业发展纳入整个学校教师专业发展的计划中去，营造出学校教师人人具有教学反思的意识、参与教学反思的文化氛围。组织多种教研活动，让教师相互评课、说课，进行现场观察，鼓励教师间的合作，经常组织教师参加各种活动如教学沙龙等，使他们有机会展示他们的反思成果，尽可能地提供硬件设施如数码相机、摄像机、录音笔等，让教师方便地应用各种条件，进行教学反思等。

另外，营造宽松、和谐、团结、向上的学校与课堂环境，以及民主、信任、团结、协作的同事关系、师生关系、教师与学校管理者等不同主体间的良好关系，对教师通过教学反思促进自己的专业发展而言，也是重要的环境保障和支持。

二、努力更新教师的观念

学校应将促进教师观念的转变摆在促进教师专业发展的首位。观念是行动的先导，教师能否积极参与教学反思、积极促进自己的专业发展，关键是看教师对自身专业的认识。作为学校，应积极寻求各种方式让教师实现观念上的转变。

1. 提高教师的反思意识

学校要教育教师把教师专业发展看作是教师终身的可持续性发展，要把教师自己看作专业发展的主体，看作专业发展的研究者、设计者和实施者，要教育教师明确自己的专业地位，自身确立专业发展的理念。

在教师专业发展的领域上，要改变只关注自己学科知识的发展或工具性的教学技能的训练与提高的倾向，而要以研究为重点来关注自己专业发展的目标、内容和方式。具体来说，在专业发展的取向上，要由过去注重"知识"和"学问"转向注重"学术"和"研究"；由过去注重教师专业发展的"传道、授业、解惑"的"经师"目标转向研究社会、研究人的"人师"目标；由过去注重教师专业发展的知识技能内容层面转向创新精神和创新能力层面；由过去教师专业发展方式重在培训学习、知识接受为主的被动发展方面转向以参与研究、参与教学反思为主的主动发展方面。

另外，前文已提到，国内相关的调查研究表明，大多数中小学教师对反思还不够重视。很多人认为出现了问题才要反思，平常没有必要进行反思，认为反思的内容是"做得不好的"。这反映了反思作为教学中的重要因素，还没有引起教师的注意。实际上，反思的意识或态度会对反思的品质与内容具有很大的影响。学校的要求或工作总结的需要，只能造成教师一时的反思行为，要使教师养成反思的习惯，变外在的反思压力成内在的反思兴趣与态度，提高他们自觉反思的意识。

2. 培养其合作的意识

教师职业的特点可能会使教师排斥与其他教师的合作。在日常的教学活动中，教师的课堂活动往往与其他教师的课堂活动相互隔离而不是相互依赖，也就是说教师之间缺乏一种合作的工作关系。在我国的教育实践中，也存在着教师与教师之间的一些合作机构，如年级组、教师共同备课、相互听课，但在这些机构中，真正教师之间的合作却十分有限，基本上教师还是处于孤军作战的状态中。学校应努力使教师转变对合作的观念，认识到教师之间的相互合作对教师专业发展的不可或缺性，认识到合作教师之间每人的知识技能、参与程度都会对整个合作的质量产生影响等，从而使教师能全力参与合作。

三、专家的指导和合作教师的帮助

教师如果有了主体意识，明确自己在专业发展中的主体地位和作用，对自己的专业发展保持一种积极主动、认真负责、开放发展的心态，有了反思的技能和自我反思的习惯，这样就能有效地进行反思。而实际上，教师一开始往往缺乏如何进行教学反思、对哪些方面进行反思等方面的必要训练和足够的理论准备；这就为教师深入分析问题、准确表达观点等造成一定的困难，从而妨碍了教学反思的深入和反思结果的交流。另外，单个教师受认识水平与价值观念等的局限，对教育实践的理解水平也有限，教师个体的教学反思开始时一般较难取得成功。因此，取得专家的指导和合作教师的帮助，将为教师教学反思的顺利进行提供有利的条件。

专家可通过给教师进行有关教师专业发展、教学反思的理论的系统培训及参与如何进行教学反思、对哪些方面进行反思等方面的训练来提供帮助。合作教师可通过互相听课、评课，提出教学中发生的问题，共同讨论解决办法，借助集体智慧解决个人困境，最终形成的解决办法为所有教师共享。

合作教师关注教师教学中的实践面，专家则从理论角度提出问题，帮助教师将教学实践与他们的各种知识基础联系起来，实践联系理论，并上升到理论。在他们共同帮助下，教师通过不断的虚心求教和沟通，不断纠正自己头脑中不科学的习俗观念，不断提升自己的思想认识水平、扩大理论视野、敢于提出自己的见解，增强独立思考的能力，从而获得专业发展。

四、以发展性教师评价促进教师进行反思

教师评价是指根据国家对教师的要求和教师工作特点，运用可行的方法，对教师的德、能、勤、绩进行价值判断，从而为教师队伍的管理提供政策依据，是教师改进工作、自我完善服务的过程。[1]那么教师评价不仅作为教师管理的一种主要手段和一种主要机制，更要为教师的专业发展服务。

---

[1] 何育萍. 发展：教师评价工作的支点——目前教师评价工作中的问题及对策分析[J]. 北京教育学院学报，2001（1）：37–42.

而当前学校的教师评价体系存在很多问题。其中最突出的一点就是单纯以学生成绩或升学率作为评价教师成绩高低的唯一指标，以奖优罚劣的方式对教师的教育教学实践进行评估和鉴定。在这种情况下，教师由于害怕受到"惩罚"就不可能积极审视、质疑自己的教育教学观念或实践，也不会公开承认教育教学实践中存在的问题，从而严重制约了教师反思意识和反思能力的提高。这样的评价体系不仅忽视了中间大多数教师，而且也没有为教师的以后发展指出努力的方向。因此，传统的评价体系不能为教师反思和改进教学中存在的问题提供指导和帮助。发展性教师评价正是以促进教师发展为主要目标的评价体系。

发展性教师评价是"以教师的主体性发展为目的的评价，是评价者和评价对象彼此建立互相信任关系，教师积极参与、双向互动的教师评价"[1]。它是由评价目的、评价指标、评价信息源和评价手段等构成的结构体系。

发展性教师评价目的是构建评价框架的首要因素，其根本目的在于促进教师工作的改进和教师专业的发展，进而达到学校发展目标。

发展性教师评价指标由四部分构成：教师素质评价指标、教师职责评价指标、教师绩效评价指标、教师发展评价指标（包括教师个人未来发展目标及近两年的发展目标、教师个人发展目标与学校发展目标的一致性程度、教师个人发展目标与教师岗位职责的一致性程度、教师个人的阶段性发展目标等）。

发展性教师评价的信息源主要来自评价的参与者，即学校管理人员、同行教师、学生、家长、社会公众、教育行政部门等，除此，还有学校和教师的档案资料。

发展性教师评价手段主要有观察、谈话、问卷、测试等。

发展性教师评价在进行评价时，从教师发展的内在需要和实际状况出发，评价他们各自的发展进程，并努力通过评价促使他们向更高的目标前进，注重对教师人格的尊重、能力的信任和发展的关心。整个评价是在友爱、相互信任与尊重的良好的人际氛围中进行。这种教师评价，教师能及时纠正自己工作中的缺点，发扬自身的优点，促进自身的不断发展，它可使教师通过内心的体验、调整自己的工作方向和目标，效率化地开展通向成功的教育教学活动，是一个教师自我反思、自我调控、自主发展的周期循环、螺旋式上升的专业发展过程。

【思考与练习】

1.结合实例论述教学反思在教师专业成长中的作用。
2.任选一节课，并以此为文本写一份反思分析报告。
3.任选一篇中小学教师的教学反思日记，根据相关的理论进行评析。

【深入阅读】

[1] [美]舍恩.反映的实践者：专业工作者如何在行动中思考[M].夏林清，译.北京：北京师范大学出版社，2018.
[2] 赵明仁.教学反思与教师专业发展[M].北京：北京师范大学出版社，2009.
[3] 王海燕.技术支持的教师教学反思[M].杭州：浙江大学出版社，2016.
[4] 申继亮.教学反思与行动研究：教师发展之路[M].北京：北京师范大学出版社，2006.

---

[1] 程振响.发展性教师评价的理念、框架设计及其操作[J].陕西教育学院学报，2001（4）：15-18.

第十章　基于"同伴互助"的教师发展

【学习目标】
★ 明确同伴互助的内涵，厘清其与师徒制、临床视导、教学观摩等概念的区别与联系。
★ 了解同伴互助的类型、表现形式与操作流程，并能运用于实践。
★ 熟悉同伴互助应遵循的基本原则，能够熟练运用同伴互助的操作策略。
★ 能够根据实际需要设计同伴互助的实施方案。

由校外培训机构开展的教师培训存在诸多弊端，主要表现在四个方面：一是培训机构设置的课程大多是从培训机构的角度考虑问题，因而有些课程对中小学教师并不适用；二是培训机构的计划是针对某一特定地区的某一类型的教师的共同要求而制定的，很难完全适合于个别学校、个别教师的特殊要求；三是接受培训的教师欲将所学的新思想、新方法付诸实施，但其他教师很少理解这些新思想与方法并予以配合；四是培训脱离各自学校的特定条件，即使收获很大也难发挥效益。鉴于以上原因，专家们越来越认同一种思路，那就是教师的专业发展源于并存在于学校教育的实践之中。换言之，学校是教师成长的摇篮，学校理应为教师的自我实现、专业发展提供平台。这就需要教师们贡献自己的个人智慧与同伴分享（本书将这种方式称为"同伴互助"），才能使教师实现共同发展。因为每个教师都有自己的兴趣、爱好、个性和特长，有着不同的教育思想、教学观念、教学模式、教学方法，如果教师能够开放自己，与同伴进行专业切磋、协调和合作，共同分享经验，互助学习，彼此支持，那么就能实现共同成长。

第一节　同伴互助的内涵

在英语中，同伴互助（peer assistance）有许多相近词，如同僚教练（peer coaching）、同伴教学（peer instruction）、同伴督导（peer supervision）、同伴评议（peer review）、同伴支持（peer support）、同伴咨询（consulting colleagues）、同伴分享（peer sharing）等，尽管这些词的表述方式有所不同，但其核心观念都是指教师同伴之间所进行的相互合作、相互帮助的专业发展活动，因而在本质上是同一个概念。在讨论之前，有必要对"同伴互助"这个术语进行科学的限定。

一、同伴互助：概念厘定

本书采用"同伴"而不用"同辈"是基于以下的考虑。因为同辈一词暗示了等级的划分与年龄的区分。一般而言，如果我们理解同辈教师，则会按一定的标准将教师进行分类，属于同一类的教师则可互称为同辈教师，譬如，我们把教师分为特级教师、高级教师、一级教师、普通教师等，这样很容易将特级教师们互称为同辈教师，高级教师们互称为同辈教师，而特级教师与一级教师或普通教师之间则不被认为是同辈教师。教师之间有新教师与老教师之分，那么新教师之间可互称为同辈教师，老教师之间可以互称为同辈教师，新教师与老教师之间则不会被人们称为同辈教师。而同伴互助中的"同伴"不仅指上述意义中的"同辈"，而且包括不同辈之间的互助，它所蕴含的意义指称所有的在同一学校工作的教师。

不采用"教练""训练""训导"等词，而采用"互助"一词，主要是因为"训练"或"教练"一词带有"补救缺陷"的意味，而且根据中文的词语搭配习惯，训练一般只是指训练教师技巧和技能方面，而训导一词则带有强迫的意思，使教师的活动变得比较被动。无论是"训练"还是"教练"或者是"训导"，都暗示着个体在一个合作关系中处于一个不同于他人的地位，通常会让人产生不平等的感觉。这显然与我们所倡导的平等合作关系是相违背的，而"互助"一词与它们相比更能体现教师主动而持续地提升自我、相互合作、共同进步。所以采用同伴互助，而不采用同僚教练、同辈训练、同辈训导等术语。

同伴互助有以下特点。

1. 参与主体：教师

同伴互助活动的参与主体是教师，人数上可以是两个或多个。教师组合上可以是同一类型的教师，也可以是不同类型的教师相组合。如语文教师可以与同学科的教师相组合，也可以与其他学科的教师相组合；新教师可以与老教师或辅导教师合成一组，也可以新教师之间相互组合；中小学教师可以与校外的教研员或大学里的教育专家构成一个小组等。但不管是什么样的组合，其最基本的规则是双方的选择是自愿的，双方的地位是平等的，双方的合作关系是互助的，不存在主次之分，不是一方占主导地位，另一方只是陪衬，而是双方互惠互利，共同进步。

2. 方法策略：多样化

为了实现教师的专业成长，在同伴互助活动中采用的方法可以是多种多样的。如课堂观察、共同研讨、示范教学、共同参与教育研究等都是比较有效的方法。但不管是哪一种方法，都要强调教师间是相互合作、共同进步的。诚如台湾学者欧用生所言，学习是一种合作的经验，而非孤独的旅行。教师的专业发展也是相同的，应采用合作学习的方式来达到共同的成长。[1]

3. 目标定位：促进教师的专业成长

同伴互助的最终目标是促进教师的专业成长，所以同伴互助不涉及价值判断。例如，观摩教师的课堂教学，其目的不是评价教师课上得如何，不是作为评比优秀教师的一个衡量标准，而是将这节课作为一个研究对象，对它进行分析与讨论，在这个过程中达到教师专业发展的目的。整个过程是一种"为教师所用"（of teachers）、"由教师参与"（by teachers）以及"为教师所享"（for teachers）的过程。

二、同伴互助：相关概念比较

在教育术语中，师徒制、临床视导、教学观摩几个词在某种意义上都有同伴互助的意思，但又有不同的内涵。下面我们对它们进行逐个讨论。

（一）同伴互助与师徒制

在讨论教师培训的英语文献中，我们经常可以看到两个概念：mentoring和apprentice，它们相当于中文文献中的师徒制或新老配对制，即由有经验的优秀教师与新教师组成的合作关系，或是反映实习教师与辅导教师之间的组合，强调扮演辅导教师角色的教师对另一方教学科研方面的建议与指导，从而有效而快速地帮助新教师成长。很显然，这与同伴互助是有区别的。在同伴互助中，教师组合的形式是由双方教师基于自己的意愿自主选择的，而且两者的地位是完全平等的；但在师徒制中，新教师与老教师的配对通常是由学校来统一安排，当然也会考虑双方的意愿，但基本还是由学校领导来决定或者说统筹安排，而且强调老教师对新教师的帮助。

（二）同伴互助与临床视导

临床视导（clinical supervision）这一概念最初是在20世纪50年代末期由美国哈佛大学教授戈尔德哈默（R. Goldhammer）、科根（M. Cogan）及他们的同事，为了有效地视导哈佛大学教学硕士班研究生的教学实习工作而提出的一种理念。现在这种理念不仅广泛用于美国师资培育机构的教学实习工作，还广泛地运用在中小学的教师培训工作当中。戈尔德哈默对临床视导作了如下定义：是教学视导的一部分，由实际教学和第一手观察中得到资料，同时在教学行为的分析和教学改进的活动中，教师和视导者采取面对面的互动方式。[2]科根对临床视导做出如下限定：是改进教师教室表现的理论和实际，从教室中取得主要资料，这些资料的分析以及教师和视导者的关系，形成了改进教师教室行为的计划、程序和策略的基础，并借以增进学生学习。[3]美国的另两位学者舍基凡尼（Sergiovanni）和斯塔雷特（Starratt）把临床视导看成是：通常与教师在教室内为教学之事面对面，以增进教师之专业成长及教学。[4]

从上述三个定义中我们可以发现，临床视导强调在实际教学情境中观察教师的教学行为，获得第一手资料，并对教学情形进行分析，最后协助教师改进教学，而且在这些活动中教师和视导者需要面对面交互作用。因而我们可以推断，临床视导的目的是帮助教师改进教学而不是评价教师的教学水平；它的指导是基于观察的事实而不是不具体的价值判断；在视

---

[1] 欧用生. 以同僚教练提升教师专业成长 [A].// 张德锐. 师资培育与教育革新研究 [C]. 台北：五南图书出版公司，1999：136.

[2] Robert Goldhammer, Robert H. Andson, Robert J. Krajewski. Clinical Supervision（2nd.ed.）[M].New York：Holt, Rinehart and Winston, Inc. 1980：19-20.

[3] Morris Cogan. Clinical Supervision[M]. Boston：Houghton Mifflin, 1973：9.

[4] Thomas J. Sergiovanni, Robert J. Starratt. Supervision：Human Perspectives（2nd.ed.）[M]. New York：McGraw-Hill, 1979：9.

导过程中，视导者与教师是同事，处于平等地位，追求共同的教育理解。这一切都与同伴互助相一致。两者的区别在于临床视导是由教师与其辅导老师所构成的关系，虽然合作也是其倡导的，但其基本关系还是一方对另一方的指导关系，而同伴互助则强调双方的互助合作，是互惠互利的过程；临床视导以课堂教学为主要关注点，仅仅针对教学的分析，而对同伴互助而言，互助是全方位的，不仅仅是教学中的互助，也包括其他方方面面的，当然，课堂教学观察与分析也是同伴互助的核心内容之一。

（三）同伴互助与教学观摩

教学观摩是同伴互助活动中的一种极为常见的方式，但这并不意味着两者是同一回事。教学观摩一般有两种方式：一种是教育行政人员（如校长、年级组长、教研员等）参与听课；另一种是同学科组教师相互听课。前者，具体地讲是由教育行政人员观察教师的教学，指出其缺点，并提出改进意见，是一个对教师表现作出判断的过程，以便作为聘用教师、续聘教师或教师评比等的依据。后者通常是由同一学科的教师或同一年级的教师组成一组，相互听课，相互给出建议以改进教学。有时候，学校会具体规定每个教师的具体听课数量，但教师们往往会为了听课而听课，为了评课而生硬地提出一些所谓的意见或建议。

同伴互助与教学观摩有诸多不同之处。首先，同伴互助的最终目的在于促进教学、增进教师的专业成长，而目前许多中小学的听课活动更多的是作为一种评价手段，主要评价教师的上课技能，如优质课评比、教学大比武、教坛新秀等，因而往往导致教师们精神紧张并产生抵触情绪，也会导致德育行政人员与教师之间，或者教师与教师之间的摩擦与冲突。其次，参与者的地位不同。在同伴互助中，尽管也是课堂教学观察，但讲课教师与听课教师的地位是完全平等的，听课教师客观地记录讲课教师的课堂表现，不作任何主观的价值判断，课后教师们会根据观摩课的事实陈述或录像回放来共同讨论一些教学细节。而一般的教学观摩课，听课教师在听之前已经有一个预设的标准，上课教师的每一个行为或言语，听课者都会用这个标准去衡量与判断。讲课教师是被审查考核的考生，而听课教师则是手中握有评判大权的考官，两者的地位显然是不平等的。最后，操作流程不同。在同伴互助中，一般要求有三个步骤：观察前会议、教室观察、观察后会议。一般的课堂观摩基本上没有观察前会议，而这个会议却极为重要，因为它的主要目的是建立听课教师与讲课教师的良好关系，明确课堂观察的方方面面。观察后会议则主要为教学提供反馈，以改进教学，包括教学中相关议题的确认、教学方法的协助、教师自我改进技巧的训练、专业的自我分析技能的发展等，而不像一般的评课，给予一个价值判断。

三、同伴互助：类别划分

关于同伴互助，在具体操作中有不同的存在方式，诸如课堂教学观摩、小组指导、专家指导等都是同伴互助的具体方式，为了更好地理解同伴互助的内涵，我们试图在不同的分类标准下对同伴互助做一个具体的分类。

（一）按目的明确性划分

如果按照目的是不是明确进行划分，可以分为两大类：有特定目的的参与和无特定目的的参与（specific participation and non-specific participation）。[1]

有特定目的的参与是指教师事先有具体、明确的问题有待于解决，然后再邀请他的同

---

[1] Meyer J, Gray T. Peer coaching: An innovation in teaching[J]. Teaching in the Community Colleges (Electronic) Journal, 1996, 1(3): 1–12.

伴教师参与来帮助他一起解决问题。譬如，课堂教学观察，教师知道自己的课堂教学中需要特别关注某些问题，如果不太清楚的话，可以事先观察自己的教学录像，找出自己的问题所在，然后把这方面的信息告诉听课的教师，让他们在课堂观察中特别注意这些问题。

无特定目的的参与是教师没有明确的问题需要解决，希望通过参与同伴的一些活动，来发现问题并提高自己。例如，教师A邀请同伴教师参加课堂教学观摩，在课前教师A没有明确的任务交代给听课教师，他只是希望通过课堂观察，能指出他需要提高的方面及评价他的整体方案，而在分析与讨论中能够促进彼此的进步。

（二）按参与者的人数划分

按参与者的人数不同可以分为一对一的互助与小组互助两种。

一对一的互助指的是一个教师与另外一个教师组成互助小组。这种组合又可以分为同类（辈）教师间的组合和非同类（辈）教师间的组合两种。前者指同一级别的教师间的组合，如特级教师与特级教师间的组合、新教师与新教师间的组合等；后者指普通教师与优秀教师间的组合、新教师与老教师间的组合、校内教师与校外专家的组合等。

互助小组是指两个以上的教师组成小组，建立合作网络关系，达到小组成员的共同进步，如我国的现有的备课组、教研组、年级组可以视为小组互助的形式。小组互助相对于一对一的互助而言，教师能共享的教育资源更为丰富，但同时也因为参与人数多而难以建立真正的友谊与伙伴关系。

（三）按内容的侧重点划分

按内容来分，可以分为技术性指导（technical coaching）、合作性指导（collegial coaching）、认知性指导（cognitive coaching）、挑战性指导（challenge coaching）四大类。[1]技术性指导要关注的是教师获取某种教学技能，并将该种技能转化为自身所有，使其成为技能库中的一部分。合作性指导的主要目的在于改善教师的教学实践，增加教师间的合作，加强教师间的专业对话，促进教师对自身工作的反思。认知性指导主要关注教师的理解能力、思维方式等方面的发展。挑战性指导通常关注于特定问题的解决方案，它不仅局限于课堂教学问题的探讨，还包括年级层面、学校层面甚至整个教育领域内的一些问题讨论与研究。

（四）按指导风格划分

根据互助风格的不同，美国视导与课程开发委员会（Association for Supervision and Curriculum Development）将同伴互助分为三大类别：照镜式互助（mirroring）、合作式互助（collaborating）、专家式互助（expert coaching）。[2]作为一名照镜式的互助者，他只能对所观察的事件作忠实的反应，而不能对观察资料提供任何阐释或提供教师任何的改进建议，这种指导风格基于这样的考虑，那就是教师，特别是资深教师本身已有能力而且更愿意自行来分析与解决问题。作为一名合作式的同伴互助者，他可以与教师共同分析问题、共同讨论，并提出改进策略。作为一名专家式的同伴互助者，他通常被认为是该领域的专家，他可以运用良好的发问技巧来提示出所讨论问题的解决方案，促进教师对探讨的问题或进行课堂教学做进一步的思考，获取解决方案与改进教学。当然被指导的教师对于是否接受建议有决

---

[1] Jean M. Becker. Peer Coaching for Improvemnet of Teaching and Learning[EB/OL]. (2005-3-18) [2022-09-20]. http://teachersnetwork.org/tnli/research/growth/becker.htm.

[2] Ellyn G. Program design: Collaboration through mentoring & Peer Coaching[EB/OL]. (1993-10-15) [2022-09-20]. https://www.mentors.net/1993/10/15/program-design-collaboration-through-mentoring-peer-coaching/.

定权。

　　同伴互助中的一些具体方式或者说是活动形式是日常学校生活中都常见的，但他们并不等于是同伴互助本身。在同伴互助中，强调并且要在实践中坚持遵循的最核心、最根本的观点是要建立真正的教师间的合作与伙伴关系，这是同伴互助的本质所在。概言之，同伴互助是教师之间的一种平等的合作互助方式，以发现和解决教师现有的问题为基础，通过团体合作、经验分享等增进教师专业成长的一种教师生存方式。

　　长期以来，由于传统观念与教师职业的个人主义倾向，导致了教师们习惯于封闭自我、拒绝合作。关起教室之门，教师就是这个空间的主导者；而打开教室之门，教师们就会受到来自社会各界的评头论足，原有的主导地位就会受到威胁，所以教师们排斥与外界或相互之间进行合作，哪怕是存在有合作的形式，也很难有合作的实质。因而，真正建立教师间的合作与伙伴关系是同伴互助所强调的核心观点，也是其成败的关键所在。

第二节　操作流程

　　在同伴互助中，强调并且要在实践中坚持遵循的最核心、最根本的观点是要建立真正的教师间的合作与伙伴关系，这是同伴互助的本质所在。概言之，同伴互助是教师之间的一种平等的合作互助方式，以发现和解决教师现有的问题为基础，通过团体合作、经验分享等增进教师专业成长的一种教师生存方式。那么，同伴互助如何开展，又有哪些具体的操作方式？

一、同伴互助的操作步骤

　　学校中开展同伴互助活动，通常由教师按自愿的方式来组合形成互助小组，然后根据探讨主题的不同展开互助行动。一般地，同伴互助大致的操作程序分成如下几个部分。

（一）明确目标

　　同伴互助的最终目标是促进教师个体的专业成长，这是必须首先明确的。作为学校的领导人，有义务向教师们说明同伴互助的目的与意义、同伴互助的具体项目、参与者的职责与权利，必要时还需要对教师进行相应的技术培训，以有利于同伴互助活动的正常运行。简言之，要让所有的参与者明白同伴互助对于教师个体专业发展的意义，这是保证教师主动参与的前提。在具体的同伴互助活动中还要求让所有的参与教师明确各自的目标或者说是应该达到的境界。

（二）选择伙伴

　　教师同伴小组的形成过程中，教师基于完全自愿的原则，按照自己的意愿与爱好来挑选合作伙伴，组成互助小组，任何人不得强迫或者干预。教师自主选择合作伙伴要比行政安排的组合更为合适与有效，这是毋庸置疑的。因为教师自主选择可以避免教师在合作过程中产生对同伴的抗拒，使教师间的合作趋向和谐。当然，学校可以提供一些教师在选择伙伴时可能参考的标准，如根据教学风格、教学理念或者在某一领域的专长等，使同一小组的老师能得到互补。一般而言，同伴互助小组的成员以三四个人为宜。具体组合时要考虑性别、年龄、学术修养、工作时间、社会资源、性格态度等方面的配合。

（三）制定条约

在同伴互助小组中有必要制定一个书面的合作条约，这样可以使参与者对整个互助的过程以及自己应该承担的责任有个比较清晰的了解。一份合约至少要包括以下内容。

①明确职责。详细规定同伴互助小组成员的分工，每个成员的角色与职责，对于结果的期待等。

②每星期用于同伴互助的工作时间。具体时间的规定可以在收集各位成员教师的工作时间表的基础上，讨论并确定每星期用于同伴互助的时间，包括时间总量与具体的时间分配。以合约的形式将时间定下来有利于保证教师同伴互助活动的切实展开。

③教师专业成长的管理。要求教师在同伴互助活动中写教师日志或记录教师对特定事件的反思，对同伴教师的指导过程等，以此作为教师专业发展委员会管理与评价的依据。

（四）确定主题

每个同伴互助小组都有自己特定的问题与需要，关注的主题与领域也各不相同，学校行政一般不予干涉，而完全由同伴互助小组自身确定。因此，同伴互助小组形成后，相关教师应共同讨论，确定互助的主题，例如是关注课堂教学过程中的特定问题，还是常用教学策略的完善，或者是将现有的教学研究成果运用到教学实践中去，抑或是创造性地实施国家课程标准等。主题或领域确定后，还要制定一个详细的操作方案，并保证这个方案的有效实施。

（五）实施互助

在实施过程中要严格按照合约与操作方案的进程与要求进行，一般不得更改，如有需要可以由同伴小组成员一起协商决定。在实施过程中，要注意将自己的各种行为与想法加以记录，并尽可能地加以理性分析，提出改进策略。同时还要记录对同伴教师的指导内容与方法，以及同伴的进步与问题，自己对指导过程的思考等。这一切都将为下一轮合作提供基础和经验。

（六）总结评估

当一个项目完成后，同伴教师一起对上一阶段的工作进行总结，发现其中的不足，归纳并抽象出成功的经验，完善操作方案为下一循环的互助活动提供参考。在总结经验的过程中，教师伙伴要立足具体的现象作出客观的评价，同时要求有改进的操作性建议。这种建议一般要求用书面的形式完成。

（七）交流沟通

交流沟通阶段可以定期或不定期进行，要求所有参与同伴互助的教师都参与，让不同的同伴互助小组成员聚在一起分享与交流经验。教师们可以介绍各自的成功的合作策略、合作的进展、合作中的问题与困难等。每次交流要求有记录，整理后发给全校的教师（包括参与的和没参与的），这样对全校的每个教师都会有所收益。为了促进更深入的合作，每个同伴互助小组将各自所关注的主题罗列出来，这样如果教师对某个主题感兴趣，就可以直接向同伴互助小组咨询，使合作的效果达到最大化。[1]

同伴互助的操作流程是一个依序递进的过程，同时又是一个循环反复的过程。当然，在总结评价环节会出现两种情况：效果良好或效果欠佳。若是后者则需要做出调整，要么是重新确定主题，要么是重新选择伙伴（图10-1）。

---

[1] Teresa Belisle. Peer Coaching: Partnership for Professional Practitioners[J]. The ACIE Newsletter, 1999, 2（3）: 21-27.

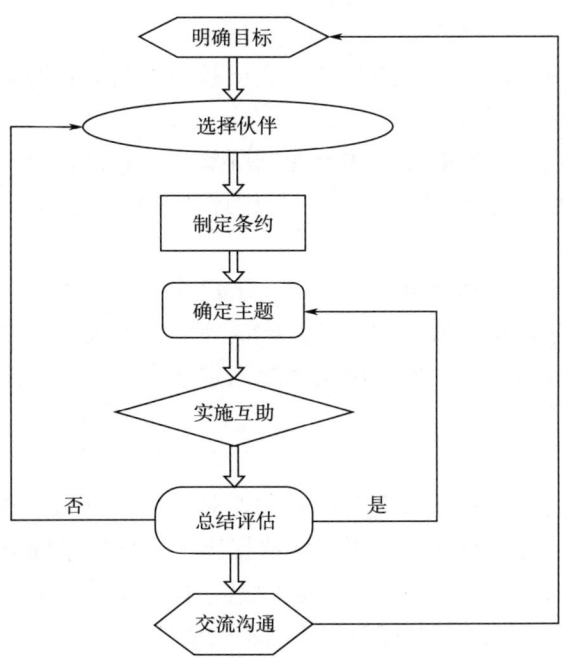

图 10-1　同伴互助活动流程图

二、同伴互助的表现形式

开展同伴互助活动可以有多种不同的途径与方法，其表现形式是多种多样的。罗宾斯（Robbins P.）根据活动的正式与非正式将同伴互助活动的表现形式作了如图 10-2 所示的分类。[1]

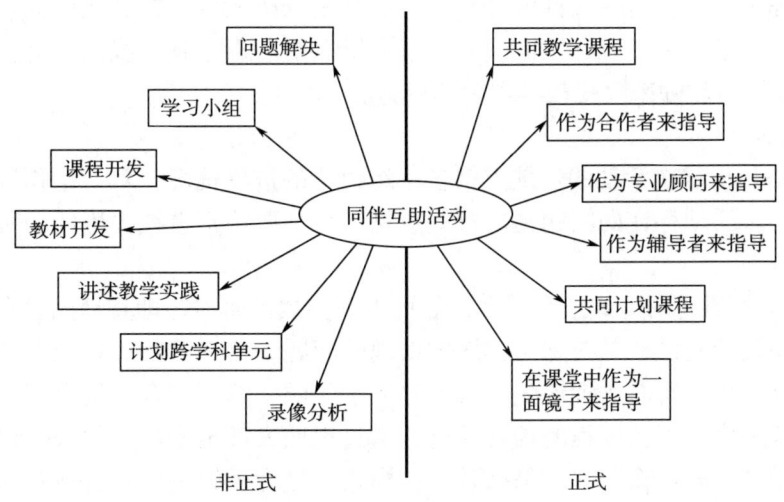

图 10-2　同伴互助的分类

罗宾斯的分类几乎包括了同伴互助的全部内容，根据我国中小学的实际情况，同伴互助有以下一些可以操作的表现形式。

---

[1]　杨超，夏惠贤．同伴指导——教师自我培训的新模式 [J]．外国中小学教育，2005（5）：28-32．

（一）互动式研讨

互动式研讨是一种围绕典型课例进行的、突出教师参与的互助形式。这种研讨注重参与教师直观体验和感受新理念与教学组织形式，鼓励教师结合自身实际进行平等讨论，并辅之以专家分析，帮助教师在参与中品味、体验课例所蕴含的教育理念与教学技能。这类研讨由集体听课、分组讨论、大会交流、专家分析、总结评估等环节进行。

1. 集体听课

所有参与的教师先听一节研究课，组织者要求每个听课人员着重思考几个问题：①这节课体现了哪些新理念？存在哪些缺陷和不足？你认为应如何改进？②你平时是如何上这节课的？你的课与课例相比有何不同？你的优点和缺陷是什么？③应如何在不同课型中渗透新理念？你能举例说明吗？

2. 分组讨论

讨论围绕课例进行，小组讨论重在营造一种相对自由开放的"学术沙龙"环境，鼓励教师畅所欲言，让教师把自己的收获、感悟与困惑提出来，促使教师不断反思和矫正自己的教学行为。有时候某个人的发言可能诱发出奇思妙想，有时候某个人的几句话可能使困惑难解的问题迎刃而解，这样的培训能引发每一个参与者的激情。

3. 大会交流

先是小组汇报，汇报既讲共同观念，也谈不同看法，组员随时补充，其他教师可自由提问，发表自己的见解。接下来是授课教师的自我解读，包括自己的设计理念、实际感受和需要与大家讨论交流的问题，这个汇报也是多向的，每个听众都可参与讨论，在相互追问中找到解决问题的答案。

4. 专家分析

这里所说的专家不仅指专业教研人员，还包括本校和其他学校的学科带头人。专家分析不再单纯讲理论，也不是一般性的经验介绍，而是分析案例，在案例中让教师潜移默化地接受新观念。专家学者不能只在上面讲，应该在讲课前后都走到一线去，进行全面的调查研究，帮助学校领导、教师来改变教学观念和行为。

5. 总结评估

总结主要是分析这次活动的优缺点及各小组讨论的进展情况，对讨论积极、研讨性强的小组给予表扬，对活动存在的问题提出解决意见。总结要特别重视提炼活动所体现的价值观与方法论。

当然，互动式研讨的形式还有很多，如可组织实战性研讨，即将地点设在课堂，边教边研，有时请实验教师先讲，针对课堂教学中出现的问题，参训教师或培训者走上讲台，进行即席指导和调查分析；有时培训者先亲自上"下水"课，然后结合课例讲新理念，可以给教师讲，可以给学生讲，将新课程的理念通过课堂直观地表现出来。互动式研讨的重点不是理论学习，而是提供"教什么"和"怎么教"的模式，是为了解决问题。在互动式研讨中，没有传统意义上的"教师"和"学员"，大家都是平等的参与者，这有利于调动教师的学习热情、已有经验和发展潜力，使他们真正成为自己学习的主人。

研讨可以在各个同伴小组中进行，也可以几个同伴小组一起进行，必要时可以全校加以协调。譬如把在每周的某一个时间定为研讨日，当然也可以不定期进行。但不管是哪一种方式，都要求做到"五有""三保""三结合"。"五有"是指有提炼出来的问题（困惑、疑难），有解决问题的初步设想,有教研专题,有中心发言人,有活动记录;"三保"是指时间保证、人员保证、实效保证;"三结合"是指研习与课题研究相结合,研习与教师培训相结合,研习与教学相结合。在交流中互助,在交流中合作,逐步通过同伴间的交流、互助与合作达到教师个人的专业水平的提升。

(二)集中备课

集中备课是教师同伴互助常见的表现形式,也是实现教师专业成长的有效途径。一般而言,集中备课可以在同伴小组内进行,也可以在学科组内进行,但要注意人数不能太多。因为不同的教师具有不同的教育思想、教育观念、教学模式、教学方法,因而在相互交流、讨论中就会发生碰撞,出现智慧的火花,这就有可能促使教师加深对新理念的理解。集体备课强调教师间思维的碰撞和情感的交流,强调反思与研讨,因此,要突出集体的交流与反思。集体备课的基本程序是:个人自备—集中议课—专人整理—反思修订。

1. 个人自备

教研组(或互助小组、备课组)将教材内容按备课任务合理分解,落实到人,排出一学期备课分工表。个人自备时要突出重点,即着眼于研究如何从学生实际出发创设教学情境,如何指导学生学习,如何从教和学两个方面设计和组织教学,如何组织有效的变式训练等。教师在备课时,不仅要设计好教学方案,还要写好教学心得与反思,阐述自己设计的理由和意图,列出自己感到困惑的问题,供集中议课时交流、研讨。

2. 集中议课

为了避免教师看讲稿一说到底,讨论时泛泛而谈,缺乏研究氛围的弊端,集体研讨时要把着眼点放在"议",而不是以往的"评"。可以采用"问—说—议"结合的动态式议课形式,即首先由教研组的其他教师提问,再由说课人对自己的教学方案进行解读,其他人共同研讨。如可以向说课教师提问:你认为本课的重点和难点分别是什么?为什么?你将如何突破?你设计的依据是什么?等等。议课时,大家还可以互相转换角色,质疑问难,形成多向的信息交流。这种动态式议课所追求的就是在争论辨析中碰撞出智慧火花,使"说""议""研"一体化。

3. 专人整理

集体议课后,要落实专人整理,整理时对议课中不同的思路提出不同的方案,供教师选用。整理的方案要留有空白,以便教师从自己的实际出发,再作个性化修改。这种专人整理的方案,要求打印,人手一份,使其成为充满集体智慧的富有个性的参考资料。

4. 反思修订

整理的方案不是成品教案,一般不宜直接进课堂,因为它毕竟是针对一般学生而言的。那种强调教案统一的要求是不符合教学实际的。每一位教师都应从自己和本班学生实际出发,进行反思和修改,如对教学环节的再设计、教学情境的再创设、教学效果的再评析等,重构教学方案,使自己的教学设计既充满集体智慧,又体现个人风格,突出创新。

集体备课一般一周或两周一次,定时定点,教研组(或互助小组)成员轮流主持,学校也要有领导参加,还应有专人检查考核。对在集体备课中认真准备、提出有价值的建议的教师要给予表彰和奖励,这样才能避免集体讨论、交流与反思流于形式。

(三)教学录像剖析

教学录像能够真实地记录教师的课堂教学情况,客观地剖析教学录像是促进教师专业成长的有效途径之一。有条件的学校可以尽可能多地录制教师的课堂教学过程。

教学录像剖析一般由四个步骤组成。

1. 准备

首先，选好上课的课题，互助小组的教师各自学习、收集有关的资料，写出教学设计的初稿；其次，全组教师交流、研究，确定任课教师，共同制定教案；最后，进行课题公示（课题内容、探究的问题、要解决的问题），欢迎互助小组以外的其他教师参与。

2. 开课

主讲教师上课，听课的教师则围绕课题做好听课记录。同时，录制整节课教学的全过程。

3. 评议

评议的重点放在开课教师对这一节课的"自我剖析"上。开课教师根据研讨的重点，回放录像片段，并结合录像片段，对所体现的教育理念进行说明、阐释，如：教材的创造性使用、精彩的教学片段赏析、学生思维的独到见解、教学过程中的不足之处，对今后教育教学实施如何修正、改进等。参与的教师则就有关问题与开课教师进行平等对话，提出相应的修改意见，以及对自己的启示等。

4. 反思

授课教师对教学录像进行总结、反思，并在此基础上进行完善。教学录像剖析体现教师的自我反思，在准备阶段、评议阶段也充分体现教师同伴间的互助。在录像剖析过程中，要注意以下几个问题：实效性（听课的教师真正投入地思考、体会，在人人参与听说课、人人进行评议记录中使人人都获得提高）、针对性（评价针对课题探究的重点，在自我剖析及同伴互助中，客观地找出进步与不足，提出改进建议，能较为迅速地培养青年教师成才）、综合性（既有学科之间的综合，又把学课、说课、集体备课、听课等形式加以综合）。

（四）合作（交换）上课

合作（交换）上课是通过互助促进教师个人教学能力提高的有效途径。所谓合作上课，即同一互助小组内集体研究备好一节课，并做出明确分工，相互协作在同一班级上课。以语文学科多媒体教学为例，合作上课可以这样操作：计算机操作一人负责，课堂组织一人负责，章节领读、分析各有一人负责。在这种模式下，学生可在同一堂课内领略到不同教师的教学风格，提高学习兴趣；同时这也是对教师个人能力的展示和同学科教师竞技的机会。所谓交换上课是指同伴互助小组或同教研组内，就同一节课，组内教师交换班级上课，使教师体验不同班级上课的感受，这种感受包括学生听课的感受（可课后问卷）、课堂教学效果、自我感受（成功与不足）、教学策略是否得当等。这种方式对于提高教师个人业务能力，提升课堂教学水平有很大促进，同时也有利于提高学生学习兴趣，使学生欣赏到不同老师各具特色的教学风格。交换上课也适用于"师徒传帮带"或教学能手引路课。合作上课与交换上课是同伴互助与合作的产物，实施过程中要求组内的教师之间精诚团结、互相学习、互相帮助，这是其有效运行的前提。

（五）教研沙龙

教研活动在我国的中小学极为常见，但这里所指的教研沙龙与以往的教研活动有些不同。在教研沙龙中，学校只给教师们提供一个空间，教师们在自觉自愿的前提下参与沙龙的活动，它是老师"实话实说""想说就说"的场所。在沙龙活动中，没有领导的官话，也没有专家的权威，有的是教师之间的平等的对话，自由的探讨。沙龙活动有三个特点：①各抒己见，各圆其说。强调教师的独立思考，发表自己的见解，不人云亦云，重在对自己观点的解释、阐述、论证。②观点交锋，讨论争鸣。允许不同观点的碰撞、交锋、比较、鉴别。③不做结论、各取所需。要求个人的消化吸收，在对自身感受、认识、经验、体验、自我批判和对问题理性思考的基础上，进行继承和批判，可以保留不同意见，保护不同见解。

教研沙龙的具体形式可视实际情况而定，人数没有明确的限制，时间与地点也不作准确的规定。一般而言，以下几种方式是比较有效的：①常态教研。即根据学校的教研计划进行，但具体操作方式加以改变，也就是要符合上述三个特点。②对比教研。围绕一个课题或课例，开展对比研究，提倡在教研中进行合作，体现出教师集体的同伴互助和合作文化。具体地说可以分下述四种形式（以教学为例）：第一，小组成员共同设计一份教案，由两位教师分别实施，再比较、分析、反思教学效果。第二，同一课题（教学内容），形成两种或两种以上教案并实施，进行效果比较。第三，一个教案，经同伴修改后再实施，实施后又修改，如此反复多次，最后进行效果比较。第四，一位教师使用同一教案在不同班级前后实施，进行效果对比。③接龙式教研。同伴小组中的教师，围绕同一课题，不断反思，在上一位教师经验的基础上，进行补充、修订，再由下一位教师展示，进行接龙式的研究，使一个课题不断得以完善。

（六）案例学习

案例学习是分层次的，不同的学校和教师应有不同的要求。如收集和整理实践素材（自己的或他人的），形成第一阶经验（案例），这是所有教师都要达到的；经过分析研究，提炼出有价值的东西，并有所感悟，形成第二阶经验，这实质上就是反思；进一步把相关案例串联起来进行剖析，举一反三，升华为自己富有个性的理论，则形成第三阶经验。这是一个教师成长为专家型教师的必由之路。因此，学校要定期组织教师"讲述自己的故事"，反省自己和他人的实践。可以通过案例征集活动，评比编辑案例集，宣传优秀案例；还可组织专门的交流，让部分教师"现身说法"，追述和反思自己的教育故事，在讲述中不断进行自我剖析与自我角色定位，然后由专家教师或其他培训者就其话语的合理性进行分析，研究疑难与困惑的解决办法，帮助教师提高对自己行为的辨析能力。

在案例学习中，主持人要有意识地收集、提炼典型案例，有针对性地组织专门的案例学习。在案例学习过程中，主持人要注意灵活调控学习进程，可以通过案例解读、课件演示、角色转换、情景模拟等方法激发教师参与研讨的积极性。为了不使讨论"东扯西拉"，只关注细节，主持人可提出几道思考题供教师讨论。同时，主持人还要作全面、深刻的点评，点评要注重实效、实事求是，既要把优点说够，给人以鼓舞，又要把问题说透，给人以启迪。

（七）课题研究

课题研究是提高教师教育教学能力的有效途径，也是校本培训的重要形式。这里所说的课题研究主要是指教师基于自身实践问题而引发的探索问题解决的行动研究，它不是学校和教科研部门强加给教师的"任务"，它并不一定经过规范化立项，却充满"乡土味"，纳入校本管理。学校和地方教科研人员要有意识地培养教师的问题意识，让教师真正领悟"问题即课题，教学即研究"是学校课题研究的本质内涵。如"交流、讨论"是新课程所倡导的重要学习理念，但在实际中，我们看到的是一种形式化或肤浅性的讨论，学生的思维并没有被激活，存在诸多问题，于是"如何使课堂讨论、交流有效展开"即成为教师研究的问题。确定这一研究问题后，相关教师就可分头收集文献资料、案例，学习相应理论，经过讨论、分析后提出假设，制定研究方案，再按此方案到课堂实验、尝试，并根据实验情况调整方案，进行更细致的研究、总结与反思。这是一条符合学校实际的教研之路，它的步骤是：问题—设想—尝试—总结与反思。总结与反思要特别注意总结典型案例（成功的和失败的），创建富有操作性的模式，并提升到教学理念的层面。

学校应有计划地组织每个教研组、每个教师根据实际确立研究课题，然后带着问题去进行教学研究，可以通过小组学习、集体备课、自我反思、专题研讨等不同形式进行理性分析。学校要有计划地通过随堂听课、问题会诊、调查访谈和课例分析等办法加强对课题研究的检查和考评，激励教师养成自觉的反思习惯和提高研究能力。

（八）读书会

校本研究是一种理论指导下的实践性研究，理论指导、专业引领是校本研究得以深化发展的重要支撑。专业引领可以来自专家的指导，更多、更重要的途径还应通过学习理论、学习他人的有效经验来提升自我。形成理论学习的良好习惯，建立学习化的校园，是教师理论得以提升的重要途径。校园读书会就是一种行之有效的方式。校园读书会的工作包括制定读书会章程、购买教育教学理论书籍、确定读书主题、开展自学活动等。也可以组织读书讲座，帮助会员更有效地学习，组织交流读书心得，进行优秀读书心得评选。心得内容可以是读书引发的感想，可以是自己对某一观点的阐释，也可以是理论与实践的印证等。读书会应尽可能地营造不懈学习、严谨探讨、和谐交流的读书氛围，将个人的学习纳入群体的研究过程，带动学校教育教学理论研究的发展。此外，还可以开辟学习栏目，定期展示教师的学习成果；围绕研究主题，要求教师广泛阅读，并进行文章推荐，"美文共赏"，使广大教师在有限的时间、精力内，吸收更多的新经验。读书活动对形成理论学习的良好习惯，提高教师的理论水平有很好的促进作用。

第三节　原则与策略

同伴互助的具体操作方式繁多，每种方式都有自身的功能与特点，因而也会存在一些特定的要求，但下列一些基本原则和操作策略是实施时必须共同遵守的。

一、实施原则

（一）明确性原则

明确性原则是指要对教师同伴互助活动进行明确的描述，使参与教师能够更新观念，真正认识同伴互助的本质。参与同伴互助活动的教师受到以往教学督导经验的影响，可能会认为同伴互助是一种变相的教师评价方式，造成在进行同伴指导时故意掩饰或做作，影响研究的正常进行。因此，在进行同伴互助活动前，就要针对活动目的对教师伙伴进行说明，让教师们明白实施同伴互助并非一种终结性的教师教学评价，而是一种形成性的帮助教师改善教学、增进教师教学能力的有益的活动。教师在教学进行中可以用最自然的方式进行教学，通过其他参与教师的帮助找到自己所看不到的问题所在，彼此共同分享客观的观察材料。

(二)自主性原则

自主性原则主要体现在教师自主参与同伴互助活动、教师自主选择同伴教师、教师自主决定互助活动三个方面。首先,学校在开展教师同伴互助活动之前,虽然希望所有的教师都参与这个活动,但为了避免由于强迫教师参与而引起教师的抵触情绪从而导致活动无法开展,我们必须遵循自主参与原则,让教师自己决定是否参与这项活动。其次,教师在决定参与同伴互助活动以后,教师有权完全根据自己的意愿选择与自己志同道合的教师伙伴,共同制定合作小组要达到的目标、从事的活动,并制定操作方案。最后,教师伙伴有权决定开展哪些活动的内容、最终达到什么目标、采用什么活动方式、遵循哪些规则等。这样才能保证同伴互助的正常运行。

(三)安全性原则

安全性原则指的是同伴互助的实施情境必须是安全的,强调同伴间的互相信任。合作伙伴之间应该用开放的心境与他人进行互动,其间的任何活动或言语都不应四处宣扬,以免引起麻烦。学校行政不能利用任何同伴互助中的材料作为对教师进行评价或奖惩的依据,更不可以认为教师会借此形成小团体而予以打击。

在刚开始时,因为要让教师们提出自己的困惑,甚至要教师进行演示,这样或多或少地会导致心理上的不安全感,或者感到不自在。因此,在实施同伴互助时应该先由一些志同道合的教师组合互助小组,这样教师伙伴之间会感觉更有安全感。同伴互助的人数原则上三个人左右为宜,以免人数过多而影响效果。特别是教学中的互助,由于太多的人进入教室会影响教师的正常教学。

(四)反思性原则

反思性原则强调教师的反思和自主发展。由于同伴互助有着一定的程序,观察分析的重点更多地强调教师的外在行为,虽然这样可以使活动的目标更加明确,但是也容易忽略教师背后的观念及态度,造成教师只知将具体的操作方法转移到自身的实际工作上,而无法真正地了解自身问题的症结所在,进而影响同伴互助的成效。

为了改进程序上过度的行为主义化的缺陷,在开展同伴互助时应重视同伴间的讨论与反思。参与教师在整个过程中不断地进行相互间的对话与反省,借此了解每个教师所呈现的行为背后的观念与态度。此时教师的行为将不再是呆板的、机械的行为操作,而是经过深思熟虑且充满智慧的。

(五)整体性原则

整体性原则是指同伴互助并不是某几个教师的个人行为,而应将这一计划与学校的整体的教师专业发展计划相统一,也就是说将同伴互助活动融入学校的整体文化中去。

在现实中,教师同伴互助活动一开始倡导与实施时,也许只是学校中少数一群有志于改革的教师的个体行动而已。然而,当同伴互助的成效为大家所见时,同伴互助就不再只是一项孤立的方案,而成为学校提高学校效能的最有力的方式之一。

(六)支持性原则

支持性原则是指在教师同伴互助开展过程之中,需要来自各方面的支持与保障。首先,需要相应的教师培训来支持。即要对教师进行"如何有效地与教师同伴进行交流""如何进行同伴互助"等方面的基本培训。因为一名好教师并不等于一名好的同伴指导教者。许多与成人合作所必需的技能是教师们在课堂中未曾遇到的,这就需要相应的培训。另外,同伴互助需要来自行政方面的支持。同伴互助的成功与否与行政单位的支持有极大的关联。如果学校行政能给同伴小组足够的空间与时间，提供必要的硬件与软件，那么同伴互助活动将更为有效。

二、实施策略

同伴互助活动的具体形式是多种多样的，但就其实质而言，一般可以分为四个阶段：准备阶段、观察阶段、分析阶段、交流阶段。每个阶段的工作内容与工作方式都不同，因而其实施策略也各不相同，下面分而述之。

（一）准备阶段

在同伴互助的准备阶段主要做好两件事情，一是在教师同伴之间建立起良好的关系，这是同伴互助的前提；二是确定同伴互助的具体规程，这是同伴互助得以顺利运行的保证。

1. 良好同伴关系的建立

教师同伴互助活动是参与互助活动的教师之间的一种面对面一起工作的教师发展模式，因此，教师之间的关系是否良好，极大地影响着互助活动的效果。在同伴互助活动中，教师之间的关系应该是一种积极的工作关系或者是教师之间的和谐关系。

由于以前的教育视导在极大的程度上偏重于观察与监督，因此教师们普遍不喜欢视导人员，教师们认为视导是浪费时间，对教师成长没什么帮助，教师与视导员之间的关系是一种"冷战"关系。[1]在这种情况下，教师之间要得到互助几乎是不可能的。因而，同伴互助小组中的教师之间建立一种良好的关系是同伴互助活动得以顺利开展的前提，而且教师之间的关系以协助或同伴的身份为宜。

要增进同伴之间的尊重与信任感，教师之间应该充实并善用教育专业知识与技能，如行政管理理论、学习与动机理论、教学理论与技巧等，都应该熟悉并能加以运用。在人格上，了解自己的专长与缺点，接受自己、尊重自己，同时也接受教师同伴、尊重同伴。

2. 确定同伴互助的规程

同伴互助的规程大约包括以下一些基本内容：首先，要确定互助的项目。具体包括互助项目要达到的目标；预定观察的教学活动；教学活动中可能出现的改变或其他重要事项；教师盼望得到的反馈事项或问题；互助活动和问题的评估程序等。其次，建立互助的机制与原则。具体包括什么时间进行互助活动；互助活动的长度；互助活动的地点等。在互助活动进行的过程之中，由于活动的项目、针对的对象不同，参与教师的活动原则可能会有所不同，但下述一些基本要求还是需要的：参与教师尽量不要引发问题，否则会对对象教师造成不良的影响；要从对象教师的立场出发，而不是参与教师自己或他人的参考框架；避免使用一些过去已证明会引起教师不安的互助技术；尽最大努力确定双方的沟通是清楚无误的；尽量从对象教师的设定方向进行指导或者说是反馈；注意确定过程目标与技术目标。最后，制定互助活动的特定计划。具体包括参与活动的教师分别坐在哪里；参与的教师要不要与学生讨论一些问题，如果要，什么时候进行，在哪里进行；参与的教师要不要寻求一个特定的行动；是否要特别的材料或准备等。

（二）观察阶段

观察在同伴互助活动中处于非常重要的位置，因为观察的质量直接影响到互助活动的效

---

[1] Arthur Blumberg. Supervisor & Teacher: A Private Cold War. (2nd.ed.) [M].California: McCutchan Publishing Corporation, 1980: 5.

果。同伴互助表现形式各不相同，自然地其观察技术也会有所差异。由于学校现实中的同伴互助活动更多地表现为课堂教学，所以这里重点讨论教室观察的技术，这些技术对其他领域的互助活动也有借鉴意义。

在进行观察之前，必须确定什么时候进行观察、观察多久、观察的地点、观察的目的与重点、观察者的位置等。此外，要注意选择合适的观察方式、观察工具以及搜集资料的方法。比较系统的观察工具有三种：法兰德斯系统（Ned A. Flanders 提出的Interaction Analysis System，简称FIAS），得州大学Ben M. Harris和Jane Hill所发展的教师发展评量系统（The Development Teacher Evaluation，简称DeTEK），师生移动记录系统。至于搜集资料的具体方法有下列几种：①书写记录。用书写方式做记录，不仅包括文字，而且也包括符号、图表、地图等。书写记录最大的困难在于书写的速度太慢，无法将所见所闻做详细的叙述，因此应该学习一些技巧，如速记、象征性符号、简写等。②录像或录音。这是记录的最好方式，参与的教师可以在事后进行比较详尽的回忆。但也有一些不足，因为要全面地、多角度地记录整个过程，那就需要多架录像带机，那样成本就会很大，而录音则只能记录声音而不能记录图像，感觉不是很好。③搜集其他成品。这些成品包括教师的教案、学生作业、教师的作品、教室展览的学生作品、研究方案等，都可以作为分析的资料。④手提电脑。利用手提电脑可以预先将一些观察图表或其他记录模板输入电脑，这样在进行观察时只要按一些键就可以了，省去了不少人工整理的时间。

在进行观察时，应该注意如下基本问题。[1]

①观察项目不宜太多，应相对集中，这样可以得到相对完整而丰富的资料。

②如果在教室观察，不要打扰教室的自然情况，以教师正常的教学行为作为观察的对象，参与观察的教师的出现与退出，教师和学生都应感觉非常自然。

③观察人员在进行观察时，应做完整、清楚和客观的记录，如果在观察时由于时间等限制有所缺陷，那么应在观察结束后立即进行补充。

④观察人员的态度力求客观，收集资料时不可受情绪及个人好恶的影响。

⑤观察时，观察人员不能与同行不停地进行交谈，除非在事前已经约定，否则不能对少数学生特别好奇，或与少数学生交谈，甚至介入他们的活动或擅加评点。

⑥观察人员出现在教室时，教师应当视之自然或者表示欢迎。

（三）分析阶段

收集到的资料仅是一个文本，如果要使这个文本具有意义，还需要对文本所代表的意义进行分析，也即对资料进行解释并赋予特定的含义。

资料分析是同伴互助中一个非常重要的部分，它可以帮助教师们对观察项目做出一个准确的价值判断，一方面可以解析教师的行为；另一方面可以据此提出一些改进策略。资料分析的技术很多，一般的统计测验方式都可以运用，这些技术在一般的教育科学研究方法的著作中都能查到，因而这里侧重介绍资料分析时应注意的三个基本策略。

1. 显著（saliency）

所谓显著是指某些理念或行为对教师与学生有着比较大的影响，分析时要抓住这些行为或理念进行重点分析。确认其显著性可以根据下述指标进行。①资料经常出现又很丰富。

---

[1] Don M. Beach & Judy Reinhartz. Supervision: Focus on Instruction[M]. New York: Harper & Row, 1989: 185-186.

②对学生有可资证明的影响存在。③理论上有重大意义。④在课程中，有结构上的重要性。⑤在教师间具有共通性。⑥在教师现存专业参考框架中，有已知或可预知的重要性。[1]

2. 少量（fewness）

由于教师的时间的限制，考虑到被助教师的耐心与吸收能力，不可能对所有的议题或材料都进行分析，只能对少数的重点进行分析与讨论。要进行具体分析时应考虑下述七条原则：①资料原则：选择比较清楚和丰富的资料来分析。②包含原则：先选择比较小的事件，逐步走向大的事件，这样教师比较没有受威胁的感觉。③同异原则：所谓"同"就是选择同一问题类别相关的行为进行分析；所谓"异"就是选择几个类别相关的行为进行分析。④负担原则：不要选择可能引起教师情绪波动的议题。⑤时间原则：不能选择花费时间太多的问题进行分析。⑥精力原则：避免分析容易引起与会者疲倦的议题。⑦顺序原则：考虑材料的顺序清楚、合乎逻辑，这样可以省时省力。

3. 无自我意识（unself-consciousness）

每个人都有自己的价值判断与主观意识，但在进行材料分析时不能将自己的主观意志带入其中，而要尽可能地做到无自我意识。客观地分析正反面事件，也即打破自己的感觉，就事论事。对一些重要的事件要寻求他人的意见，共同来分析。如果某件事确实非常重要，那么可以进行换位思考，将自己置于某事件中进行体验式的分析。总之，分析时保持无自我意识则可以最大限度地保证客观性。

（四）交流阶段

在同伴互助模型中，同伴间的交流与指导是一个核心事件，有效的交流可以帮助参与互助的教师明白自己的得失，而且感到心情愉快，进而乐于改进自己的行为，因而交流技术就显得极为重要。为了保证交流的有效性，交流时应注意下述几个方面。

1. 交流的时间

一般而言，同伴互助是为了提高教师的专业水平，但由于时间空隙的不同会有不同的交流效果，因而需要注意一个重要的概念，即空隙时期行为（interval behavior），所谓空隙时期行为是指对象教师的行为被观察之后到沟通交流活动开始前这段时间所发生的行为。在空隙时期，不能留下对对象教师的任何信息，以免给教师错误的暗示。而且，空隙时期越短越好，这段时间不应批评教师，无意中与教师面对面时，应使用中性的语言和态度。交流的时间视实际情况而定，不能太长。

2. 交流的地点

交流地点的选择要考虑到方便性、隐秘性和舒适性。所谓方便是指就近选点，这样可以减少空隙时间，而且要求硬件的齐全和教师使用的方便；所谓隐秘是指地点尽可能选择在相对保密的地方，因为互助中的交流是为了帮助教师们提高教育教学水平，可能会涉及一些不愿为他人所知的事实，如果选择在一个比较开放的地方，可能会导致教师们的不安全感；所谓舒适是指尽量安排在一个让教师们比较放松的场所，让教师们在心情舒畅的前提下进行沟通。此外，交流者的座位安排不能相距太远，但也不能相距太近，能够顺利沟通就可以。

3. 交流的用词

不同的用词会表达不同的信息，因而在交流过程中用词就显得极为重要。一般而言，开

---

[1] Robert Goldhammeretal. Clinical Supervision（2nd.ed.）[M]. New York：Hotl，Rinehart and Winston, Inc. 1980：80-83.

始时可以问当事老师自己对自己行为的感受，必要时可以询问一些相关但不是直接的情况，如某同学完成指定的练习了吗？这样既可以得到某资料，也可以减缓教师的紧张。交流时教师们比较喜欢讨论自己的长处，但互助的目的是帮助同伴提高各方面的水平，因而讨论其行为的缺陷就非常重要，所以必须将教师从谈论得好的一面转换到较差的一面。这时要求有较高的交流技巧，下面举几个例子加以说明：①我很高兴有那么多优点供我们讨论，现在……有一些其他的事情，恐怕我们必须来看看。②那么，现在您愿意来谈谈我在您上课中发现的问题吗？③我的资料中，恐怕不是所有的都那么好。这样的用词就比较容易将话题转移而不会导致教师的反感。交流结束时，应该对整个过程作个简单的回顾，同时询问教师的感受，最后祝其顺利成功。不管什么阶段，交流的语意都必须清楚而不暧昧。

4. 交流的态度

同伴互助是帮助他人提高的同时自己也得到提高，因而不能出现一种居高临下的态度，而应考虑到被助教师心理上的接受程度。如果对教师的心理接受程度估计错误则可能引起教师们的心理紧张和焦虑，这样不仅浪费时间，严重的话还可能导致教师们拒绝沟通。因此，在交流时，指导者不能太多地使用询问，以免教师们有被质问的感觉。也不能想当然，形成一种刻板模式，而应根据实际情况进行意见交流与沟通。同时，不能根据自己的喜好进行价值判断，如果一定要作价值判断或决定时，一定要有充分的理由与依据。

第四节　支持条件

同伴互助在中小学顺利开展需要一些基本的支持条件。在现实的学校之中，做到如下三点将有助于同伴互助活动在学校中的有效运行。

一、开放的教师文化

根据哈格里夫斯（Hargreaves）的研究，教师文化可以分为四种主要类型：个人主义文化（individualism）、派别主义文化（balkanization）、人为合作文化（contrived collegiality）和自然合作文化（collaboration）。[1]其中，个人主义文化与派别主义文化对同伴互助的有效开展会产生这样或那样的问题。

教师个人主义体现为教师关注自己的独立成功，而对其他教师采取不干涉的态度。由于这种文化的存在，大部分教师通常是经过孤立地从经验中学习的方式学会教学，如果求助于其他教师，便是表明自己的无能。这种情景在其他行业也存在，但是学校的细胞式组织加剧了这种倾向。当教师按照个人主义和自我效能的方式行事时，他们就很少会参与同事间的对话。即使是参与同事间的一些活动，一般的教师们也不愿意作出实质性的指导与评论，因为他们把帮助别人视为自以为是，或者侵犯他人隐私。当教师们信奉沉默是金的箴言，不愿意互相提供反馈、充当自己独立王国的守门人的时候，同伴互助的大门也随之关闭。

教师文化中的派别主义文化，也可以称为是宗派主义、小团体文化等。在这种文化中整个学校分裂为一个个独立的、有时甚至是相互竞争的团体，犹如许多联系松散的城邦一般。

---

[1] Hargreaves, A., Fullan, M. G. Understanding Teacher Development [M]. N.Y： Teacher College Prees，1992.

学校中的教师归属并忠诚于某一团体，在派别内部，成员们往往工作联系紧密，共处的时间较多，在教师活动室中经常一起互动，共享一定的观点和共同追求利益。而在不同派别的成员之间，轻则互不交流、漠不关心；重则相互处于竞争状态，但还没有发展到损人利己的地步；最坏的情况是派别间为了观念与利益之争而发生冲突，通过损害他人而获得自己的最大利益，留下长期相互敌视、相互对抗的后遗症。派别文化的存在，造成或强化了学校内观点和利益的分化，不利于教师通过广泛的同伴互助合作而获得最大的发展，也不利于学校内部的革新。[1]

教师的典型工作方式可以分成三类：现时主义、保守主义和个人主义。关于个人主义，上文已经讨论，这里讨论现时主义与保守主义两种。所谓现时主义工作方式表现在教师集中于自己班级的短期计划，而不管教育的长期效果。教师们避免讨论和思考教学的背景和提出教什么和如何教的实质性问题，不愿做出根本的变革，只是在原来的基础上做些加一点或减一点的修修补补之类的工作。教师的保守主义则表现为只有提出的变革与现行的实践相互不抵触时，当要求付出的时间和努力降至最小时，当变革以实用为目的时，教师们才有参与的兴趣。于是，当教师不理解某项工作的实际意义时，就会贴上"改革过分"理论加以反对。在这种怀疑主义的气氛下，教师同伴互助的可能性就会降低。

由于教师文化存在着个人主义、派别主义、保守主义等消极的文化，而这些文化又与同伴互助的意义相冲突，因而必然阻碍同伴互助活动的有效展开，严重时还会使同伴互助陷入困境。

对此，学校应该促进教师从一种"封闭"的文化走向"开放"的文化，这样才能充分释放出教师个人专业成长的能量，与教师同伴共同学习、共同成长的能量。这种开放的文化可以具体地表现为四个方面：①门户开放：欢迎校长、同事、家长、专家学者共同讨论教学问题、从事教学研究。②手的开放：教师主动参与、关心学校的政策，参与学校的课程开发与教学研究等。③心的开放：教师要摒弃权威，愿意倾听各方面的意见。④脑的开放：教师要用脑思考，用心反省，研究创新，促进教师专业成长。[2]

一种开放的、互助合作的文化并不是自然演进的产物，需要通过一系列正规的、特定的程序才能产生，这种文化我们称之为人为合作的文化。譬如，要求教师进行协同教学、为合作计划提供特定的办公室、实施同伴互助、为新教师安排指导教师等，都是人为合作的表现。它们意味着鼓励教师之间的联系；鼓励教学技能和专长的分享、学习的提高；协助新方法、新技术的实施。从这个角度说，营造教师互助合作氛围是推动教师同伴互助有效开展的重要条件，同时实施同伴互助又反过来能促进教师的合作互助文化的形成。

合作互助的文化氛围能促进教师超越纯粹个人的反思，或者从依赖外在的专家转向教师之间的相互学习，一起分享和发展他们的专长，从而促进教师的发展。同事间的分享与支持，可以增加教师的自信，鼓励教师的试验与冒险。在这分享与合作之中，教师得到了发展，同时学校也得到了发展。无论是学校为本的教育改革，抑或是中央集权化的课程改革的实施，都需要教师之间的齐心协力。

---

[1] 关于派别文化与教师发展间的关系，冯生尧先生的博士论文《指导教师的支持和新教师的专业发展——广州市中学的经验》（2002年香港中文大学博士学位论文）中有详细的陈述。

[2] 张德锐. 师资培育与教育革新研究[M]. 台北：五南图书出版公司，1999：146.

二、有机式的组织结构

同伴互助作为一种形成性的、发展性地促进教师专业成长的活动，它比较容易生存在一种"有机式（organic）"的组织结构中，而不是一种"机械式（mechanic）"的组织结构。但我国中小学的组织结构多数是机械式的而不是有机式的，是科层体制的而不是同伴共治的。在一所学校中，校长之下，设有教务处，有教导主任，再下面有年级组长、副组长；学科组长、副组长等，教师位于行政组织的最下层。由于层级过多，使得学校的沟通协调非常不容易，同时也造成兼任行政工作的教师与专职教师之间的疏离，造成教师与教师之间的凝聚力不强，合作的气氛难以建立。在这种学校组织结构下，同伴互助活动的开展自然会有诸多困难。

这些困难的解决，首先要求改变学校管理方式，即由中央集权制的管理走向校本管理，这样学校才有可能根据自身的现实与需要制定学校的发展规划，特别是教师发展规划。校本管理的理念要求赋权给教师，就是说教师有权参与学校管理，学校的组织机构不再是自上而下的单纯的科层制结构，而是上下沟通的立体网络。学校管理将由全体教职工彼此合作，共同参与。这样就给教师同伴互助提供了一种可能。

组织机构的开放与合作是同伴互助开展的基本前提，此外，为了保证同伴互助活动的顺利进行，学校还应在理念、时间、人力、物力、财力等方面提供全方位的支持。在理念上，学校应将同伴互助作为一项重要工作来抓，把它作为促进教师专业成长的主要手段；在时间上，除了妥善安排好课表以保证教师们有充足的互动时间外，在同伴教师需要观察同组教师的教学时，应主动安排代课教师或调整课表；在人力上，学校可以降低班级学生数、增加教师编制、不要给教师额外的工作负担来减轻教师的工作量，以便让教师有余力与时间来进行同伴互助活动；在物力上，学校应尽可能地改善教师的工作空间，让互助小组有一个活动的场所，同时允许互助小组的教师使用学校现有的设备；在财力上，学校应充实教师学习与成长的空间，给教师适当的资助，对于各小组的努力与成绩，应该给予肯定与奖励。

三、校本教研制度的建立

教师同伴互助活动是一种教师专业发展活动，它是基于对教师的信任而提出的，它相信教师有能力帮助同伴得到专业的发展。因而，教师同伴互助活动都是通过教师间的相互讨论与合作，来解决教学中的实际问题，最终达到共同发展的目的。建立校本教研制度是希望把这种以教师为主体的、以解决问题为导向的教学研究制度加以制度化，从而更有效地保障教师群体的互相合作、共同研讨。

校本教研制度的建立首先能确保教师在教研活动中的主体地位。传统意义上的教师更多的是一个技术人员，无法自己确定教什么，甚至无权决定怎么教，大多是执行者的角色，很少成为主动的设计者与实践者，更难成为教学问题的研究者。校本教研制度的建立就是要保证教师成为研究的主体，强调教学研究的问题是教师在自身实践中所迫切感觉到的、需要解决的问题，解决的方案也是教师自己设计与执行的。这样的话，教师同伴互助活动作为一种校本教研方式，自然地成为教师专业成长的一种选择。

值得注意的是，校本教研制度的建立，强调学校成为教研活动的主阵地，强调教师是教研活动的主力军，但并不排除校外机构与成员的指导与支持。校外研究机构是校本教研的重要的、不可忽视的支持力量。这种力量的加入，能够有效地避免学校内部研究的低水平重复。这与我们强调教师同伴互助活动中不局限于校内同伴是一个道理,教师同伴可以是更广泛的定义,可以包括来自大学院校的专家,也可以是来自校外的高级教师,凡是能够有助于解决教学问题、有助于教师专业成长的,都是我们的合作伙伴。因此,重视这支力量的积极指导、引领与提升作用,对于教师教学水平的提高、教师专业发展,都有着重要的意义。

【思考与练习】

1.比较同伴互助、师徒制、临床视导、教学观摩的异同。
2.结合实例论述如何落实同伴互助的原则(任选一条原则)。
3.任选一所学校,为其设计一个同伴互助的实施方案。

【深入阅读】

[1][美]舍恩.反思的实践者:专业工作者如何在行动中思考[M].夏林清,译.北京:教育科学出版社,2007.

[2]Heikkinen H, Jokinen H, Tynjala P. Peer-group mentoring for Teacher Development[M]. London: Routledge, 2012.

[3]杜静,常海洋.教师专业学习共同体之价值回归[J].教育研究,2020,41(5).

参考文献

（一）著作

[1] 阿列克谢·英格尔斯.人的现代化[M].成都：四川人民出版社，1984.
[2] 陈静静.教师实践性知识论：中日比较研究[M].上海：华东师范大学出版社，2011.
[3] 陈琦，刘儒德.当代教育心理学[M].3版.北京：北京师范大学出版社，2019.
[4] 陈向明.搭建实践与理论之桥：教师实践性知识研究[M].北京：教育科学出版社，2011.
[5] 丁钢.中国教育：研究与评论（第5辑）[M].北京：教育科学出版社，2003.
[6] 傅道春.教师的成长与发展[M].北京：教育科学出版社，2001.
[7] 傅建明.校本课程开发中的教师与校长[M].广州：广东教育出版社，2003.
[8] 范良火.教师教学知识发展研究[M].上海：华东师范大学出版社，2003.
[9] 胡惠闵，王建军.教师专业发展[M].上海：华东师范大学出版社，2014.
[10] 姜美玲.教师实践性知识研究[M].上海：华东师范大学出版社，2008.
[11] [德]卡尔·雅斯贝尔斯.什么是教育[M].童可依，译.北京：生活·读书·新知三联书店，2021.
[12] 克鲁捷茨基.心理学[M].赵壁如，译.北京：人民教育出版社，1984.
[13] 林崇德，申继亮，辛涛.教师素质论纲[M].北京：华艺出版社，2001.
[14] 刘次林.幸福教育论[M].北京：人民教育出版社，2003.
[15] 刘捷.专业化：挑战21世纪的教师[M].北京：教育科学出版社，2002.
[16] 李茂森.教师身份认同研究[M].北京：北京师范大学出版社，2014.
[17] 李琼.教师专业发展的知识基础：教学专长研究[M].北京：北京师范大学出版社，2009.
[18] 李宗耀.伦理学知识手册[M].哈尔滨：黑龙江人民出版社，1984.
[19] 刘良华.教师专业成长[M].上海：华东师范大学出版社，2008.
[20] [美]卢文格.自我的发展[M].杭州：浙江教育出版社，1998.
[21] 罗树华.教师发展论[M].济南：山东教育出版社，2002.
[22] 马莹.当代教师信念问题研究[M].北京：中国社会科学出版社，2013.
[23] 迈克尔·富兰.教育变革的新意义[M].武云斐，译.上海：华东师范大学出版社，2010.
[24] 宁虹.教师成为研究者：国际运动、理论、路径、实践[M].北京：首都师范大学出版社，2002.
[25] 庞国斌，王冬凌.合作学习的理论与实践[M].北京：开明出版社，2003.
[26] [法]皮埃尔·布迪厄.实践感[M].蒋梓骅，译.南京：译林出版社，2003.
[27] Ralph Fessler, Judith C. Christensen.教师职业生涯周期：教师专业发展指导[M].董丽敏，高耀明，等译.北京：中国轻工业出版社，2005.
[28] 饶从满，杨秀玉，邓涛.教师专业发展[M].长春：东北师范大学出版社，2005.
[29] 邵光华.教师专业知识发展研究[M].杭州：浙江大学出版社，2011.
[30] 孙正聿.超越意识[M].长春：吉林教育出版社，2001.
[31] 王坦.合作学习的理念与实施[M].北京：中国人事出版社，2002.
[32] 熊川武.反思性教学[M].上海：华东师范大学出版社，1999.
[33] 谢翌.教师信念论[M].广州：广东高等教育出版社，2010.
[34] 杨翠蓉.教师专业发展：专长的视野[M].北京：教育科学出版社，2009.
[35] 叶澜，白益民，王玥，等.教师角色与教师发展新探[M].北京：教育科学出版社，2001.
[36] 叶澜.教育概论[M].北京：人民教育出版社，2006.
[37] 叶奕乾.普通心理学[M].上海：华东师范大学出版社，1999.

[38] 张德锐.师资培育与教育革新研究[M].台北：五南图书出版公司，1999.

[39] 张小菊.专家型教师学科教学知识结构研究[M].北京：光明日报出版社，2020.

[40] 张学民.教师专业发展与培训[M].北京：知识产权出版社，2007.

[41] 钟秉林.教师专业发展理论研究[M].北京：北京师范大学出版社，2011.

[42] 周宗奎.儿童社会化[M].武汉：湖北少儿出版社，1996.

[43] 朱旭东，张华军，等.教师专业精神研究[M].北京：北京师范大学出版社，2017.

[44] [日]佐藤学.课程与教师[M].钟启泉，译.北京：教育科学出版社，2003.

（二）期刊论文

[1] 蔡永红，申晓月.教师的教学专长——研究缘起、争议与整合[J].北京师范大学学报（社会科学版），2014（2）.

[2] 程振响.发展性教师评价的理念、框架设计及其操作[J].陕西教育学院学报，2001（4）.

[3] 楚江亭.教师教学专长研究如何走出困境？——柯林斯与德雷弗斯专长研究比较及启示[J].北京师范大学学报（社会科学版），2020（3）.

[4] 邓志伟.再论教师的教育素质[J].外国教育资料，1998，27（5）.

[5] 樊香兰，孟旭.教师个体学习力：意蕴与诉求[J].中国教育学刊，2011（5）.

[6] 方晓义，王耘，白学军.儿童合作与竞争行为发展研究综述[J].心理发展与教育，1992（1）.

[7] 高慎英.教师成为研究者"教师专业化"问题探讨[J].教育理论与实践，1998（3）.

[8] 顾泠沅，王洁.以课例为载体引领教师发展[J].人民教育，2003（6）.

[9] 韩光明，张爱琴.天山上的来客——青年名师鱼利明的成长之路[J].小学教学（语文版），2016（11）.

[10] 韩继伟，林智中，黄毅英，等.西方国家教师知识研究的演变与启示[J].教育研究，2008（1）.

[11] 何菊玲.教师专业成长的现象学旨趣[J].教育研究，2010，31（11）.

[12] 洪秀敏，庞丽娟.论教师自我效能感的本质、结构与特征[J].教育科学，2006（4）.

[13] 洪早清.教师专业成长：认同、养成、生发[J].课程·教材·教法，2013，33（12）.

[14] 侯田中.反思性教学的认识与思考[J].职业技术教育（教科版），2001，22（10）.

[15] 李瑾瑜.论教师的教育研究[J].沈阳教育学院学报，2002（3）.

[16] 李骏骑.论主体性与教师成长[J].煤炭高等教育，2003（3）.

[17] 李茂森.教师身份认同的影响因素分析[J].教育发展研究，2009，29（6）.

[18] 李琼，倪玉菁.西方不同路向的教师知识研究述评[J].比较教育研究，2006（5）.

[19] 李润洲，张良才.论"教师即研究者"[J].教育研究，2004（12）.

[20] 林崇德，申继亮，辛涛.教师素质的构成及其培养途径[J]，中小学教师培训，1998（C1）.

[21] 柳夕浪.教师参与教育研究：理念、方式与局限[J].华东师范大学学报（教育科学版），2002（2）.

[22] 龙宝新.论教师专业成长的实践逻辑[J].教育科学，2012，28（4）.

[23] 卢真金.试论青年教师的发展模型及策略[J].课程·教材·教法，2000（11）.

[24] 罗清水.终生教育在国小教师专业发展的意义[J].研习资讯，1998（4）.

[25] 庞丽娟，陈琴.论儿童合作[J].教育研究与实验，2002（1）.

[26] 裴吉圭."双师合作教学"的实践探索——以小学语文学科为例[J].教学月刊：小学版（综合），2014（12）.

[27] 石中英.教育信仰与教育生活[J].清华大学教育研究，2000（2）.

[28] 孙明霞.从生命觉醒到生命自觉：我与明霞教师成长联盟[J].今日教育，2020（3）.

[29] 孙明霞.教师的理想信念源自哪里[J].福建教育，2019（19）.

[30] 唐松林，徐厚道.教师素质的实然分析与应然探讨[J]，高等师范教育研究，2000（6）.

[31] 王慧霞.国外关于教师信念问题的研究综述[J].宁波大学学报（教育科学版），2008（5）.

[32] 王天晓，李敏.教师共同体的特点及意义探析[J].教育理论与实践，2014，34（8）.

[33] 王映学.谈教学反思[J].教育探索，2000（11）.
[34] 吴天武.自我反思：教师专业化成长的必然选择[J].教育与职业，2004（12）.
[35] 吴卫东.教师共同体的知识管理[J].教育发展研究，2005（3）.
[36] 夏惠贤.论教师的专业发展[J].全球教育展望，2000（5）.
[37] 谢翌，马云鹏.教师信念的形成与变革[J].比较教育研究，2007（6）.
[38] 辛涛，申继亮，林崇德.教师自我效能感与学校因素关系的研究[J].教育研究，1994（10）.
[39] 杨超，夏惠贤.同伴指导——教师自我培训的新模式[J].外国中小学教育，2005（5）.
[40] 杨秀玉.教师发展阶段论综述[J].外国教育研究，1999（6）.
[41] 姚计海，钱美华.国外教师自主发展研究述评[J].外国教育研究，2004，31（9）.
[42] 尧新瑜，朱银萍.自我发展力：教师专业成长的内核动力[J].教育发展研究，2015，35（Z2）.
[43] 尧新瑜.试论教师专业化的三个向度[J].教育理论与实践，2003（2）.
[44] 叶波.经验与成长——课程改革背景下教师个人教育观念的叙事研究[J].天津师范大学学报（基础教育版），2016，17（1）.
[45] 叶澜.新世纪教师专业素养初探[J].教育研究与实验，1998（1）.
[46] 俞国良，辛自强.教师信念及其对教师培养的意义[J].教育研究，2000（5）.
[47] 张爱珠.以"反思总结法"为核心的中小学教师校本培训的方法[J].中小学教师培训，2002（2）.
[48] 张楚廷.新世纪：教育与人[J].高等教育研究，2001，22（1）.
[49] 张德锐.以教师同伴合作化解教学专业的危机[J].教育天地，1993（3）.
[50] 张发云.教师知识研究综述[J].亚太教育，2016（18）.
[51] 张建伟.反思——改进教师教学行为的新思路[J].北京师范大学学报（社会科学版），1997（4）.
[52] 张立昌.教师个人知识：涵义、特征及其自我更新的构想[J].教育理论与实践，2002（10）.
[53] 张立昌.试论教师的反思及其策略[J].教育研究，2001（12）.
[54] 张世义.国外教师关注研究综述[J].上海教育科研，2010（11）.
[55] 张学民，申继亮.国外教师教学专长及发展理论述评[J].比较教育研究，2001（3）.
[56] 赵昌木.论教师信念[J].当代教育科学，2004（9）.
[57] 钟启泉.研究性学习：课程文化的革命[J].教育研究，2003（5）.
[58] 周金其，鲁世杰.丹麦奥尔堡大学"按课题组织、基于问题"教学改革评析[J].比较教育研究，2001（9）.
[59] 周丽宝.教育随笔《授人以欲》[J].当代家庭教育，2019（4）.
[60] 朱新卓."教师专业发展"观批判[J].教育理论与实践，2002（8）.
[61] 邹斌，陈向明.教师知识概念的溯源[J].课程·教材·教法，2005（6）.

（三）学位论文

[1] 冯生尧.指导教师的支持和新教师的专业发展——广州市中学的经验[D].香港：香港中文大学，2002.
[2] 金美福.教师自主发展论[D].长春：东北师范大学，2003.
[3] 刘清华.教师知识的模型建构研究[D].重庆：西南师范大学，2004.
[4] 刘艳真.小学教师教学反思的叙事研究[D].石家庄：河北师范大学，2020.
[5] 马莹.基础教育课程改革中的教师信念研究[D].西安：陕西师范大学，2012.
[6] 王俊.教师知识结构研究[D].上海：华东师范大学，2005.
[7] 严磊.中学历史学科"师师合作"探究[D].武汉：华中师范大学，2016.
[8] 杨国英.农村小学教师自我效能感研究[D].南京：南京师范大学，2013.
[9] 杨雅琳.日语教师身份认同建构的叙事研究[D].北京：北京外国语大学，2016.
[10] 余丽.反思性学习在教师专业发展中作用的研究[D].广州：华南师范大学，2003.
[11] 余晓芬.小学课程整合的个案研究——以Q小学为例[D].金华：浙江师范大学：2014.

[12] 张莉.专业共同体中的教师知识学习研究[D].长春：东北师范大学，2017.

[13] 张立新.教师实践性知识形成机制研究[D].上海：上海师范大学，2008.

（四）国外文献

[1] Aguirre J. & Speer N. M. Examining the relationship between beliefs and goals in teacher practice[J]. The Journal of Mathematical Behavior，1999（3）．

[2] Arthur Blumberg. Supervisor & Teacher：A Private Cold War（2nd.ed.）[M].California：McCutchan Publishing Corporation，1980.

[3] Beijaard D. & Verloop N，et al. Teachers'perceptions of professional identity[J]. Teaching and Teacher Education，2000（7）．

[4] Berliner，D. C. Describing the behavior and documenting the accomplishment of expert teachers[J]. Bulletin of Science Technology Society，2004（24）．

[5] Berliner，D. C. Expertise：the wonder of exemplary performances，creating powerful thinking in teachers，and students[A]. In Mangieri J. N. & Block C. C. Creating powerful thinking in teachers and students[C]. New York：Holt，Rinehart & Winston，1994.

[6] Borko，H.，Putnam，R. Learning to teach. In D.C. Berliner. &R.C. Calfee（Ed.），Handbook of educational psychology. New York：Macmillan，1996.

[7] Calderhead J. Teachers：beliefs and knowledge Berliner[Z]. DC，Calfee：Handbook of educational psychology，1996.

[8] Dolton & Moir.Peer Coaching：An Effctive Staff Development Model for Educators of Linguistically and Culturally Diverse Students[R]. The Website of Association for Supervision and Curriculum Development，1991.

[9] Don C. Locke. Teaching Culturally Different Students：Growing Pine Trees or Bonsai Trees[J]. Contemporary Education，1988，59（3）．

[10] Don M. Beach，Judy Reinhartz. Supervision：Focus on Instruction[M]. New York：Harper& Row，1989.

[11] Elbaz，F. Teacher thinking：A study of practical knowledge[M]. London：Croom Helm，1983.

[12] Ernest，P. The impact of beliefs on the teaching of mathematics[A]. In C. Keitel & P. Domerow，etal. Mathematics，education，and society[M]. Paris：UNESCO，1989.

[13] Flick，L. B.，Lederman，N. G. The role of practice in developing expertise in teaching[J]. School Science and Mathematics，2001（7）．

[14] Francis F. Fuller，Oliver Bown. Becoming a Teacher[A]. In K. Ryan（ed.）.Teacher Education：The 74th Yearbook of the National Society for the Study of Education[C]. Chicago：University of Chicago Press，1975.

[15] Gibson，C.，Dembo，M. H. Teacher efficacy：a construct validation[J]. Journal of Educational Psychology，1984（4）．

[16] Glaser. Changing the agency for learning：acquiring expert performance[A]. In Ericsson K. A. The road to excellence：The acquisition of expert performance in the arts and sciences，sports and game[C]. Hillsdale，NJ：Lawrence Erlbaum，1996.

[17] Grossman，P. L. A study in contrast：Sources of pedagogical content knowledge for secondary English[D]. Stanford University，1988.

[18] Grossman，P. L.，Wilson，S. M.，Shulman, L. S. Teachers of substance：Subject matter knowledge for teaching[A]. In M. C. Reynolds（Ed.）. Knowledge base for the beginning teacher[C]. Oxford：Pergamon Press，1989.

[19] Grossman P. L. The making of a teacher：Teacher knowledge and teacher education[M]. New York：Teachers College Press，1990.

[20] H. Dreyfus，S. Dreyfus. Mind over Machine：The Power of Human Intuition and Expertise in the Era of the Computer[M]. New York：Free Press，1986.

[21] Haney J. J., Lumpe A. P. etal. From beliefs to actions: the beliefs and actions of teachers implementing change[J]. Journal of Science Teacher Education, 2002(3).

[22] Hargreaves, A., Fullan, M. G. Understanding Teacher Development [M]. N.Y: Teacher College Prees, 1992.

[23] J. l. Goodlad et al. Crriculum Inquiry [M]. New York: McGraw-Hill, 1979.

[24] Jackson, P. M. Old dogs and new tricks: observations on the continuing education of teachers[A]. In I.J.Rubin (Ed). Improving inservice education: Proposals and procedures for change[C]. Boston, Massachusetts: Allyn&Bacon, 1971.

[25] Kagan D. M. Implication of research on teacher belief[J]. Educational Psychologist, 1992(1).

[26] Katherine K. Newman, Paul R. Burden, Jane H. Applegate. Helping teachers examine their long-range development[J]. The Teacher Educator, 1980, 15(4).

[27] Kelchtermans G. Getting the story, understanding the lives: From career stories to teacher's professional development[J].Teaching and Teacher Education, 1993, 9(5/6).

[28] Lee Shulman. Those who understand: knowledge growth in teaching[J]. Educational Research, 1986(2).

[29] Monroe P. ed. Cyclope Dia of Education (Vol.4)[Z].New York: Macmilla, 1913.

[30] Moore M., Hofman J E. Professional identity in institutions of higher learning in Israel[J]. Higher Education, 1988(1).

[31] Morris Cogan. Clinical Supervision[M]. Boston: Houghton Mifflin, 1973.

[32] Morton Deutsch. Trust and Suspicion[J]. Journal of Conflict Resolution, 1958(2).

[33] Pajares, M. F. Teachers' beliefs and educational research[J]. Review of Education Research, 1992(3).

[34] Pajares, P. R. Pam Robbins. How to Plan and Implement a Peer Coaching Program[R].The Website of Association for Supervision and Curriculum Development, 1991.

[35] Patricia L. Marshall. Multicultural teacher concerns: New dimensions in the area of teacher concerns research[J]. Journal of Educational Research, 1996, 89(6).

[36] Paul F. Conway. The journey inward and outward: a re-examination of Fuller's concerns-based model of teacher development[J]. Teaching and Teacher Education, 2003, 19(5).

[37] Pinchas Tamir. Subject matter and related pedagogical knowledge in teacher knowledge[J]. Teaching & Teacher Education, 1988, 4(2).

[38] Richardson, V. The role of attitudes and beliefs in learning to teach[A]. J. Sikula. Handbook of research on teacher education[Z]. New York: Simon & Schuster, 1996.

[39] Robert Goldhammer et al. Clinical Supervision (2nd.ed.)[M]. New York: Hotl, Rinehart and Winston, Inc. 1980.

[40] Robert Goldhammer et al. Clinical Supervision (2nd.ed.)[M]. New York: Hotl, Rinehart and Winston, Inc, 1980.

[41] Rodgers D. B., Leslie A L. Tension, Stxuggle, Crowth, Change: Autonomy in Education[J]. Childhood Education, 2002, 78(5).

[42] Sabrina Hope King. The Limited Presence of African-American Teachers[J]. Review of Educational Research, 1993, 63(2).

[43] Scott P. A, Valimali M, et al. Autonomy, Privacy And Informed Consent 1: concepts and definitions[J]. British Journal of Nursing, 2003, 12(1).

[44] Shulman, L. S. Paradigms and Research Programs in the Study of Teaching: A Contemporary Perspective[A]. In M.C.Wittrock. Handbook of Research on Teaching[M]. New York: Macmillan, 1986.

[45] Shulman, Lee S. Knowledge and teaching foundations of the New Reform[J]. Harvard Educational Review,

1987（1）.

[46] Simon Veenman. Perceived Problems of Beginning Teachers[J]. Review of Educational Research，1984，54（2）.

[47] Stenhouse. Curriculum research and the professional development of teachers[A]. In An Introduction to Curriculum Research and Development[C]. Heinemann educational books，1975.

[48] Teresa Belisle. Peer Coaching：Partnership for Professional Practitioners[J]. The ACIE Newsletter，1999，2（3）.

[49] Thomas J. Shuell. Phases of Meaningful Learning[J]. Review of Educational Research，1990，60（4）.

[50] Thomas J. Sergiovanni，Robert J. Starratt. Supervision：Human Perspectives（2nd.ed.）[M].New York：McGraw-Hill，1979.

[51] Tickle，L. Teacher induction：The way ahead[M]. Buckingham：Open University Press，2000.

[52] Tom Russell，Fred Korthagen（Eds.）.Teachers who teach teachers：reflections on teacher education[M]. London：Falmer Press，1995.

[53] Turner-Bisset，R. The knowledge bases of the expert teacher[J]. British Educational Research Journal，1999（1）.

[54] Williams G. C.，DeciL. The Importance of Supporting Autonomy in Medical Education[J]. Annals of Internal Medicine，1998，129（4）.

[55] Znaniecki，F. The Social Role of the Man of Knowledge[M].New York：Oktagon Books，Inc，1965.

（五）网络资源

[1] 佚名.山西盐湖区青年教师成长系列报道"四有"铸魂砥砺前行[EB/OL].（2018-07-14)[2020-10-02].https：//baijiahao.baidu.com/s？id=1605921049659942672&wfr=spider&for=pc.

[2] 吴锋,籀宣.籀园小学特级教师周璐的成长之路[EB/OL].（2018-09-28）[2020-10-02].https://h5.newaircloud.com/newsepaper/detail/10140_43045_476076_4657021_wzsb.html.

[3] 许爱琼，郭珊珊.三十载扎根乡村育桃李——记省优秀教师林义青[EB/OL].（2020-09-14）[2020-10-02].http：//www.putian.gov.cn/zwgk/ptdt/ptyw/202009/t20200914_1524299.htm.

后　记

　　中共浙江省委、浙江省人民政府于2018年8月9日发布《关于全面实施高等教育强省战略的意见》，第三十条指出："适应时代发展和科技进步要求，深化教育教学改革，不断更新丰富学习内容、创新教学方法、提高教学效果，营造良好的学风校风。大力加强本科教育，着力提升专业内涵和质量。按照'标准化+'的要求，科学制订各个专业的人才培养标准，规范核心课程要求，拓展选修课程体系。"根据上述要求，作为浙江省唯一的培养中小学师资的浙江师范大学积极响应，力图将工作落到实处，开始对学校的课程进行顶层设计，并系统地改革与规范核心课程的要求与内容。在此背景下，开始重点教材的建设。本教材就是浙江师范大学2020年度校级重点教材建设项目之一。

　　本教材的主要编写者都具有多年的教师教育研究经历和引领中小学教师专业成长的经验，已经正式出版教师教育类的教材与专著几十种。这些教材是多年的理论研究与实践经验的总结，基本目标有三：提供一本能供师范生和在职教师使用的教师专业成长的读本；力图将理论与实践相结合，并以实践操作为重点；为师范生和在职教师提供一些操作案例和教师专业成长的理念与知识。

　　本教材是一套创新型教材，在具体编写时有以下特点。

　　专业知识与实践操作相结合。教师专业成长是一个长期的过程，其中需要特定的理论的引领，更需要实践操作的深化，所以在编写时既注意教师专业成长知识与原理的介绍，也重视具体的操作与练习，特别关注教师专业成长能力的培养与问题解决能力的形成，使本教材既能用于正规的课堂教学，又适用于在职教师的自学。

　　理论思维与案例分析相结合。编写时特别注意理论思维的训练，不仅在理论篇中强调理论逻辑关系，而且在实践篇中强调案例分析的基本逻辑与科学思维，强调理论与现实的融合。概括地说，本教材既强调教育原理用于解释现实问题的方法论引导，又注重教师专业成长的针对性训练。

　　能"教"与能"学"相结合。教材是教师和学生用于教与学的材料，是师生双方共同使用的材料，只有师生配合才能获得最大的效益。任何优秀的教材都有两个特点：内容安排科学，符合教学规律，教师使用方便，即"能教"；学科知识逻辑清晰，练习形式多样，即练习资源丰富，即"能学"。因此，教材的编写首先要方便教师的教（配套的教学PPT、重点知识提示等提供了这个方便），同时要方便学生的实践运用和复习巩固（章节后的练习提供了保障），保证教师指导作用和学生主观能动性的充分发挥，规避教师只讲不促、学生只听不练的风险。在编写体例上，本教材由学习目标、知识文本、练习与思考、深入阅读四部分组成。学习目标，让师生明确教学的方向与标准；知识文本，系统地呈现相关知识；练习与思考，让学生结合自身的情况巩固与深化所学知识；深入阅读，给学生开辟一个新的学习与研究空间。

　　本教材由理论篇（第一章至第四章）与实践篇（第五章至第十章）两部分组成。理论篇介绍国内外关于教师专业成长的代表性理论，实践篇介绍具体的操作方法。上篇强调理解，下篇强调运用。意图在全面了解教师专业成长的理论的基础上，通过实践演练实现教师专业成长，使理论与实践融为一体。本教材首先由傅建明提出章节框架，然后分工完成。各章的具体内容与编写者如下：第一章，教师专业成长概述（殷玉新、沙晓雨），第二章，教师知识与实践性知识（李云星、范若蒙、张悦），第三章，信念、效能感与身份认同（殷玉新、楚婷）；第四章，教师专业成长阶段理论（王丽华、谢玥娜、应裕、杨谨如）；第五章，基于"教历"的教师专业成长（傅建明、柳钰洁）；第六章，基于"研究"的教师专业成长（傅建明、杨晨曦）；第七章，基于"教学合作"的教师发展（傅建明、金婷）；第八章，基于"自主"的教师发展（傅建明、张晶晶）；第九章，基于"教学反思"的教师发展（傅建明、张晓坤）；第十章，基于"同伴互助"的教师发展（傅建明、顾窗含）。

  此教材的完成，首先感谢浙江师范大学副校长林一钢的关心与督促，其次感谢各位编写者的辛勤工作，最后感谢各位研究生们在资料搜集、校对等方面的认真工作，正由于他们的努力付出，本教材才能如此顺利地出版。

2022 年 9 月 26 日